编写人员

主　编：王　晖　蔡　薇　樊哲军
副主编：付　琳　吴淑萍　李贵琳
参　编：范　静　李复蓉　陶建学

新时代司法职业教育"双高"建设精品教材

刑事证据理论与实务

王晖　蔡薇　樊哲军 ◎ 主编

中国·武汉

内 容 简 介

本教材以最新刑事法律、法规、司法解释及刑事司法实践为基础,融合传统刑事证据法学、刑事证据的运用实务,将全部教学内容根据知识的需求按单元模块进行划分,设计了刑事证据概述、刑事证据规则、刑事证据的法定种类、刑事证据的分类、刑事诉讼证明、刑事证据的审查判断、常见刑事案件证据的收集与运用等七个单元,每单元设计知识导图、案例导入、基础知识与原理、自测练习及实训。本教材可用于高等职业教育教学使用,也可为实务部门提供办案参考。

图书在版编目(CIP)数据

刑事证据理论与实务 / 王晖,蔡薇,樊哲军主编. -- 武汉:华中科技大学出版社,2024.6.
(新时代司法职业教育"双高"建设精品教材). -- ISBN 978-7-5772-0994-4

Ⅰ. D925.213.1

中国国家版本馆 CIP 数据核字第 2024JQ2865 号

刑事证据理论与实务　　　　　　　　　　　　　　　王　晖　蔡　薇　樊哲军　主编
Xingshi Zhengju Lilun yu Shiwu

策划编辑:张馨芳
责任编辑:殷　茵
封面设计:孙雅丽
版式设计:赵慧萍
责任校对:张汇娟
责任监印:周治超

出版发行:华中科技大学出版社(中国·武汉)　　电话:(027)81321913
　　　　　武汉市东湖新技术开发区华工科技园　　邮编:430223
录　　排:华中科技大学出版社美编室
印　　刷:武汉科源印刷设计有限公司
开　　本:787mm×1092mm　1/16
印　　张:13.5　　插页:2
字　　数:321千字
版　　次:2024年6月第1版第1次印刷
定　　价:58.00元

本书若有印装质量问题,请向出版社营销中心调换
全国免费服务热线:400-6679-118　竭诚为您服务
版权所有　侵权必究

前　言

　　刑事证据是实现刑事司法公正的基石。刑事证据的收集、固定、审查与运用对案件结果的判定起着根本性作用，也是刑事案件办理过程中重要的工作，它一方面需要技术支撑，另一方面需要法律及相关证据规则的规制。

　　刑事证据的收集、固定、提取技术主要由刑事侦查、刑事技术提供支撑，例如对现场物证的提取主要运用刑事技术中的现场勘查及痕迹物证技术，对犯罪嫌疑人、被告人供述和辩解的收集主要运用刑事侦查中的讯问技能等。刑事证据的收集、固定、提取应遵循的程序、主体要求、数量等则由相应的法律及证据学理论提供支撑，证据的举证、质证、认证方面更多的是由刑事证据法学（包括刑事法律、刑事证据规则、刑事证据理论）提供支撑。比如，向法庭出示某项物证，更多的情况是需要出示物证的原件，由控辩双方对证据相互进行质疑和辩驳，由法官通过双方的质证进行综合分析，确认其是否作为认定案件的证据。

　　实践中，刑事证据的运用是一个涉及多学科的复合问题。传统的刑事证据学或刑事证据法学多从发现案件事实真相所采用的手段和方式是否正当、合法、合理上进行探讨，缺少如何运用证据发现案件事实真相的方法。同时，近年来司法实践中高发刑事案件的种类出现了一些新变化，从"两抢一盗"转为现在的危险驾驶、盗窃、电信诈骗等。在这些高发刑事案件中，刑事证据的运用又具有哪些共性的特点和规律，也有必要加以研究与总结。

　　本教材以习近平法治思想和习近平总书记对法学教育的重要论述为指导，根据习近平总书记提出的警察队伍专业化建设要突出实战、实用、实效导向的要求，以最新刑事法律、法规、司法解释及刑事司法实践为基础，融合传统刑事证据法学、刑事证据的运用实务，将全部教学内容按知识的需求与岗位核心能力的对接进行整合，删除传统刑事证据法学教材中部分理论性过强、与岗位核心能力联系不大的内容，按单元模块进行划分。每单元设计知识导图，提纲挈领概括性归纳了每单元内容知识点之间的逻辑关系，方便记忆与理解知识内容。每单元开头都有与行业岗位工作紧密相关的典型案例，以案例驱动任务，开始本单元内容的学习。每单元结束还设计了配套习题以及实训项目，从而更好地适应高职学生开展项目教学，进行练战一体化教学。

本书由武汉警官职业学院专业教师编撰完成，王晖、蔡薇、樊哲军任主编，王晖拟定编写大纲和编排体例。具体编写人员分工如下：第一单元：王晖、李贵琳、樊哲军；第二单元：王晖、范静；第三单元：李复蓉、李贵琳、付琳；第四单元：蔡薇；第五单元：吴淑萍；第六单元：陶建学、付琳；第七单元：王晖。

编写组
2024 年 5 月

目 录

第一单元　刑事证据概述 …………………………………………………………… 1
　　第一节　刑事证据理论与实务的研究对象　// 3
　　第二节　刑事证据制度的历史沿革　// 6
　　第三节　刑事证据的概念与基本属性　// 16
　　第四节　刑事证据的证据能力与证明力　// 20

第二单元　刑事证据规则 …………………………………………………………… 25
　　第一节　刑事证据规则概述　// 27
　　第二节　国外主要证据规则　// 28
　　第三节　我国刑事证据规则及运用　// 36

第三单元　刑事证据的法定种类 …………………………………………………… 49
　　第一节　物证　// 51
　　第二节　书证　// 53
　　第三节　证人证言　// 56
　　第四节　被害人陈述　// 60
　　第五节　犯罪嫌疑人、被告人供述和辩解　// 62
　　第六节　鉴定意见　// 66
　　第七节　勘验、检查、辨认、侦查实验等笔录　// 75
　　第八节　视听资料　// 81
　　第九节　电子数据　// 85

第四单元　刑事证据的分类 ………………………………………………………… 97
　　第一节　辩护证据与控诉证据　// 100
　　第二节　原始证据与传来证据　// 102
　　第三节　言词证据与实物证据　// 105
　　第四节　直接证据与间接证据　// 110

第五单元　刑事诉讼证明 ……………………………………………………… 119
- 第一节　刑事证明概述 // 121
- 第二节　刑事证明主体 // 124
- 第三节　刑事证明对象 // 126
- 第四节　刑事证明责任 // 129
- 第五节　刑事证明标准 // 134

第六单元　刑事证据的审查判断 ………………………………………………… 145
- 第一节　刑事证据审查判断概述 // 147
- 第二节　审查判断各种刑事证据的基本方法 // 153

第七单元　常见刑事案件证据的收集与运用 …………………………………… 175
- 第一节　刑事证据的收集与运用概述 // 177
- 第二节　故意杀人案件证据的收集与运用 // 181
- 第三节　故意伤害案件证据的收集与运用 // 185
- 第四节　盗窃案件证据的收集与运用 // 187
- 第五节　危险驾驶案件证据的收集与运用 // 190
- 第六节　电信诈骗类案件证据的收集与运用 // 194

参考文献 ………………………………………………………………………… 207

附录 ……………………………………………………………………………… 209
- 附录1　刑事诉讼法（节录） // 209
- 附录2　最高人民法院关于适用《中华人民共和国刑事诉讼法》的解释（节录） // 209
- 附录3　公安机关刑事案卷立卷规范（节录） // 209
- 附录4　公安机关办理刑事案件电子数据取证规则 // 209
- 附录5　最高人民法院　最高人民检察院　公安部　司法部《关于办理醉酒危险驾驶刑事案件的意见》 // 209

第一单元

刑事证据概述

知识导图与案例导入

◆ 知识导图

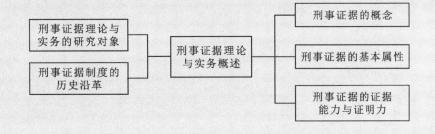

◆ 案例导入

张某、李某两人于某年4月20日凌晨2点左右潜入某免税店仓库，盗窃价值5万元的进口护肤化妆产品一批。

侦查过程中，李某闻讯逃跑，张某来不及逃走被抓获归案，并如实供述了两人共同盗窃的犯罪事实。公安机关调取到仓库监控录像，但因设备问题，画面不能识别。李某的妻子向公安机关证实李某晚上在梦话中说要将一批化妆品卖掉；张某的姐姐向公安机关陈述了张某、李某于4月21日早晨将一批化妆品带回家的情况，并将东西存放地点告诉公安机关。公安机关查获赃物，所获赃物同免税店失窃产品以及张某的供述相互印证。

思考：

本案中收集到的证据材料，是否都可以作为认定盗窃行为的刑事证据？

基础知识与原理

第一节 刑事证据理论与实务的研究对象

一、刑事证据理论与实务概述

刑事证据理论与实务是研究关于刑事证据的理论、法律规定、司法实践，研究如何运用刑事证据来查明案件事实，研究关于证据的收集与运用的规律、方法和规则的学科。

在这里需要澄清的是，刑事证据理论与实务不同于刑事证据法学。刑事证据法学是研究如何规制收集证据的程序、如何规范审查判断证据、如何防止滥用证据的学科。[①] 刑事证据法学更多关注的是从法律角度去规制证据的收集与运用，防止权力的滥用，重点是保护相关当事人的诉讼权利，并从法律程序的角度避免影响查明案件真实情况的情形发生。而刑事证据理论与实务虽然也需要研究法律对刑事证据的限制性规定，但更多关注的是刑事证据的具体运用问题，关注的是如何发现证据、收集证据、保全证据、运用证据去证明案件中需要证明的事实。

当然在收集、保全刑事证据方面也会涉及刑事技术的运用，与刑事技术学科存在一定的交叉，不同之处在于刑事技术学科重在研究具体使用什么样的技术。例如，在一起室内盗窃现场，刑事技术人员更关心的是使用什么技术来显现提取留在现场的指纹，而刑事证据实务更多地关注提取的方法程序是否合法，是否可以进入刑事诉讼中成为具有证据资格的证据，具备证据资格后，它在本案中又能证明哪些案件事实、是否有瑕疵，最终是否可以与其他证据一起形成完整的证据链从而确认被告人构成犯罪并处以刑罚，等等。

二、刑事证据理论与实务的研究对象

（一）与刑事证据及其运用相关的法律规定与主要司法解释

（1）《刑事诉讼法》（2018年10月26日第三次修订）。对刑事证据进行系统规定的法律主要是《刑事诉讼法》，其中专章规定了刑事证据的种类，以及收集、运用的相关规则。

---

① 王超. 刑事证据法学 [M]. 3版. 北京：中国人民大学出版社，2022：5.

（2）《最高人民法院关于适用〈中华人民共和国刑事诉讼法〉的解释》（2021年3月1日起施行）。

（3）《人民检察院刑事诉讼规则》（2019年12月30日起施行）。

（4）《公安机关办理刑事案件程序规定》（2020年9月1日起施行）。

（5）《最高人民法院 最高人民检察院 公安部 国家安全部 司法部关于办理死刑案件审查判断证据若干问题的规定》和《最高人民法院 最高人民检察院 公安部 国家安全部 司法部关于办理刑事案件排除非法证据若干问题的规定》（2010年7月1日起施行）。

（6）《最高人民法院 最高人民检察院 公安部关于办理刑事案件收集提取和审查判断电子数据若干问题的规定》（2016年10月1日起施行）。

（7）《最高人民法院 最高人民检察院 公安部 国家安全部 司法部关于办理刑事案件严格排除非法证据若干问题的规定》（2017年6月27日起施行）。

（8）《公安机关办理刑事案件电子数据取证规则》（2019年2月1日起施行）。

（9）《人民检察院办理网络犯罪案件规定》（2020年1月22日起施行）。

（二）与刑事证据及其运用有关的司法实践经验

刑事证据理论与实务是一门实践性非常强的学科，尤其是关于刑事证据的正确运用问题，需要大量实践经验的支撑。在刑事诉讼实践中，司法人员关于正确地运用刑事证据积累了很多宝贵的经验，也有一些深刻的教训，需要我们认真地去学习和借鉴。比如在证人出庭作证方面，在我国，曾经很长一段时间，证人是不愿意出庭作证的，证人的出庭作证率极低。一方面，证人会担心因为出庭作证受到打击报复；另一方面，法律上明确规定，对于未出庭作证的证人证言应当庭宣读，没有强制证人出庭作证。这样做的结果导致很多案件中关键证人不出庭，证言得不到质证，影响案件事实真实性的认定。为解决这一问题，我国司法实践中开始有了证人保护的具体做法，并逐步完善，最终形成证人保护制度，并在2012年《刑事诉讼法》进行修订时写入法律条文中。

（三）刑事证据运用的方法、规律、规则

刑事证据的运用有一定的方法可循，不同种类的证据，其收集、固定、保全和证明案件事实方面都是有区别的。比如，物证的收集主要依靠勘验检查、扣押搜查；对证人证言或被害人陈述的收集，则主要采取询问的方式收集。对于物证来说，除了采取勘验的方式提取以外，一般都会辅助司法鉴定，才能起证明案件相关事实的作用，但对于证人证言来说，尤其是目击证人证言，通过询问获取后，基本可以直接证明案件事实。

对于不同类型的刑事案件，在收集证据和运用证据形成证据链方面，我们积累了很多规律和办案经验。比如故意伤害案件中，被害人伤势的认定是非常重要的环节，一般会对当事人作鉴定，以鉴定意见的结果作为证明；而针对电信诈骗类案件，对诈骗

手段的证明显得较为棘手,一般会收集话术单、培训资料、诈骗剧本、聊天记录、支付凭证、汇款凭证、转账记录等书证和电子数据来证明。

在司法实务中,总结刑事证据运用规律与方法中较为成熟的经验,再以法律或判例的形式予以确认,就上升为了刑事证据规则。

在英美法系国家,证据规则是伴随着陪审团制度的变化,为了规制陪审员对证据的适用而产生的,主要是关于证据资格方面的规则,有的是以肯定的形式规定了何种证据具有证据资格,有的是从否定的角度排除了具体材料的证据资格,同时又制定了一些例外情形作补充。在大陆法系国家,证据的取舍及证明力的大小均由法官凭其良心、知识、经验判断,因此对证据的证明能力一般不作过多的限制,但也在借鉴英美法系国家证据规则合理因素的基础上,确立了一些证据规则以对证据的范围和运用予以规范。

我国《刑事诉讼法》并没有专门的刑事证据规则的规定,现有法律条文中,具有明确法律依据的,也只有非法证据排除规则(《刑事诉讼法》第56条)和补强证据规则(《刑事诉讼法》第55条)。当然关于传闻证据规则、意见证据规则、最佳证据规则,虽然没有直接的法律条文,但是可以从《刑事诉讼法》和司法解释中看到这些规则的精神与体现。

(四)古今中外的刑事证据制度与证据理论

刑事证据制度是一个国家证据制度的重要组成部分。在人类社会的不同历史发展时期,不同的国家形态曾经构建了不同的刑事证据制度类型,如古代奴隶社会的神示证据制度、中世纪欧洲的法定证据制度、近现代的自由心证证据制度和英美证据规则等。而同时期的中国与世界其他国家的证据制度都不相同。这些刑事证据制度的产生原因、发展规律、特点,其合理性、科学性及局限性、不合理性在哪里,对今天我国现行刑事证据有哪些借鉴意义,是我们需要学习和认真思考的问题。

(五)与刑事证据运用相关的其他刑事技术科学、自然科学、社会科学等

刑事证据的运用离不开自然科学与社会科学的支撑,尤其是刑事科学技术的发展,对刑事证据的运用产生重大影响。从人类最早现场勘查技术、法医技术的兴起,到现代高科技背景下的各类鉴定技术、DNA技术、测谎技术等的成熟运用,都对刑事证据的运用起到推动作用。当然,这些技术的出现与成熟运用的过程也有赖于刑事证据制度对它们的合理规制。刑事证据学是在对人类社会最新科技成果的及时吸收和采纳过程中,逐渐成为一门适应社会发展、具有强大生命力的独立的学科。[1]

---

[1] 王彬. 刑事证据学 [M]. 郑州:郑州大学出版社,2013:4.

第二节　刑事证据制度的历史沿革

不同历史时期有不同的刑事证据制度，甚至同一时代下不同的国家（地区）刑事证据制度的内容与特征也有许多差异。本节内容，按照时间发展脉络和法系发展，逐一介绍人类社会早期的神示证据制度、大陆法系刑事证据制度、英美法系刑事证据制度以及我国刑事证据制度的历史沿革。

一、人类社会早期的神示证据制度

（一）神示证据制度的含义与产生条件

神示证据制度，即是依据神的启示来裁决案件的证据制度。在人类社会的发展历程中，这种证据制度是最早出现的，是当时社会解决纠纷和裁判案件的重要手段，曾普遍存在于亚欧国家的奴隶社会。当然，不同的国家有其不同的适用条件、做法和表现特征等。

神示证据制度之所以产生并发展一时，主要与两方面有关。其一，在人类社会的早期阶段，生产力发展水平非常低，人们认识客观世界的水平与能力十分受限。因此，当需要处理真伪不明的、难以裁决的案件时，法官自然求助于备受人们崇拜、无所不能、无所不知的正义的代表——神。其二，神示证据制度与奴隶社会的控告式诉讼制度是紧密相关的。控告式诉讼制度遵循的是不告不理原则，法官在诉讼中处于消极中立地位，并不主动搜查与查证证据，而是案件的当事人即原告、被告进行集证、查证、举证等，推进诉讼进程，因此原、被告往往各执一词，造成案件停滞，难以结案。这时，神的启示降临，极具权威性与说服性，神示证据制度成为解决纠纷的最佳手段。

（二）神示证据制度的不同证明方法

在人类社会早期，人们将难以裁决的疑难纠纷交由万能的神来解决，于是寻求各种办法来获取神的启示。在不同的国家或地区，获取神意的方法各不相同，甚至采用同一个方法所获得的同一个结果，也因宗教信仰、风俗习惯等不同而有着不同的解释，产生不同的结果，其中主要有诅誓、水审、火审和决斗等方式。

1. 诅誓

诅誓是指诉讼当事人或证人对神发誓以证明其陈述内容是真实的，绝无欺瞒。这是最为常见的神示证明方法。若是某一方不敢对神发誓，或是在宣誓过程中神情不自然、动作慌乱，或者在宣誓中或宣誓后出现神意降临的迹象，则被认为该人的陈述内容是虚假的。如果没有出现上述情况，其誓言所陈述的内容可以被裁决为真实的，并作为裁决案件的依据。如公元前20世纪的《乌尔纳姆法典》规定，引诱自由民之女离家外出，而女之父母知之者，则引诱此女之人应对神发誓云："彼（该女父母）知情，过应在彼。"《汉谟拉比法典》规定，倘若某自由民之妻被其夫发誓所诬陷，而她并没有与其他男子共寝时被捕，则她应对神宣誓，并得回其家。除了当事人可以诅誓外，证人也可以通过这一方法证明自己证言的真实性。例如，6世纪的《萨利克法典》规定，如果有人杀了人，交其所有财产还不够偿付依法所该交纳的罚金，那么他必须提供12个共同宣誓人，他们将宣誓说"在地上、在地下，除已交出的东西之外，并没有其他任何财产"，用以证明被告并无故意隐瞒，的确无其他财物可供赔偿。

2. 水审

水审是指让当事人接受水的考验，并根据考验结果判断案情的方式。水审可以分为冷水审和热水审。冷水审，一般是指将当事人沉入河中并看其是否沉入水中，根据结果判断是非曲直。而不同的国家或地区对其结果也有着不同的判断标准。例如，《汉谟拉比法典》规定，倘自由民控自由民犯巫蛊之罪而不能证实，则被控犯巫蛊之罪者应行至于河而投入之。倘没为河所占有，则控告者可以占领其房屋；倘河为之洗白而彼仍无恙，则控彼巫蛊罪者应处死，投河者取得控告者之房屋。根据上述规定，被告被投入河中，如果沉没则意味着被告的陈述是虚假、伪造的，控告犯罪事实成立；而如果被告被投入河中后可以浮出水面，则认定被告的陈述是真实的，原告当事人反被处罚。但与之相反，古代日耳曼民族因认为水是纯净的、神圣的，不会接纳有罪之人，所以若被告沉入河中，则视为其陈述是真实的，被告无罪，而若浮出水面则视为该被告的陈述是虚假的，被告有罪。与之相对地，热水审是指要求当事人用手从沸水或油锅中取出物品，经过一段时间后观察其烫伤恢复状况：如果伤势明显好转，则被认为是神的庇佑，该当事人的陈述是真实可信的；如果伤势未得到好转甚至恶化，则被认为是神的惩罚，该当事人的陈述是虚假的。

3. 火审

火神是指要求当事人接受火或者烧红后铁器的灼伤来判定当事人陈述内容的真实性。与热水审的方式相似，当事人接受考验，一段时间后观察当事人的伤势，若伤势明显好转，则视为神意，其陈述是真实的，相反如果伤势恶化，则视为其陈述是虚假的，需要接受惩罚。例如，9世纪的《麦玛威法》规定，凡犯盗窃罪，必须交付审判。如在审判中为火所灼伤，则认为不能经受火审考验，处以死刑。反之，如不为火所灼伤，则可允许其主人代付罚金，免处死刑。

4. 决斗

决斗是指采取决斗方式，根据决斗的胜负结果来判定当事人的陈述的真实性。该方法曾是中世纪欧洲最广为流传的证明方式。具体而言，在决斗中获胜一方被视为受到神的庇护，所以该当事人的陈述是真实的，本人是无罪的；而落败一方的陈述是虚假的，本人也是有罪的。这种决斗方式常常被用于双方无法提出确凿可信的证据来证明自己陈述内容的真实性，而原告愿意以生命为代价来证实其控告是真实的时候，法官会命令双方当事人进行决斗。当然，该证明方法并不是所有人都适用，一般只有贵族或自由民才有资格，而且只能在同一个阶级的当事人中进行。

除了上述的主要证明方法，还需要其他各种各样的方式来获取神意。比如《摩奴法典》之补充的《那罗陀法典》明确规定了包括火审、水审、秤审、毒审、圣水审、圣谷审、热油审和抽签审等8种获取神意的方法。总之，各地风俗习惯和宗教信仰等不同，人类社会早期不同国家和地区所采用的方式也都各有差异。

（三）对神示证据制度的评价

神示证据制度作为人类历史上最早的证据制度，以神的旨意作为判定案情是非曲直的标准，表现出鲜明的非科学性、非理性的特点。同时，古代的人们还通过各种方式来获取神意并实施一系列仪式，表现出形式主义的特点。当然，在现代人看来，该证据制度是极为荒谬的。但是，神示证据制度在特定的历史时期产生并存在与发展有其必然性。具体而言，其一，神示证据制度的产生与当时的社会发展条件相契合。受限于社会经济发展状况，早期人类的认知水平有限，人们收集、审查和判断证据的能力非常有限，故需要信仰的神灵的帮助，以神的意志来判断是非，并且因畏惧与崇拜神灵，当事人的陈述往往都不敢欺瞒。因此在一定程度上，神示证据制度可以保证当事人陈述的真实性，而且人为参与较少，可以限制法官的主观恣意，具有较强的权威性。其二，神示证据制度的产生意味着人类历史文明的进步。该证据制度是以神的旨意来解决矛盾纠纷。而在此之前，人类是通过血亲复仇方式解决矛盾，使双方的亲属彼此仇杀不已，陷入无休无止的冲突之中，十分原始落后。

二、大陆法系刑事证据制度

在诉讼制度中，证据制度，尤其是刑事证据制度占据着举足轻重的核心地位，它直接关联到司法裁判者进行事实评价和认定的工作，这是裁判的前提。从历史的角度来看，证据制度经历了从非理性到理性的司法证明阶段的演变。而在理性的司法证明阶段中，证据制度也经历了法定证据制度时期和自由心证证据制度时期两个独具特色的阶段。

（一）法定证据制度

1. 法定证据制度的含义与产生条件

法定证据制度，亦被称之为形式证据制度，其核心在于法律预先设定了各种证据所具备的价值与意义。具体来说，根据证据的不同形式，在法律中详细规定证据的证明力大小，以及证据的收集、审查、判断和运用等各个环节的一系列准则。在这样的制度下，法官在裁决案件时必须严格遵循法定的证据规则，无法自由地对证据进行评判和选择，确保司法裁判的公正性和规范性。

法定证据制度的产生主要取决于两个因素。一是神示证据制度的终结。神示证据制度是建立在人们对神明绝对崇拜与信仰的基础上的，而随着社会经济水平的提高，人类的认知水平得到发展，开始用理性与科学认识世界，因此一旦人们开始不再认为神是万能甚至是存在的，神示证据制度自然瓦解。至13世纪，神示证据制度基本上退出了历史的舞台。司法裁判的方式与权力开始由"神"走向"人"。在"神"退出舞台后，人们开始制定一系列客观的证明标准，使用法定体系来裁决案件，依照规定来审查与认定证据。二是纠问式诉讼制度的产生。纠问式诉讼制度是法定证据制度产生的制度基础。欧洲中世纪后期，纠问式诉讼取代了弹劾式诉讼。与遵循"不告不理"的弹劾式诉讼不同，纠问式诉讼是国家司法机关依照法律规定的职权主动追究犯罪行为，不论是否有被害人提出控告。

在上述两个主要因素影响下，法定证据制度逐渐在欧洲大陆得到普及与发展。法定证据原则先自罗马帝制时期萌芽，从13世纪开始向西欧大陆各主要封建国家传播，并于16世纪到18世纪在欧洲大陆盛行，形成了一套庞大而复杂的证据法体系。1532年德国《加洛林纳法典》、1853年《奥地利刑事诉讼法》和19世纪30年代的《俄罗斯帝国法律全书》等是其中代表。

2. 法定证据制度的特征

（1）法律预先规定证据的种类。

根据当时的法典和诉讼理论，证据被普遍划分为完全证据和不完全证据两大类。完全证据，指的是法律认定为足以确立案情事实的充分证据；不完全证据，则是指那些虽然具备一定可信性，但尚不足以作为定罪依据的证据。进一步细分，不完全证据又可分为不太完全、多一半完全和少一半完全的证据。这些不同类别的证据，其证明力的大小和评判标准均由法律事先予以规定。

（2）根据证据的形式对证据的证明力作出明文规定。

第一，依据法律规定，被告人的自白在所有证据中享有最高的证明力。同时，当有两个可靠的证人，且他们的证言内容一致时，也可被视为认定被告人有罪或无罪的最终结论性证明。一个证人的证言只能被视为半个证明，即便其证言再可靠真实，也永远不能单独作为裁决的依据。任意两个半个证明相加即构成完整的证明，同理，任意两个四分之一证明相加也可构成半个证明，以此类推。这些规定表现出鲜明的形式主义。

第二，有关证据的证明力方面具有明显的封建等级性。

在法定证据制度之下，并非所有的证人证言都具有同等的证明力，其证言的证明力大小，还要依照等级制度的原则来确定。比如，男子大于妇女，贵族大于平民，学者大于非学者，僧侣大于世俗之人，等等。可见，证言的证明力高低并非一视同仁，表现出明显的封建等级性。

第三，刑讯逼供被当作收集证据的合法手段。

在法定证据制度之下，被告人成了刑事诉讼的客体，被告人自白被提到了不应有的高度，甚至达到绝对化的程度，使被告人自白被称为"证据之王"。于是，收集证据中的刑讯逼供就成了当然的现象，成为全部诉讼制度和证据制度的中心环节。当时的法律往往明确规定在什么情况下适用刑讯，例如《加洛林纳法典》就是一部典型的君主专制法典，该法典第31条规定，假如某人被怀疑对他人有损害行为，而嫌疑犯被发觉在被害人面前躲躲闪闪，那么这就是足以适用刑讯的证据。

3. 对法定证据制度的评价

法定证据制度是历史的产物。它是在中央集权的政治制度反对封建割据的过程中逐渐形成的，对于维护中央集权和统一的封建法制具有重要的作用，显示出与历史前进方向的顺向关系。此外，法定证据制度中的一些规则，也在一定程度上总结和反映了当时的司法经验。它强调从法律中寻求判断证据证明力的答案，成功地将诉讼活动从神的束缚中解放出来。因此，法定证据制度的建立是证据制度发展史或是说法律制度发展史上的一大进步。

然而，法定证据制度也展现出其不科学性的一面。首先，它建立在唯心主义和形而上学的理论基石之上，将证据的证明力严格限定在法律预先设定的框架内，错误地将某些特定案件的个别经验泛化为适用于所有案件的普遍法则，这违背了人类认识活动的基本规律。其次，法定证据制度过于僵化，要求法官严格按照法律规定去识别和计算证据的证明力，几乎完全剥夺了法官在认定案情时的主观能动性和判断力。尤其是它所规定的那些一成不变的规则，严重束缚了法官的裁决权，使得刚刚从神的迷信中解脱出来的证据制度，又陷入了形式主义的桎梏。最后，法定证据制度与刑讯逼供紧密相连，成为封建司法专横的象征，这种野蛮的采证方法合法化导致大量冤假错案出现。

（二）自由心证证据制度

1. 自由心证证据制度的含义与产生条件

自由心证证据制度是指法律并不预先规定证据的证明力大小及取舍，而是将这一判断权交给法官，由他们根据自身的良心和理性进行自由裁量。法官在形成内心确信的基础上来认定案件事实。这一制度的核心在于彻底摒弃了法定证据制度预先设定证据证明力的做法。

自由心证证据制度并非一蹴而就，而是历史长期发展的产物，它扎根于特定的时代背景和社会环境中，其产生与发展主要有两个原因。其一，资产阶级革命胜利后，欧洲大陆普遍建立混合式的诉讼形式。随着西方产业革命和科学技术的飞跃发展，法定证据制度本身的僵硬死板越来越不能满足近现代诉讼构架需要，因此欧洲大陆各国开始寻求新的诉讼形式，即混合式的诉讼形式。这种新的诉讼形式强调审判职能与控诉职能的分离，同时提升被告人的地位，使其从中世纪被动的诉讼客体转变为享有诉讼权利的主动主体。在审查判断证据的过程中，也要求充分发挥法官的作用。这些新要求与法定证据制度的既有规定直接相悖，显示了诉讼制度在新时代背景下的必要变革。其二，资产阶级在革命过程中宣扬"人道主义""人权思想""法律面前人人平等"思想。封建的法定证据制度所表现出的不尊重人格、不尊重人权、不讲人道主义等证据思想与资产阶级为维护资产阶级统治利益所宣扬的资本主义时代精神严重不符，互相对立，因此，法定证据制度随封建制度的瓦解开始失去威信，并逐渐消亡，自由心证则登上历史舞台。

关于自由心证证据制度，从古罗马时期到近代资产阶级革命，可以概括为萌芽、确立与法典化三个主要阶段。

在古罗马时期，法官在认定和取舍当事人提出的证据时，完全依赖于个人的良心和自由判断，这可以视作自由心证证据制度的雏形。然而，到了罗马帝国后期，法官的自由裁量权受到了严重的限制，这一趋势在中世纪后期更为明显，逐渐演变成严格的规则主义。直到以英国洛克、法国卢梭等为代表的资产阶级启蒙思想家提出"天赋人权"等启蒙思想，他们主张法律面前人人平等，为自由心证证据制度奠定了思想理论基础。可以有效改革封建司法制度的自由心证，开始作为一种思想萌芽产生。

随着资产阶级革命的胜利，欧洲各国纷纷对包括法律制度在内的上层建筑进行改革。在诉讼制度方面，辩论式诉讼制度取代了封建社会的纠问式诉讼制度，而在证据制度上，自由心证证据制度则取代了法定证据制度。其中，法国国会议员杜波尔是最早提出自由心证原则的人。他在1790年12月向制宪会议提交的革新草案中，对法定证据制度进行了尖锐的批评，并首次提出了建立自由心证证据制度的构想。1791年，法国制宪会议通过了杜波尔的议案，在发布的训令中明确宣布：法官必须以自己的内心确信为裁判的唯一依据。自由心证证据制度得以确立。

1808年《法国刑事诉讼法典》第一次明确规定了自由心证原则，这部法典也是世界上第一部刑事诉讼法典，使自由心证证据制度真正实现法典化。该法典第342条规定，法律不要求陪审官报告他们建立确信的方法，法律不给他们规定一些规则，使他们必须按照这些规则来决定证据是不是完全和充分，法律所规定的是要他们集中精神，在自己良心的深处探求所提出的反对被告人的证据和被告人的辩护手段在自己的理性中发生了什么印象，法律不向他们说，"你们应当把多少证人所证明的每一事实认为是真实的"。法律只是向他们提出一个能够概括他们职务上的全部尺度的问题："你们是真诚地确信么？"这一规定成为自由心证制度的古典公式。《法国刑事诉讼法典》的颁布与实行对其他欧洲资本主义国家的刑事诉讼改革都产生了深远的影响。德国、俄国、意大利等国家都相继确立了自由心证原则，如1877年《德国刑事诉讼法典》、1892年《俄国刑事诉讼条例》等。

2. 对自由心证证据制度的评价

不可否认，自由心证与法定证据形成了鲜明的对立，并在资产阶级推动司法制度革新的过程中发挥了重要的历史进步作用。一方面，自由心证证据制度迎合了资产阶级自由竞争的经济制度的诉求，成为维护其三权分立政治体制的工具。它所宣扬的人道主义、人权主义等理念，推动了诉讼制度的民主化进程，并在法律层面废除了封建法定证据制度中的刑讯逼供和封建等级特权，实现了法治的跨越式发展。另一方面，自由心证证据制度为法官解绑，使其摆脱了法定证据制度的束缚。它首次将判断证据证明力和价值的职责从法官以外的第三方转移至法官自身，赋予了法官在运用证据认定案件事实上的自由裁量权，从而提高结果的科学性，有利于实现司法公正，这无疑是证据制度上的一大进步。

但是，自由心证证据制度是建立在法官的良心与理性的基础上对案件事实进行认定的，也就是说，只要求法官根据一定的证据从而形成内心确信即可，这往往会导致绝对唯心主义，具有一定局限性，甚至会滋生法官滥用权力，产生恣意与专断。因此，现代运用自由心证的各个国家，无论是大陆法系的代表国家法国和德国，还是英美法系的代表国家英国和美国，都采取有效措施限制法官的自由裁量权。

三、英美法系刑事证据制度

当代主流观点认为，世界上主要存在两大法系，即以英国、美国等为代表的英美法系和以法国、德国等为代表的大陆法系。从历史脉络上来说，刑事证据的历史沿革是证据制度发展的典型代表。而英美法系证据制度以陪审制为基础，由精密而庞杂的证据规则构成。

（一）英美法系证据制度的产生

英美法系证据制度是以证据规则为核心的，其产生主要有两个方面的原因：一是陪审团制度的变化，二是对抗式诉讼的产生。

英美法系国家的证据制度与陪审制紧密相连。在早期，英国实行的是知情陪审团的审判方式，即陪审员必须是对案情有所了解的人，他们依据自己的"知识"和了解到的案件情况辅助法官进行裁决。因此，法律在证据问题上并未制定详细规定，尚不存在法律意义上的证明或证据规则，对陪审员了解案情的途径也未设限制。然而，随着人口城市化和社会化的进程，寻找知情陪审团成员日益困难，他们对法官的协助作用逐渐减弱。同时，司法实践的发展也要求规范司法证明活动，确保陪审团的客观公正。因此，逐渐开始规定陪审员不得提前了解案情或介入案件，而那些已经了解案情的陪审员则需要进行回避。于是，英国的陪审团制度由"知情陪审团"变为"不知情陪审团"，要求陪审员对案件事实的认定不再仅靠个人了解的情况，而必须不带偏见，通过证人证言等证据对案件作客观评判。

随着"知情陪审团"逐渐被"不知情陪审团"所取代，英国的诉讼制度也经历了从原先的弹劾式诉讼向对抗式诉讼的转变。13世纪，欧洲各国的刑事诉讼模式一分为二：欧洲大陆各国纷纷建立纠问式诉讼模式之时，英国却在保留弹劾式诉讼传统的基础之上逐渐形成了对抗式诉讼模式。弹劾式诉讼又称控诉式诉讼，遵循"不告不理"

的原则，法官只负责监督双方当事人是否遵守了证明的规则。而对抗式诉讼在审判过程中更加重视双方当事人及其律师对诉讼进程的推动作用，整个庭审都是围绕着双方当事人的举证、质证活动来进行的。

在上述两个关键因素的影响下，一方面，非职业的不知情陪审团具有较强的主观性，容易受到无关或不良证据误导而造成误判；另一方面，在对抗式诉讼下，双方当事人极容易陷入长时间的无效控辩中，加之由于律师也开始大规模地介入到控诉事务中，大量伪证涌入法庭并呈泛滥之势。因此，如何检验控方证据的真伪、避免冤假错案等问题愈发凸显出来，亟待解决。随着英国司法制度的不断演进，为了规范控辩双方在诉讼过程中的举证和质证活动，法律确立了一系列证据规则。这些规则不仅在英国本土得到了广泛应用，还在英国的殖民扩张过程中被带到美国、澳大利亚等国家和地区。特别是在美国，这些证据规则得到了极大的发展与完善，成为美国司法体系的重要组成部分。

（二）对英美法系证据制度的评价

英美法系证据制度是其司法实践自发演进的结果，是司法经验长期积累的结果。实际上，英美法系证据制度在本质上也属于自由心证证据制度。因为英美法系证据制度是让陪审团或法官基于个人心证对证据证明力进行判断并运用证据判定案情。但为了有效制约陪审团或法官的自由心证，规定了许多有关证据的证据能力和证明力的规则，主要包括举证责任规则、证据相关性规则、证据可采性规则、证人证言规则和书证规则等。在英美证据规则制度下，对证据进行有效约束，对裁判者自由心证进行事前制约，能够有效地保障公民的人身、自由、财产权利不受到司法人员的侵犯，对保障人权具有重要作用。

但是，英美法系证据制度中绝大多数的规则是关于证据采纳问题，数量多且庞杂，导致诉讼效率大大降低，诉讼活动耗费大量的人力、物力、财力。另外，过于详细的证据规则有时可能导致法官在认定证据时过于机械，无法根据具体案情灵活处理。

（三）英美法系与大陆法系的比较

两大法系的证据制度各自独具特点，这些特点在某种程度上凸显了英美法系与大陆法系在证据制度上的不同。通过深入认识这些特点并对比分析它们之间的差异，能够更加深入地理解两大法系的本质。

第一，英美法系国家的证据规则具体且繁杂，而大陆法系国家的证据规则相对抽象简单。英美法系国家的证据规则，大多数都是以判例的形式存在，这些判例构成其证据法的重要组成部分，为司法实践提供参考依据。相比之下，大陆法系国家的证据法通常以独立的成文法形式存在，尽管也存在一些判例，但判例并非其证据规则的必需元素。因此，在研究和理解英美法系国家的证据制度时，我们不仅要面对一个复杂的证据规则体系，还需深入研究大量的法院判例，如美国的"米兰达警告"规则和"毒树之果"规则等。

第二，英美法系国家在司法证明的过程中，对证据的提出和使用都有着严格的方法和程序要求，这些规则在某种程度上可能会限制证明主体的认知能力，甚至导致主体丧失证明能力。而相比之下，大陆法系国家的证明规则和方式更接近人们在日常生活中认识事物的规律和习惯，其证明方式更为直接。这种差异体现了两大法系在证明规则上的不同侧重点和风格，也为我们更深入地理解和研究两大法系的证据制度提供了视角。

四、中国刑事证据制度

我国刑事证据制度经历了古代奴隶社会、封建社会刑事证据制度，近代半殖民地半封建社会时期刑事证据制度，新中国刑事证据制度的形成与发展三个阶段。

（一）我国古代奴隶社会、封建社会的刑事证据制度

我国古代的刑事证据制度，也有一些神示证据的做法。例如，东汉王充《论衡》记载，舜帝时皋陶审案，"其罪疑者，令羊触之，有罪则触，无罪则不触"。春秋时期盛行的"以兽触罪"也是这方面的典例。但神判方法适用较少，消失较早，法官断案更多地依据各种实质性的证据来进行判断。判断证据与认定案情，更多的是强调法官的个人判断。比如我国奴隶社会时期的"察听五辞"，又称为"五听"，具体来说就是"一曰辞听，二曰色听，三曰气听，四曰耳听，五曰目听"，即要求法官亲自坐堂问案，面对面地审问被告人和其他诉讼参与人，并"察言观色"，据此判断其陈述的真伪和是非曲直。这一方法总结了一些符合现代审判学、犯罪心理学的正确成分，具有一定的进步意义。但是该方法的运用基本上取决于法官的个人主观判断，对法官的个人素质要求较高，因此在司法实践运用中，具有较大的主观随意性，往往为法官滥用职权提供了便利。

我国封建社会采取的诉讼方式也是纠问式诉讼，但并没形成国外大陆法系那样的法定证据制度。我国封建社会十分重视被告人口供，其证据制度可以称之为"罪从供定"的证据制度，具体有以下特点。

第一，十分重视被告人口供。坚持"口供至上"，没有被告人的口供就不能定罪。正是所谓"罪以供定，犯供最关紧要"，"无供不录案"。

第二，刑讯逼供合法化。历代封建成文法都对刑讯进行了详尽而明确的规定。以集中国古代封建法律之大成的《唐律》为例，不仅规定了刑讯的一般原则，而且规定了具体的刑讯方法及免除刑讯的条件。比如，"诸拷囚不得过三度，数总不得过二百，杖罪以下不得过所犯之数。拷满不承，取保放之"。尽管封建法律对刑讯逼供进行了严格的法律规定，但是法外用刑现象长期存在，因屈打成招的冤假错案不可胜数。

第三，较早出现了物证等证据的检验技术。如宋朝宋慈编写的《洗冤录集》被公认为世界上最早的一部系统的法医学著作，对世界法医学的发展有过巨大贡献。

第四，疑案从轻，实行有罪推定。在奴隶社会时期和封建王朝时期，对疑罪的处理遵循"疑罪惟轻"原则。

（二）近代半殖民地半封建社会时期的刑事证据制度

1840年鸦片战争后，中国的社会性质发生变化，逐步沦为半殖民地半封建社会。随着这种社会形态的改变，法律制度也发生了深刻的变化。

1906年，清政府制定了《大清刑事民事诉讼法草案》，首次在中国历史上废除了传统证据制度中的刑讯内容。该法案第17条规定："凡审讯一切案件，概不准用杖责、掌责及其他刑具，或语言威吓，或逼令原告、被告及各证人偏袒供证，致令混淆事实。"虽然清末陆续颁布的一些法律制度的确具备一定的民主法制思想，但它们依旧只是清政府为了挽救自己的封建专制政权，本质上是封建性质的。由于受到各地的反对，直至清政府覆灭，这些法律草案并未真正实行。

1911年，辛亥革命胜利。1912年3月2日，中华民国颁布《大总统令内务、司法两部通饬所属禁止刑讯文》，其中明确规定："不论行政司法官署，及何种案件，一概不准刑讯。鞫狱当视其证据之充实与否，不当偏重口供，其从前不法刑具，悉令焚毁。"这一规定表现出资产阶级的法律观和人道主义精神，在我国证据制度发展史上是一个重要进步。

北洋政府继承了清末法律草案的相关规定。国民党政府在继承北洋政府《刑事诉讼条例》并加以修改和补充的基础上，形成了以"自由心证"为主的刑事证据制度，主要表现形式即"六法全书"之一的《刑事诉讼法》。其中明文规定，"证据之证明力由法院自由判断之"，"当事人或辩护人申请调查之证据，法院认为不必要者，得以裁定驳回之"。从这方面看，北洋政府和国民党政府时期的法律制度，与传统的法律制度相比，的确具备一定的进步性。但国民党为了加强对人民的镇压，除了实施基本法律外，还颁布了一系列特别法，包括《修正危害国民紧急治罪法》《妨害国家总动员惩罚暂行条例》《特种刑事案件诉讼条例》等，这些特别法的实施中存在大量刑讯逼供的现象。

（三）新中国刑事证据制度的形成与发展

1949年10月1日，中华人民共和国成立。从1954年出台《宪法》以及《人民法院组织法》《人民检察院组织法》的颁行，1956年最高人民法院下发《各级人民法院刑事案件审判程序总结》，到1979年第五届全国人民代表大会第二次会议通过《刑事诉讼法》，我国刑事证据制度逐步规范化、法律化。

20世纪90年代，我国向市场经济体制转型，我国司法制度建设也迎来新的发展。1996年，第八届全国人民代表大会第四次会议通过了《关于修改〈中华人民共和国刑事诉讼法〉的决定》，对我国证据制度进行了较大的调整和完善。2010年，最高人民法院等颁布《关于办理死刑案件审查判断证据若干问题的规定》和《关于办理刑事案件排除非法证据若干问题的规定》，对政法机关办理刑事案件特别是死刑案件提出了更高的标准、更严的要求，对完善我国证据法律体系、重视证据的基石地位有重要的指导意义。

2012年，我国再次对《刑事诉讼法》进行了修正，并在证据制度方面修改较大：① 明晰证据概念，完善证据种类，区分了物证、书证，彼此成为独立的证据种类，在勘验、检查笔录中增加辨认、侦查实验笔录的证据规定，并增加了电子数据这一新的证据种类；② 明确刑事诉讼的证明标准，规定"证据确实、充分"的条件；③ 完善了非法证据排除规则，确立其申请、证明以及调查程序等内容；④ 完善证人、鉴定人出庭规定，建立证人保护制度和证人补偿制度，等等。

至2018年，我国第三次修正《刑事诉讼法》，我国刑事诉讼证据理论和制度体系逐渐走向理性和成熟。

可见，我国已经形成了一系列重要内容：重证据，重调查研究，不轻信口供；公检法机关收集、审查、判断证据，必须遵守法定程序；重视事实的认定，确立了证据裁判原则等。

第三节 刑事证据的概念与基本属性

一、刑事证据的概念

证据作为法律用语，是指据以认定案情的材料。在日常生活中，证据就是证明之依据，用已知的为大家所接受的事实去证明未知的事实，其中已知的事实就是证据。进入诉讼活动中，证据应当如何界定，是材料还是依据，是否要求真实性，学界有较多争议。

到底什么是刑事证据？《刑事诉讼法》第50条第1款规定，可以用于证明案件事实的材料，都是证据。第2款规定，证据包括物证，书证，证人证言，被害人陈述，犯罪嫌疑人、被告人供述和辩解，鉴定意见，勘验、检查、辨认、侦查实验等笔录，视听资料、电子数据。第3款规定，证据必须经过查证属实，才能作为定案的根据。

根据上述法律规定，以及学术界的相关讨论，我们认为刑事证据的概念可以从广义和狭义来区分，广义的刑事证据即指可能用于证明案件事实情况的所有材料，包括刑事诉讼主体收集或提供的有关案情的、未经查证属实的材料，以及经过查证属实、作为定案证据的材料。狭义的刑事证据则指能够证明案件事实，并经过查证属实，依法可以作为定案根据的那部分材料。[1]

---

[1] 王超. 刑事证据法学[M]. 3版. 北京：中国人民大学出版社，2022：177.

二、刑事证据的基本属性

我国法学界对于刑事证据的基本属性认识较晚，相对独创的观点有"两性说"和"三性说"。"两性说"认为，刑事证据具有客观性和关联性两个基本特征。"三性说"认为，刑事证据具有客观性、关联性和合法性三个基本属性。"三性说"目前在我国刑事证据领域占主流地位。

（一）刑事证据的客观性

刑事证据的客观性是指证据必须是客观存在的事实，它是独立于人的主观意志之外，能够反映案件真实情况的数据或信息。这种客观性对于确保司法公正、防止冤假错案至关重要。

首先，客观性强调证据是独立于人的主观意识之外存在的。这意味着证据不是由人的想象、猜测、臆想、梦幻或偏见所创造的，而是由案件本身的事实所决定。无论是物证、书证还是证人证言，它们都是基于实际发生的事件或观察所得，而不是人为捏造或篡改。因此，客观性要求司法机关在审查证据时，要排除主观臆断和偏见，不能把个人主观臆想作为证据；不能先入为主，仅收集认可的证据；对于已经毁损灭失的证据，应尽量收集其他相关证据对案情加以证明，不能找替代品；对于时隔久远的当事人，不能强制当事人按自己的推测进行陈述；道听途说、小道消息、匿名信息不能作为证据使用。

其次，客观性要求证据能够真实反映案件的情况。证据作为案件事实的表现形式，必须能够准确地再现案件的发生、发展和结果。无论是现场勘查中发现的痕迹、物证，还是证人目睹的犯罪行为，它们都应该能够在一定程度上揭示案件的真实面貌。当然，刑事证据的客观性并不是说刑事证据的内容必须完全符合案件实际，由于刑事证据的形成、发现、收集、提取等都会受到外部因素的影响，有时候也会出现偏差。例如，被害人在被袭击那一刻，内心非常慌张，高度紧张的情绪，使得她看到的犯罪嫌疑人的面部特征加入了个人情绪，她后来对警察描述犯罪嫌疑人"很高、很壮，面部表情很可怕"。作为被害人，她只是根据个人的感受进行描述，这个证据本身具备客观性，但事实上，后来找到的犯罪嫌疑人个子不高，也不强壮，甚至显得较为瘦弱，完全与被害人描述的特征不相符合。这要求我们对刑事证据要仔细审查与判断。在法庭上，控辩双方会针对证据是否具有客观性展开质证，但更多的情况下，控辩双方会在证据具有客观性前提下围绕证据是否真实以及真实的程度展开质证，进行审查。这种真实性是司法机关判断证据价值的基础，也是确保定罪量刑准确性的关键。

再次，客观性还要求证据具有稳定性和可靠性。证据一旦形成，就应该保持其原有的形态和特征，不会因时间、环境或人为因素而发生变化。这意味着证据应该是经得起检验和核实的，能够在法庭上经受住质疑和挑战。只有具备稳定性和可靠性的证据，才能作为定案的根据，确保司法裁判的公正性和权威性。

最后，客观性的实现需要依赖科学的收集、保存和审查程序。司法机关在收集证据时，应遵循法定程序和规范，确保证据的完整性和真实性。同时，在保存和审查证据时，也应采用科学的方法和手段，避免证据的损坏或篡改。只有这样，才能确保证据的客观性得到有效保障。

综上所述，刑事证据的客观性是确保司法公正和防止冤假错案的重要基础。它要求证据必须是客观存在的事实，能够真实反映案件的情况，并具备稳定性和可靠性。同时，司法机关在收集、保存和审查证据时，也应遵循科学的方法和程序，以确保证据的客观性得到有效保障。

（二）刑事证据的关联性

刑事证据的关联性，也称为相关性，是指证据与案件事实之间存在客观联系，这种联系对于证明刑事案件的事实具有某种实际意义。关联性不仅是证据的基本属性之一，也是评价证据价值的关键因素。

首先，关联性强调证据与案件事实之间的直接或间接联系。这种联系是客观存在的，而不是主观臆断或随意捏造的。例如，犯罪分子在作案后可能会在现场留下指纹，指纹成为本案的重要物证。因为我们可以通过发现指纹，提取并作出鉴定，发现与案件嫌疑人或作案时间、地点等相关的信息，它与案件之间的关联性是案件事实所客观产生的，而不是办案人员在办案过程中主观想象或者强加的联系，这就是刑事证据与案件事实存在的内在的直接的联系。同时，犯罪现场还会留下许多无关人员的指纹和无关的物品，因为不可能证明案件任何一方面的事实，也就不具有关联性，不能成为案件的证据使用。

其次，关联性的大小直接决定了证据的证明力。证据与案件事实之间的联系越紧密，其证明力就越强；反之，如果证据与案件事实之间的联系较弱或没有联系，它的证明力就会大打折扣。例如，目击证人提供的案件发生经过的事实与案件的关联性就比只看到被害人受伤后情形的一般知情证人与案件的关联性要强。因此，在审查证据时，司法机关需要仔细分析证据与案件事实之间的联系程度，以确定其是否具有证明力、具有多大的证明力。

再次，关联性还涉及证明犯罪成立的证据和否定犯罪成立的证据的区别。证明犯罪成立的证据是指能够证明犯罪嫌疑人实施犯罪行为的证据，它与犯罪事实之间是内在的直接关系。而证明犯罪成立的证据的关联性就是其能够直接证明犯罪嫌疑人实施了犯罪行为，从而支持定罪。相比之下，否定犯罪成立的证据则是指能够证明犯罪嫌疑人无罪，它与犯罪事实之间是外在的间接关系。否定犯罪成立的证据的关联性虽然不如定罪证据直接，但同样重要，因为它能够反驳指控，保护犯罪嫌疑人的合法权益。例如，在一起伤害案件中，现场留下了作案人的指纹与血迹。某甲的指纹与血迹能够与现场的指纹与血迹作同一比对，某甲与本案的伤害事实之间存在直接的客观联系；办案人员没有提取某乙的指纹，但通过档案查寻，某乙的血型为A型，现场留下的作案人血型为B型，那么可以排除某乙与本案的伤害事实之间存在直接的客观联系。

最后，需要强调的是，关联性的判断是一个综合性的过程。在审查证据时，司法机关需要考虑多个因素，如证据的种类、来源、收集方式等，并结合案件的具体情况进行分析和判断。同时，司法机关还需要注意避免将无关紧要的细节或猜测作为证据使用，以免影响案件的正确处理。

刑事证据的关联性是评价证据价值的关键因素之一。它要求证据与案件事实之间存在客观联系，这种联系可以是直接的也可以是间接的，但无论如何都必须具有实际意义。同时，司法机关在审查证据时，需要仔细分析证据与案件事实之间的联系程度，并结合案件具体情况进行判断，以确保证据的关联性得到有效保障。

（三）刑事证据的合法性

刑事证据的合法性，是指刑事证据需要由法定主体，遵循法定程序，依据法律允许的方法收集，它必须具有合法的证据形式和内容。因此，刑事证据的合法意味着收集、提供证据的主体合法，证据来源的程序合法，证据收集的方法合法，证据的形式合法，证据的内容合法。具体而言，主要体现在下列四个方面。

1. 收集、提供刑事证据的主体合法

收集、提供刑事证据的主体合法是指提供证据的个人或机构必须具备相应的法律资格和权利。在刑事诉讼中，有资格收集、提供证据的主体包括公安机关、检察机关、法院、监狱、辩护律师、代理律师、犯罪嫌疑人、被告人、被害人、自诉人、证人、鉴定人等。对于这些收集、提供证据的主体，不能是受到法律限制或禁止提供证据的人，例如与案件有利害关系且可能影响证据公正性的人，比如生理上、精神上有缺陷或者年幼，不能辨别是非、不能正确表达的人。而对于某些特定类型的证据，如鉴定意见或专家意见，提供主体还需具备相应的专业资质和资格认证，以确保其提供的证据具有专业性和权威性。

2. 收集刑事证据的方法合法、程序合法

收集刑事证据的方法合法是指证据的收集必须采用合法手段和方法，不能侵犯他人的合法权益。例如，不能通过非法搜查、窃听、逼供等方式获取证据。此外，对于涉及个人隐私或商业秘密的证据，收集过程中还需特别注意保护相关权益，避免不当泄露或滥用。

收集刑事证据的程序也必须合法，不符合法律程序，可能导致证据因不合乎法律而被排除。《刑事诉讼法》第56条规定：收集物证、书证不符合法定程序，可能严重影响司法公正的，应当予以补正或者作出合理解释；不能补正或者作出合理解释的，对该证据应当予以排除。按照这一规定，采取扣押的方式收集到的物证，必须有扣押清单，扣押清单上必须有当事人和办案人员的签名，采取扣押的方式收集到的物证，如果没有相应的扣押清单，又无法解释原因，则可能因不符合法律规定而被排除。

3. 刑事证据的形式合法

《刑事诉讼法》第50条限定了刑事证据的八种形式，一般而言，我们所说的刑事

证据应该是法定的八种表现形式之一。同时，刑事证据的形式合法，也意味着，对于某种证据而言，如果法律规定该种证据在外在形式上应符合某些要求，那么，这种证据就必须符合这些要求，否则在形式上就不合法。如物证需要妥善保存并标明来源和收集过程，某些公文类书证需要清晰可辨并有相关人员的签字或相关单位盖章，鉴定意见需要鉴定人在鉴定意见书上签名等。这些形式要件的规定有助于确保证据的规范性和可信度，防止因形式不符而导致证据无效。此外，对于一些特殊类型的证据，如电子数据或视听资料，还需遵守特定的存储和传输要求，以确保其完整性和真实性。刑事证据的形式合法，还意味着，如果某种证据形式，法律规定了必备的质证程序，那么该证据作为定案根据也必须满足这一要求，例如，《刑事诉讼法》第61条规定：证人证言必须在法庭上经过公诉人、被害人和被告人、辩护人双方质证并且查实以后，才能作为定案的根据。根据该规定，如果没有经过质证程序，证人证言无法作为定案的根据。

4. 刑事证据的内容合法

刑事证据的内容不能涉及违法或犯罪活动，也不能侵犯他人的合法权益。不能使用伪造或篡改的证据来支持某一方的诉讼主张，这样可以防止虚假证据或不当证据的使用，维护司法公正和当事人的合法权益。

刑事证据的内容合法意味着证据的内容不能违反法律和基本的公序良俗。例如，根据《刑事诉讼法》的规定，侦查实验不可以造成危险、侮辱人格或者有伤风化。如果使用了侦查实验的方式收集证据，但违反了上述规定，其获取的侦查实验结论因内容不合法而不能被采用。

刑事证据的客观性、关联性、合法性之间存在着一定的关系，相互联系。其中刑事证据的客观性是基础，刑事证据的关联性是前提，刑事证据的合法性是刑事证据客观性和关联性的重要保障。综上所述，作为定案根据的刑事证据应当同时具有客观性、关联性、合法性三个基本属性，这三个基本属性不可或缺。在刑事诉讼中，刑事证据的客观性、关联性和合法性是司法机关审查判断证据的重要标准，也是确保司法公正和防止冤假错案的关键。只有当证据同时满足这三个属性时，才能作为定案的根据。

第四节 刑事证据的证据能力与证明力

一、刑事证据的证据能力

刑事证据的证据能力是指某证据材料是否具有进入诉讼中，成为证据的条件或资格，又称为刑事证据的证据资格。

在诉讼过程中，确定某一刑事证据是否具有证据能力，应该从刑事证据的三个基本属性入手。首先是客观性。一项证据材料首先必须具有客观性，必须是客观存在的事物，这个客观性既包括形式上的客观，也包括内容上的客观。从刑事证据的形式来看，刑事证据必须按照诉讼程序忠实记载，不应违反相关的形式要件。例如，证人证言笔录必须是现场完整记录，并且经过证人签名，而不能是侦查人员事前或者事后伪造的笔录。从刑事证据的内容来看，刑事证据记录或者反映的信息必须客观，不能是伪造或者虚假的。例如，证人证言的陈述必须是真实的，不能是编造或想象出来的，如果证人证言是故意编造出来的陈述，就不具有客观性。

具备客观性的证据材料才可能进入到成为证据的评判范畴内，接下来就可以依据关联性进行判断，没有关联性的证据材料一定不可能具备证据能力。刑事证据与待证事实之间的关联性既可能表现为积极的关联性，即证明待证事实的成立，也可能表现为消极的关联性，即证明待证事实不成立。例如，被害人身上留下了作案人的血迹，经鉴定与犯罪嫌疑人吻合，可以证明犯罪嫌疑人与被害人有过冲突；相反，如果经鉴定与犯罪嫌疑人不吻合，可以排除作案嫌疑。

一项证据材料具备客观性和关联性之后，还需要对它进行法律评价，即法律规定了什么样的材料才能成为证据，也就是合法性问题。从肯定的角度来讲，证据必须具有法定的证据形式并且经过合法的法庭调查程序。从相反的角度来讲，不可以存在证据禁止使用的情况。例如，采用刑讯逼供等非法方法收集的犯罪嫌疑人、被告人供述和采用暴力、威胁等非法方法收集的证人证言、被害人陈述，应当予以排除。

二、刑事证据的证明力

刑事证据的证明力又称为刑事证据的价值或者效力，是指刑事证据对于案件事实的证明意义和作用。刑事证据的证明力主要涉及刑事证据的关联性与真实性，只要具备证据资格，且能在逻辑上一定程度地证明待证事实，该刑事证据就具有或强或弱的证明力，而证明力的强弱，同该证据与案件事实的联系程度、真实程度相关。

刑事证据的关联性同时具有定性与定量的成分，如果某个刑事证据材料不能证明案件事实，与案件不具有关联性，则该证据不具备证据能力，更谈不上证明力的问题，这是定性问题。刑事证据能够证明案件事实，与案件具有关联性，那么它与案件的主要事实的关联程度有多强，证明案件事实的可能性有多大，这就是一个定量的问题。这方面的判断主要依靠司法人员根据日常的生活经验和逻辑常识。

当然，如果某个刑事证据材料与案件事实之间只具有微弱的关联性，即使这种关联性客观存在，一般也应当排除适用，按定性问题来处理，这样做是为了有效地减少办案的时间成本。例如，犯罪嫌疑人的品格是关联性较弱的证据，证明力较弱，一般认为与案件不具有关联性，不作为定案的证据使用。

刑事证据的真实性同样具有定性与定量的区分。如果刑事证据是编造、伪造的，完全不具有真实性或真实性率极小，则不具有证据资格，证明力无从谈起。例如，被剪辑、篡改的录音资料可信概率小，实践中常不被采纳，不具有证明力。但具备证据资格的刑事证据，也不一定是百分百的真实度，其真实程度如何，也一定程度上影响了其证明力。例如，与当事人无关的目击证人证言，其真实性程度一般较大，证明力也相对较强。而作为当事人近亲属的目击证言，因存在较大虚假陈述可能性，比无关证人证言的可信度小，证明力一般也较弱。

总之，一般情况下，刑事证据关联性的有无主要影响证据能力和资格，刑事证据关联程度的强弱主要影响证据证明力的大小。刑事证据真实性的有无直接决定证明力的有无，真实性程度的高低则决定了证据证明力的大小。

自测练习

1. 单选：神示证据制度是人类最早的证据制度，它产生于（　　　）。
   A. 奴隶社会
   B. 原始社会
   C. 封建社会
   D. 资本主义社会

2. 多选：以下关于我国奴隶社会证据制度的说法正确的是（　　　）。
   A. 主要适用神示证据制度
   B. 有神示证据制度的做法，但不是主流
   C. 法官审查判断证据主要采用"察听五辞"的方法
   D. 对疑罪的处理，遵循"疑罪惟轻"的原则
   E. 已经实行证据裁判，诉讼中涉及的证据有当事人陈述、证人证言，物证、书证等多种证据种类

3. 多选：关于刑事证据客观性的说法，以下正确的是（　　　）。
   A. 刑事证据的客观性体现在物质载体上的客观性，也就是刑事证据形式上的客观性
   B. 刑事证据的客观性体现在刑事证据内容上的客观性
   C. 它必须是伴随着刑事案件的发生、发展过程而产生
   D. 它可以是办案人员的推测
   E. 它可以是犯罪嫌疑人主观想象的东西

4. 多选：我国刑事诉讼法学界的主流观点认为，刑事证据有三个基本特征，包括（　　　）。
   A. 客观性
   B. 关联性
   C. 科学性
   D. 合法性
   E. 合理性

5. 判断："察听五辞"的证据审判方法总结了审判实践中的一些有益经验，要求法官当面听取当事人的陈述并观察其表情神色，有助于案件得到正确处理。（　　　）

6. 判断：与案件没有关联性的材料一定不能成为刑事案件中的定案证据。（　　　）

实训

【实训项目一】

● 一、训练内容

刑事证据的识别。

● 二、训练目的与要求

运用本章节所学知识,识别确认刑事案件中用于证明案件事实的具体刑事证据。

● 三、训练素材

被告人孔某某于20××年12月18日18时许,在W市J区一小酒店内吃饭,因琐事与工友刘某某发生冲突后离开。当日20时许,被告人孔某某为泄愤邀约他人,在W区一停车场内对刘某某拳打脚踢,后被他人劝离。当日22时许,被告人孔某某为泄愤再次邀约他人,在W区茶叶市场的小诊所内,对刘某某拳打脚踢,致使其左侧第8、9根肋骨骨折。经鉴定,刘某某的损伤程度为轻伤二级。案发后,被告人孔某某的亲属于20××年7月2日代为赔偿被害人刘某某经济损失7.5万元,取得其谅解。

问:在这起孔某某故意伤害刘某某案件中,可以找到哪些证据证明孔某某的故意伤害行为?

【实训项目二】

● 一、训练内容

刑事证据制度的历史沿革。

● 二、训练目的与要求

能够根据案件的审理方式准确识别适用的证据制度,并论述该制度的产生背景,以及客观评价该证据制度。

● 三、训练素材

在古代英国,有一种审判刑事案件的方式叫"热铁审",就是让嫌疑对象拿着烧红的铁块走过一段距离,然后对其烧伤的手进行包扎。三天后拆开验伤,如果手上起泡、溃烂了,那他就是有罪的,相反,如果伤口已经长好了,那这个人就是无辜的。

问:本案在裁判案件时使用了什么证明方式?它有什么缺陷?这种荒诞的裁判方式为什么会产生?

【实训项目三】

● 一、训练内容

刑事证据的证据能力与证明力分析及运用。

● 二、训练目的与要求

根据我国关于刑事证据资格的相关法律规定，判断司法实务中某项证据材料是否具有证据能力，并评价其证明力。

● 三、训练素材

20××年5月18日，某未婚女子李某到该市某区公安分局报案，称本公司后勤人员张某，于5月17日将她骗到张家，对她实施强奸并殴打她致左手骨折。公安分局根据她的报案进行立案，对张某实行拘留。审讯中张某认罪，该案移交检察院审查起诉。检察院办案人员从案卷中发现张某的供述和被害人陈述的犯罪情节多处不一致，再次提审张某。张某连声喊冤，声称在审讯中受到了刑讯，他与李某是两相情愿，发生关系后，李某向他索要高额赔偿，张某拿不出来，李就对他撕扯撒泼，结果一不小心摔了一跤，手掌接触地面时用力不当导致骨折。办案人员再次仔细询问了被害人李某，李某说话吞吞吐吐，关于实施行为的细节前后矛盾。经过多次教育，李某最终说出了真相。原来她一直与张某有往来，这次相约来到张某家，并与之发生关系。事后，她让张某花钱给她办一张美容院的VIP卡。张某不同意，遂与张某吵了起来还扭打在一起。扭打过程中，张某推了李某一把，李某没站稳，摔伤了手臂。李某非常生气，就报警说张某强奸殴打她。

问：本案中被害人李某的陈述，是否具有证据能力，如何评断它的证明力？

第二单元

刑事证据规则

知识导图与案例导入

◆ 知识导图

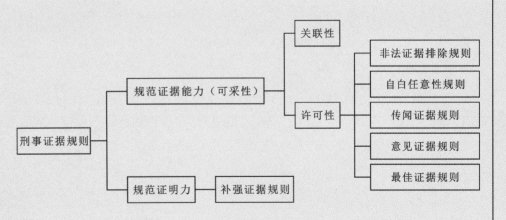

◆ 案例导入

　　李某因涉嫌入室抢劫而被公安机关逮捕。讯问时，公安机关对李某进行了人身威胁，李某因害怕，承认自己有罪并供出了赃物的藏匿地点，公安人员依据该供述找到了赃物。该案由检察机关提起公诉。开庭审理前，法院分别向本案目击证人王某及鉴定人送达了开庭通知书，但因工作繁忙，两人均未出庭。开庭审理时，公诉机关向法庭宣读了目击证人王某的书面证词以及鉴定人的书面鉴定意见，分别证明李某入室抢劫的行为，以及死者指甲缝内有被告人的皮肤组织和被告人作案时所穿衣物的微量纤维。但张某在法庭上声称受到刑讯逼供，拒绝承认有罪。

　　思考：
　　试根据有关的证据规则，分析该案中的证据材料如果用于定案，存在哪些问题？

基础知识与原理

第一节 刑事证据规则概述

一、刑事证据规则的概念

"证据规则"源于英美法中的"evidence rules",主要是指那些在庭审中或者审理中对证据的可采性起支配作用的规则[①],主要包括关联性规则、非法证据排除规则、自白任意性规则、传闻证据规则、意见证据规则、最佳证据规则等,这些规则都是用于规范证据能力的规则。而在英美国家,规范证据能力的问题也就是解决证据是否具有可采性的问题,因此上述证据规则,又称为可采性规则。当然,一般提到英美证据规则,还会包括补强证据规则,补强证据规则是英美国家为数不多的规范证据证明力的规则。在大陆法系国家,证据规则相对比较零乱,体系不强,案件中的证据材料是否具有证据能力,更多的是赋予法官一定的自由裁量权。

在我国,学者们对证据规则的界定不完全一致,但研究的视角大体一致,均采用证据运行或操作程序的角度。据此,我国学者对证据规则的定义大致可以从广义和狭义上进行理解:从广义上来说,证据规则几乎等同于证据制度,指刑事诉讼活动中规范证据运行,如收集、审查、判断、评价等诉讼证明活动的准则;从狭义上来说,主要指诉讼中规范证据的证据能力和证明力的规则。

综上,刑事证据规则包含两个维度的内容。第一个维度是从静态来看,也就是针对证据本身而言,刑事证据规则是指规范证据能力和证明力的规则,具体内容上主要包括关联性规则、非法证据排除规则、自白任意性规则、传闻证据规则、意见证据规则、最佳证据规则、补强证据规则。第二个维度是从动态来看,也就是从规范证明的过程和体系来看,刑事证据规则包括取证规则、举证规则、质证规则、认证规则,这些规则在具体操作层面上主要包括证据开示规则、证人作证规则、交叉询问规则、当庭认证规则、疑罪从无规则等。本章重点讨论静态维度上的证据规则,也就是规范证据能力和证明力方面的规则。

二、刑事证据规则的分类

对于刑事证据规则的分类,理论界争议很大。按照不同的分类标准,分类的结果

---

① 王超. 刑事证据法学[M]. 3版. 北京:中国人民大学出版社,2022:114.

各不相同，它们从不同角度确保了刑事案件的公正、公平和有效处理。

第一，按照证据规则规范的维度不同，刑事证据规则可分为静态的刑事证据规则和动态的刑事证据规则。静态的刑事证据规则是指规范刑事证据本身的规则，主要是规范单个刑事证据是否具有证据能力和证明力的规则，而动态的刑事证据规则是指规范动态的证明行为和证明过程的规则，如证人应出庭作证规则、对证人证言交叉询问规则、证据开示规则、当庭认证规则等。

第二，按照证据能力和证明力来划分，这是刑事证据规则的一种重要分类方式。证据能力主要关注一项涉案材料是否符合客观性、关联性、合法性，能否作为证据使用。包括关联性规则、非法证据排除规则、自白任意性规则、传闻证据规则、意见证据规则、最佳证据规则，这些都是关于证据能力的规则。而证明力则关注一项证据的证明作用大小问题，如关联性规则、补强证据规则等。这种分类有助于在取证过程中明确哪些材料可以作为有效证据，以及如何评估这些证据的证明力。

第三，按照证明的程序来划分刑事证据规则，主要涉及证据在诉讼过程中的使用顺序和方式。规范证据收集、审查和评价的规则，证人出庭作证规则，对证人证言交叉询问规则，证据开示规则，当庭认证规则等都属于这一类。在刑事诉讼的侦查阶段，规范证据收集的规则尤为重要，在法庭审判阶段，规范审查判断的规则也非常重要，因为它们确保了证据的完整性、真实性、可信性，确保了只有经过严格审查的证据才能被采纳为定案依据。

总之，刑事证据规则是一个多层次、多角度的体系，它们共同构成了刑事司法制度的基础。在实际应用中，需要依据具体案件情况和法律要求，灵活运用刑事证据规则，以确保案件的公正、公平和有效处理。

第二节 国外主要证据规则

一、关联性规则

关联性规则，又称为相关性规则，指只有与案件有某种联系，能够证明案件待证事实的，才能成为证据，一切与案件没有关联性的材料都不能成为案件中的证据，都不能被采纳为定案证据。

但是，什么样的证据才认为是与案件具有关联性的呢？根据美国学者华尔兹教授的观点，主要应当考虑以下三个因素：当事人在本案中提出的证据可以证明什么？他所证明的这个问题是本案中需要证明的问题吗？当事人提出的证据，对于证明案件中的争议性问题有意义吗，能够起到证明作用吗？[①]

[①] 参见［美］乔恩·华尔兹.刑事证据大全［M］.2版.何家弘，等译.北京：中国人民大学出版社，2004.

证据的关联性是证据可以被采纳为证据的前提条件，凡是没有关联性的证据均不具有可采性，具有可采性的证据一定具有关联性。因此，关联性规则是规范证据能力的最基础性规则。

英美法系国家证据规则中第一位的规则就是关联性规则，设立关联性规则主要有以下两个原因。一是为了防止当事人将没有关联的证据提供给陪审团，导致陪审团错误地认定案件事实。英美法系国家实行陪审团制度，由陪审团成员共同确定被告行为是否构成犯罪，但陪审团成员大多数是不懂法的成员，对于证据的专业评判能力有限，如果不加限制，允许当事人不加区分，将有关联和没有关联的证据都提交陪审团，很容易对陪审团成员在认定案件事实时造成迷惑和误导。二是为了限定调查证据的范围。英美法系国家属于当事人主义诉讼制度，由当事人决定向法庭提供哪些证据，如果不对他们加以限制，提交的证据过多，会使证据的调查工作过于繁重，最终导致案件的审理旷日持久，影响诉讼的顺利进行。

在美国，除法律另有规定外，所有有关联性的证据都有证据能力，不具有关联性的证据，也就是与案件待证事实没有关联的证据，都没有证据能力。原则上排除所有不相关的证据，采纳所有有关联性的证据，但同时又辅之以众多的例外情形作为补充。

以下情形看似与案件具有关联性，却排除与案件之间的关联性，认为不具有关联性，不能被采纳为认定案件的依据。

1. 相似事实

不能以某人以前曾实施过与本案相类似的行为，来证明本案中该人实施了这种行为。如不能以某人一向偷东西来证明本案盗窃行为是他所为。司法中的例外是，某人多次实施过某类似行为，该类似行为与本案有多个细节上的相似处，则两者可能具有关联。例如，某男子在与某女子认识后一个月，迅速与该女子结婚，之后为该女子买了一份巨额人身意外保险，保险受益人指定为自己。三个月后，该女子在洗澡时"不小心"触电身亡，男子获取了高额保险理赔金。过了不久，同样的事件再次发生，男子再次获赔。接着同样的事发生第三次，这一次保险公司在现场勘查时，发现所谓洗澡时"不小心"触电身亡，是一个假象，触电是必然的，因为电器的电路经过人为设计改装过。这时，把前两起已经理赔的案件档案翻出来仔细对照当时的触电现场，发现三起案件有以下相似之处。第一，该男子与被害女子相识时间都不超过一个月，两人很快结婚。第二，被害女子基本没有直系亲属，性格内向。第三，结婚后，为被害女子购买高额人身意外保险。第四，被害女子都是在婚后不久，洗澡时触电身亡。第五，触电现场都是品牌取暖设备，并由于该取暖设备发生漏电导致被害人触电身亡。第三次案件发生后，保险公司发现了人为因素导致触电的秘密，前两次案件未发现现场的问题，但都留有现场事故照片，上述细节完全相同，那这三起案件就认为是有关联性。

2. 当事人的品格

不能把某人品行一向不端正来作为指控犯罪嫌疑人有罪的证据。但以下情况品格证据具有关联性。第一，被告人提出自己品行良好的证据来证明自己没有实施犯罪行为时，控方就可以提出被告人品行不好的证据用以反驳。第二，被告人可以提出有关被害人品格方面的证据，之后，控方也可以提供反驳被告关于被害人品格方面的证据。第三，证人的品格，尤其是证明证人能否如实陈述的证据，一般不被排除。

3. 犯罪前科

不能因为某人以前有过犯罪前科，就认为本案与他有关。例如，不能因为犯罪嫌疑人以前犯诈骗罪被判过刑，刑满释放后，他身边发生的诈骗案件就都与他有关联。

二、非法证据排除规则

非法证据排除规则，是指在刑事诉讼中，司法机关采取非法手段获得的证据，不具有证据能力，应当予以排除。这里予以排除的证据首先必须是非法取得的，即取证手段违反了法律规定或者侵犯了公民的合法权益。其次，非法证据的取得与案件的定罪量刑具有直接关联，即该证据对案件的裁判结果具有实质性影响。最后，排除非法证据应当遵循法定程序，必须经过严格的审查和判断，确保排除的合法性和公正性。其中非法证据既包括非法方法获取的言词证据，也包括非法扣押、搜查等获取的实物证据。甚至包括"毒树之果"，也就是通过非法手段获得的证据而衍生出来的其他证据。其中非法获取的口供的排除规则与下文所述自白任意性规则相一致。

对非法取得的言词证据，各国刑事诉讼法、刑事证据法及相关刑事司法实践普遍认为：采取刑讯、威胁人身安全等非法的方法取得的言词证据一律排除，均不能作为证据使用。对非法取得的实物证据，也就是通过非法扣押、搜查等方式获取的物证、书证等，各国规定的差异很大，普遍采取的做法是适用利益权衡原则，通过对比，在违法的严重程度与违法证据对案件的证明意义之间进行利益权衡：当违法的严重程度较大，违法证据对案件的证明意义有限，排除该证据对国家利益损害较小时，一般都采取排除的态度；如果违法的严重程度较小，违法证据对案件的证明意义较大，排除该证据对国家利益损害较大时，一般都采取不排除的态度；介于两者之间的情形，多由办案法官根据案件实际情况自由裁量。美国对待非法扣押、搜查所获取的证据采取的是强势排除态度，也就是如果没有法律的特殊规定，非法扣押、搜查所获得的证据一律排除，不能作为证据使用。英国对待非法扣押、搜查所获得的证据是否排除，态度相对平缓，将排除的决定权交给主持审判的法官，让他们根据案件进行自由裁量。

"毒树之果"理论涉及通过非法手段获得的证据而衍生出来的其他证据是否予以排除的问题。"毒树之果"中的"毒树"，是指通过非法手段获取的证据，因为非法获取而称"毒树"，而"毒树之果"中的果实，是指从"毒树"上结出的果实，也就是利用非法收集的证据中获取的线索，通过合法的方法获取的证据。比如说，在收集犯罪嫌疑人的供述时，对他实施了刑讯，因为供述是非法手段获取的，是"毒树"，肯定是不能用，应该予以排除。但是犯罪嫌疑人在供述中提到了他的作案工具的去向，于是，运用口供中的信息，通过申请搜查证，开展合法的搜查，找到了作案工具，这里的作案工具就是"毒树之果"。树有毒，果实是否有毒？是否应该排除？事实上，这种证据与非法扣押、搜查所取得的证据相比较，有明显的区别：非法扣押、搜查取得的证据，其获取证据的程序本身是违法的，而"毒树之果"中非法证据衍生出来的其他证据，其获取程序本身是合法的，只是发现该证据之前的前置程序有违反法律的情形。从某种意义上讲，"毒树之果"理论属于非法证据排除规则的一部分，是非法证据排除规则的深层次运用。但对于"毒树之果"是否应该排除的问题，各国的做法差别很大，在英国，一般是采取"排除毒树"、食用"毒树之果"的做法，也就是对于从非法获取的被告人的供述中发现的线索再获取的证据，只要与案件具有关联性并符合法律规定的其他条件，就可以成为定案依据。比如前面所说的刑讯获取的口供中得到线索再找到的作案工具，就可以被采纳为定案的依据。而在美国，作为非法证据排除比较严苛的国家，非法证据排除规则不仅适用于违反法律规定获得的实物证据和言词证据，也同样适用于"毒树之果"，也就是采取了"排除毒树"并排除"毒树之果"的原则。比如刚才的作案工具，在美国是不能作为定案证据使用的，他们的观点是，树有毒，结出来的果实就有毒，所以这个果实也不能吃，也应当予以排除。但法律规定了两项例外：一是最终或必然的例外，指即使在整个收集证据过程中不发生任何非法的行为，证明犯罪嫌疑人、被告人有罪的证据也最终（或必然）会被发现；二是善意的例外，指虽然是依据无效的搜查证进行搜查所取得的证据，但法官签发该无效搜查证的情形完全是基于合理公正的行为而签发的，那么该搜查所取得的证据不需要排除。

三、自白任意性规则

自白是指犯罪嫌疑人、被告人对自己的犯罪事实的陈述，又称被告人口供。自白任意性规则，又称非任意性自白排除规则，是指在刑事案件中，只有在犯罪嫌疑人、被告人完全自由意志支配下作出的自白，才具有证据能力，如果自白不是在犯罪嫌疑人、被告人自愿意志下作出，而是在违背他们意愿或强制情况下作出的，就应该予以排除，如果犯罪嫌疑人、被告人在完全自愿的情形下作出了有罪供述，那么，该有罪供述可以作为指认犯罪的唯一证据，这就是自白任意性规则的含义。

自白任意性规则最早诞生于英国，规定基于不当的自白或不自由的自白，必须从证据中排除出去，不得作为定案的根据使用。但是，自白是否具有自愿性的问题，自白是否因为不具有自愿性而应该排除的问题，法庭没有自动予以排除的义务，那么谁来提出并证明这个问题呢？司法实践中，除非辩护方自己提出，法庭不会主动排除，这无疑加大了辩护方的证明责任。1984年，英国《警察与刑事证据法》改变了这一现状，强化了法庭排除不具任意性自白的责任，确立了法庭对非法自白的自动排除规则，并由检察官来证明供述的自愿性。

自白任意性规则确立之初，主要是考虑出于强暴、胁迫、利诱、欺骗等方法获取的自白，违背了被追诉人的意愿，容易产生虚假成分，为了排除不真实和不可靠的供述，对非任意性自白应该予以排除。后来随着法治的不断发展，犯罪嫌疑人、被告人人权保障问题日益受到重视，任意性自白规则日益与人权保障原则、无罪推定原则、不得强迫自证其罪原则结合起来。在美国，早期的任意性自白规则，强调只要自白是自愿的，没有受到有可能影响其真实性的来自外界的强迫或欺骗，就可以被采纳，后来，自愿的自白发展到程序的自白，也就是说自白不仅要是自愿的，还必须是程序上完全合法的，否则也不具有可采性。

在英美法系国家，刑事案件的审理采用有罪答辩制度，如果犯罪嫌疑人、被告人作出有罪答辩的选择，他所作出的有罪陈述的效力与陪审团作出的有罪裁决相当，本案可以不再经过开庭审理，直接进入量刑程序。换而言之，犯罪嫌疑人、被告人供认有罪的自白可以作为刑事案件定罪的唯一依据，正是因为这个原因，英美证据法上非常强调犯罪嫌疑人、被告人自白的自愿性，避免因为外界因素影响供述的真实性，一经确定是非任意性自白，无论出于何种原因的非任意性，都将被排除，不能成为定案证据。

大陆法系国家法律并没有规定自白任意性规则，并不刻意强调犯罪嫌疑人、被告人自白的完全自愿性，而且强烈反对只依据口供就认定有罪的做法。但是，大陆法系国家与英美法系国家一样，严厉禁止使用非法的手段去逼取犯罪嫌疑人、被告人的供述，并以立法的形式明确规定了不得强迫犯罪嫌疑人、被告人自证其罪，并明确规定非法取得的口供应该予以排除。纵观大陆法系国家，自白任意性规则一般不会明确出现在法律规定中，但其基本内涵——排除非法程序获取的口供这一项基本内容一般会以立法形式规定在非法证据排除规则之中。

尽管两大法系在犯罪嫌疑人、被告人供述的自愿获取程度上和犯罪嫌疑人、被告人供述的证明力上存在实质性的分歧，但是都规定了不得强迫犯罪嫌疑人、被告人自证其罪，不得非法逼取犯罪嫌疑人、被告人供述，在这两个问题上还是高度一致性的。第二次世界大战后，日本以美国为样本，在立法上规定了自白任意性规则，但它的自白任意性规则与美国还是有很大的不同，在日本，运用任意性自白确定有罪时，不能仅依赖该自白，还需要有其他补强证据，用来证明该任意性自白的真实性、可靠性。

四、传闻证据规则

传闻证据规则是英美证据法特有的概念。传闻证据规则是指传闻是不可取的，任何证人向法庭提供的转述他人的陈述或向法庭提供的书面证词，如果没有法律特别规定，都应当予以排除。

一般来说，传闻证据主要有以下两种表现形式。第一种是口头上的传闻，通常是指证人向法庭提供的转述他人的陈述。比如，证人甲出现在法庭上，提供了一段证言，证明某件事实的发生，但这件事实并不是证人甲亲眼所见，而是听乙说的，那么证人甲所提供的这段证词就属于口头传闻证据。第二种是书面传闻。比如，证人甲看到一起杀人案件的发生，但证人甲不出现在法庭上向法官陈述他看到的杀人案件的过程，而是写了一份书面证词，或者在控方那里作了笔录，在法庭上由控方向法庭宣读证言笔录，这份书面证词或宣读的证言笔录就属于书面传闻证据。

传闻证据规则形成于英国普通法时代，传闻证据规则之所以确立，可以从两种表现形式的传闻证据分别阐述。

口头传闻证据应当予取排除的原因是：其一，口头传闻，也就是经过转述的话，容易失真。当一个人向另一人转述某件事实时，转述信息的人会有选择性转述，听信息的人也会有选择地听取，每转述一次，信息就有一定程度的流失，转述的次数越多，信息流失的就越多，同时转述过程还会有转述的部分加工，最终会导致转述的证言失真。其二，口头传闻也就意味着直接目击案件情况的证人没有出现在法庭上，法庭无法对原始证人进行交叉询问，也就无法对证言的真实性进行探求。其三，目击案件发生过程的证人没有出现在法庭上，法官不能直接听取该原始证人的陈述，没办法感知原始证人的感知能力、判断能力，无法感知他的态度表情、姿态、品行，也就无法综合对证人证言作出内容上真实性的判断。

针对书面传闻证据应当予以排除的原因是：其一，证人不出庭，由控方当庭宣读证人的书面证词，法官无法对证人进行交叉询问，无法对证言的真实性进行探求。其二，证人不出庭，法官不能直接去听取证人的陈述，没法感知证人的感知能力、判断能力，无法感知他的态度表情、姿态、品行，也就无法综合对证人证言作出内容上真实性的判断。

大陆法系国家在立法形式上没有像英美法系那样具体、明确的传闻证据规则，但是一般会在诉讼中规定直接言词原则，要求没有特殊情况，证人应该出庭作证，不能以书面审理的形式代替开庭审理。根据直接言词原则，法庭审理时，证人原则上必须出庭参加诉讼，并直接以言词的方式向法官提供口头证言，法官必须依据在法庭上直接感知的证言、亲自听取的双方对证言的质证过程，并根据法庭上直接感知的情况作出对案件事实的判断。除非法律另有规定，不得以宣读证言笔录来代替证人出庭作证。比较两大法系的做法，可以发现，英美法系国家对传闻证据，包括口头传闻和书面传闻都是严格排除的态度，非直接感知案件事实的证人不被法庭所接纳。而在大陆法系国家，在法庭审理中还是可以接受直接感知案件事实以外的其他人作为证人，只是一般情况下，作为证人，他必须出庭接受来自法庭更严格的质证，以保证其证言的真实性，同时，如果必要，直接感知案件事实的证人也是需要出庭作证，与之形成印证。如果考虑到直接感知案件事实的人无特殊情况都必须出庭的事实，这种差别已无实质意义。

传闻证据规则是以排除传闻为基本原则的，但是在某些特定情况下，传闻证据因具有一定的证据价值和程序价值而被采纳。传闻证据排除的例外一般有以下两种情况。一是证人是否出庭作证已无关紧要，即使不出庭作证，也不会影响证言的真实性。比如，刑事案件中证人的证言已经得到控辩双方的认可，并有其他证据对该事实予以证明。二是证人确因客观原因不能到庭作证，比如，证人生病、证人所在处所发生地震等。这两种情况中又分别包括一些具体的情形。日本传闻证据的例外，一般以供述人死亡、精神或身体的障碍、所在不明或现在国外而不能在公审准备或公审期日供述等客观不能到庭的情形为限。

五、意见证据规则

意见证据规则主要规范证人作证的范围和方式，确保证人证言的客观性、真实性和可靠性。意见证据规则是指刑事案件中的证人只能就其亲身感知的事实提供证言，而不得就其感知的事实发表意见或进行推论。证人对案件事实发表的意见不得被采纳为证据，不具有证据资格。与传闻证据规则一样，意见证据规则是规范证人证言是否具有证据能力的一项证据规则，两者都是以证人证言作为调整对象，但在适用时序上，一般首先适用传闻证据规则，判断证人证言是否属于传闻，根据传闻证据规则可以被采纳的证据，再根据意见证据规则判断，该证人所作证言内容上是否属于对案件事实发表的意见，是否需要根据意见证据规则予以排除。

英美法系国家把证人划分为普通证人与专家证人。意见证据规则主要是针对普通证人，他们只能陈述他们所感知的事实，只能就事实提供证言，不得提供意见或推论。这是因为：第一，如果允许普通证人就个人感知的事实发表意见陈述，事实陈述与意见的发表甚至是情感的表达夹杂在一起，可能影响裁判者公正认定事实。第二，普通证人没有相关的专业知识，发表的意见与看法对事实的认定意义不大。第三，普通证人的职能就是要将亲身体验到的事实如实向法庭进行陈述，而依据一定证据材料作出推断或结论应由陪审团或法官负责，普通证人向法庭作出推论和判断，侵犯了审理事实者的职权。

实际上，在英美法系国家，并非所有证人的意见都不能被采纳，都必须被排除，在刑事司法中也形成了一定的例外。一是有关专家证人的例外。专家证人，是指因具有一定知识、技能、经验等而具有专家资格的证人，如果依靠他们的专门性知识、技能、经验提出了一定的意见，而这些意见有助于案件的审理、证据的辨别、争议事实的解决，那么该意见可以被法庭采纳。二是有关普通证人的例外。当普通证人合理地基于他的感知、体验作出符合一般人常识的意见或推论，该意见又有助于清楚地了解争议的事实时，该证言可以被法庭采纳。

在大陆法系国家，刑事案件中的证人仅包括英美法系国家所说的普通证人，没有专家证人的说法。但在大陆法系国家，刑事诉讼中有一种独立的诉讼参与人，称鉴定人，相当于英美法系国家的"专家证人"。因此，在大陆法系国家，意见证据规则的适用范围就是案件中的证人，证人应该根据自己所了解的事实向法庭提供证言，一般不得对案件事实发表个人的见解，但对于其根据自己体验的事实进行一些必要的分析、判断或者推测，法律并没有明确予以禁止。至于鉴定人提供的鉴定意见，在大陆法系国家，一般都是直接作为一种独立的证据形式，并不隶属于证人证言范畴，当然也就不受意见证据规则的制约，这与英美法系国家将专家证人意见作为证人的意见，再用意见证据规则的例外形式予以排除，在实质上是相同的。

六、最佳证据规则

最佳证据规则又称原始文书规则，最初主要以文字材料的内容来证明案件事实时，必须使用文字材料的原件，原件才是最佳证据，如果没有特殊情形，如原件灭失等充足理由，直接向法庭提供的副本、复印件、抄本等非原始材料，不具有可采性，不能被采纳为定案证据。最佳证据规则主要适用于书证，是英美法系最古老的证据规则之一。

最佳证据规则确立的主要原因是，原始文字材料是伴随着案件的发生而自然产生的，对案件的证明作用是显而易见的，经过传抄、复印或复制过程，可能会遗漏、错抄文字材料中的重要信息，甚至会出现故意弄虚作假，篡改文字材料的部分内容，其真实性和可靠性不如原始的文字材料。而且随着科技的发展，复制原始文书时更容易人为作弊，还不易被人发现。因此，最佳证据规则强调在诉讼中除特殊情况外，应该向法庭提供文字材料的原始材料。当然，随着科技的进一步发展，最佳证据规则的适用范围也从传统的书证，拓展到适用于照片、录音带、录像带等。

上述关于最佳证据规则的规定都是英美法系国家的相关规定。从这些规定我们也可以看出，在英美法系国家，最佳证据规则是用来规范证据能力的，该规则要求书证的提供者尽量向法庭提供原件，如果提供书证的非原始材料，则必须提供充足理由和法律依据，否则该书证不被采纳。

大陆法系国家没有关于最佳证据的规定，对于书证，法律从来都不排除复印件的证据能力。在大陆法系国家，与之类似的规则是书证优先的规则，意思是书证原件的证明力大于书证的复印件、副本、影印本等非原始证据的证明力。很明显，在大陆法系，最佳证据规则是用来规范证据证明力的规则。他们认为，从最佳证据设置的目的来看，主要是为了避免不具有真实性、可靠性的证据用作认定案件的证据，那么只要能够保证文书副本的准确性，副本也应该具有可采性，特别当文书原件已经无法取得时，副本实际上就是可以获得的最佳证据。正是由于这样的原因，近年来，英美法系国家在司法实践中发展了许多最佳证据规则的例外情况，主要包括：一是原件在对方当事人手中，但对方当事人拒绝提供原始文书；二是原件已经损毁或丢失；三是通过正当的司法程序，原件最终无法获得；四是有关文字内容与案件主要争议事实联系不大；五是对于无需保存的公共记录，不必使用原件，复印件即可；六是对于篇幅过长或者体积过大的文字材料不便于在法庭上展示和接受审查的，可以用图表或摘要的形式呈现，不必要展示原件。大陆法系国家虽然没有最佳证据规则，但一般也要求法官在庭审中尽量使用书证的原件，因为原件具有最佳的证明力。对于物证，原物是首选。

七、补强证据规则

补强证据规则，又称补强规则，是指运用某些证明力明显薄弱、易出现虚假成分的证据认定案情时，必须有其他证据补强其证明力，才可以将其作为定案根据的规则。

设立补强证据规则的主要原因是，刑事案件中，有些证据，尤其是一些与案件有一定利害关系的当事人所提供的证词类证据，出现虚假的可能性较大。即使这类证据有时候与案件事实有很强的关联度，能够证明案件的主要事实甚至是全部事实，但其自身的真实性必须有其他证据加以证明，若不予补强，可能会导致误认事实，误判案件。例如口供。因犯罪嫌疑人、被告人是刑事追诉对象，一般都对犯罪事实避重就轻，隐瞒重要的事实情节，如果仅依靠口供认定案件事实，就容易发生误认事实，出现错判。

补强证据规则中，用以印证其他证据真实性的证据称之为"补强证据"，被印证真实性的证据称之为"被补强证据"。其中，被补强证据往往是对证明案件起直接证明作用的特定的言词证据，它们一般与案件关联度较强，但真实性容易出现偏差，必须有补强证据来印证其真实可信性的条件下，才能发挥证明作用。在刑事诉讼中，被补强证据主要包括口供、证人证言、被害人陈述等，其中共犯的供述、儿童证言是尤其需要加强的。补强证据的形式可以是物证、书证或视听资料等，也可以是其他的证人证言等任何形式的证据。但无论是哪种形式，补强证据都必须满足如下几个条件。第一，补强证据本身必须具备证据能力。如果补强证据不具备证据能力，那么补强其他证据的证明力当然也就无从谈起。比如，非法搜查获取的物证，本身不具有证据能力，不能用来补强本案中证人证言的真实性。第二，补强证据可以印证被补强证据，具有担保补强对象真实性的能力。比如，在一起刑事案件的现场，除了在地面上提取到大量鞋印外，还在侧墙上提取了半枚掌纹，经比对是犯罪嫌疑人留下的，那么这半枚掌纹可以用来补强犯罪嫌疑人供述中提到他在现场摔了一跤这一情节。第三，补强证据不能与被补强对象同一来源，或是明显发生重叠的来源，而是应独立于补强对象，具有自己独立的来源。例如，目击证人甲目击了案发过程后，将案件发生的情况告诉了乙，于是乙也可以成为本案的间接证人，那么本案诉讼中，就不能用乙的证言来加强甲的证言，印证甲的证言在证明案件事实上的真实性和可靠性。

第三节 我国刑事证据规则及运用

尽管刑事证据规则是刑事证据法的重要内容，但从立法上来看，我国的证据规则总体上还处在内容已基本成型、体系性还不协调、立法上不统一、整体还不完善的阶段。各项证据规则的具体内容体现并散见于《刑事诉讼法》和相关司法解释当中，但明确确立的规则并不多，已有的具体内容也只是零散的规定，不同法律渊源中关于同一项证据规则的具体规定甚至还存在矛盾和冲突，缺乏系统化、相互协调、互为衔接的明确的规定，更有一些规定只是有了形式上的原则性规定，操作起来困难重重。由于某些证据规则的缺失或不完善，司法实践中，为获取口供屡屡对当事人违法取证，证人、鉴定人因各种顾虑不愿出庭作证等现象严重影响了司法公正与案件的正确认定。2012 年、2018 年全国人大在修改《刑事诉讼法》时，对包括刑事证据规则在内的刑事证据制度作出了较大幅度的修改，刑事证据规则进一步得到完善。本节以 2018 年修订的现行《刑事诉讼法》、2021年施行的《最高人民法院关于适用〈中华人民共和国刑事诉讼法〉的解释》（以下简称《刑事诉讼法解释》）以及其他相关司法解释为依据，对我国刑事证据规则的现状进行简要分析。

一、关联性规则

我国现行刑事法律对证据的关联性问题分散规定在不同的法律与条文中，大概含义是证据只有对案件事实有证明作用，也就是与案件有实质性的关联，才能够用来证明案件事实。司法实践中，更是要求控辩双方围绕证据的真实性、关联性、合法性展开举证、质证活动。有关证据关联性的规定，分散在《刑事诉讼法》和相关司法解释的不同条文当中，下面举例进行分析。

《刑事诉讼法》第120条规定"犯罪嫌疑人对侦查人员的提问，应当如实回答。但是对本案无关的问题，有拒绝回答的权利"，第141条规定"在侦查活动中发现的可用以证明犯罪嫌疑人有罪或者无罪的各种财物、文件，应当查封、扣押；与案件无关的财物、文件，不得查封、扣押"，第194条规定"公诉人、当事人和辩护人、诉讼代理人经审判长许可，可以对证人、鉴定人发问。审判长认为发问的内容与案件无关的时候，应当制止"。这些法律规定，以正反规定的方式，提出了证据应当是与案件有关的，并能够证明犯罪嫌疑人有罪或无罪的，与案件无关的内容，不得收集，不得发问，不需回答，也就是不能成为案件的证据。这是确立我国刑事诉讼证据的关联性规则的法律依据和必然要求。

《刑事诉讼法解释》第82条规定，对物证、书证应当着重审查的一项内容是：物证、书证与案件事实有无关联；对现场遗留与犯罪有关的具备鉴定条件的血迹、体液、毛发、指纹等生物样本、痕迹、物品，是否已作DNA鉴定、指纹鉴定等，并与被告人或者被害人的相应生物特征、物品等比对。《最高人民法院关于建立健全防范刑事冤假错案工作机制的意见》第9条规定，现场遗留的可能与犯罪有关的指纹、血迹、精斑、毛发等证据，未通过指纹鉴定、DNA鉴定等方式与被告人、被害人的相应样本作同一认定的，不得作为定案的根据。涉案物品、作案工具等未通过辨认、鉴定等方式确定来源的，不得作为定案的根据。这些司法解释对于案件中的血迹、体液、毛发、指纹等物证是否与案件具有关联性，要求通过鉴定比对来确定，如未通过辨认鉴定等方式确定与本案的关联性，不得作为定案的根据。这就在物证领域确立了关联性规则，物证材料必须与案件有关联才可能具有证据资格，不具有关联性的物证材料不可能成为定案证据，一定不具有证据资格。

"两高三部"联合制定的《关于办理死刑案件审查判断证据若干问题的规定》第32条规定，对证据的证明力，应当结合案件的具体情况，从各证据与待证事实的关联程度、各证据之间的联系等方面进行审查判断。证据之间具有内在联系，共同指向同一待证事实，且能合理排除矛盾的，才能作为定案的根据。由此可见，我国刑事诉讼中已经确立了关联性规则，没有关联性的证据是没有可采性的。在实践中，关联性规则也已经成为法官审查判断证据的一条准则。但是，《刑事诉讼法》及相关司法解释关于证据的关联性规则的规定比较笼统，均没有具体规定哪些证据没有关联性而不可采用。司法实践中，法庭一般要求控辩双方围绕证据的真实性、关联性、合法性展开质证，提出质证意见，法官根据双方质证意见，对定案证据进行认证。

二、非法证据排除规则

《刑事诉讼法》明确规定，严禁刑讯逼供和以威胁、引诱、欺骗以及其他非法方法收集证据。同时《刑事诉讼法》第56条又进一步规定："采用刑讯逼供等非法方法收集的犯罪嫌疑人、被告人供述和采用暴力、威胁等非法方法收集的证人证言、被害人陈述，应当予以排除。收集物证、书证不符合法定程序，可能严重影响司法公正的，应当予以补正或者作出合理解释；不能补正或者作出合理解释的，对该证据应当予以排除。在侦查、审查起诉、审判时发现有应当排除的证据的，应当依法予以排除，不得作为起诉意见、起诉决定和判决的依据。"我国以刑事诉讼基本法的形式确立了非法证据排除规则，并且非法证据排除的内容既包括非法的言词证据，也包括非法的实物证据。再结合相关司法解释，我国关于非法证据排除规则已有比较详细的内容和法律规定。

（一）非法证据排除规则的适用对象

根据《刑事诉讼法》的规定，非法证据排除规则适用对象主要是三种：第一，通过刑讯逼供、暴力威胁等非法手段获取的犯罪嫌疑人、被告人供述；第二，采用暴力、威胁等非法方法收集的证人证言、被害人陈述；第三，通过非法搜查、扣押等违反法定程序获取的物证、书证。对于其他言词证据或者实物证据，则没有法律明文作出规定。

在司法实务中，非法证据排除问题常会遇到以下两种情况，需要处理。

第一种情况：违法行政证据转化为刑事证据，是否适用非法证据排除规则？实务中，有些案件发生之初，并没有证据表明有刑事案件的发生，需要追究刑事责任，只是有违法行为的发生，于是立案为行政案件。随着案件的进行，各类物证、书证、证人证言、鉴定意见等证据的收集越来越多，发现案件实际上是一起刑事案件，案件的性质发生转变，那么之前在行政执法中收集的证据，是否可以在刑事案件中直接作为证据使用？

对此，《刑事诉讼法》第54条、《公安机关办理刑事案件程序规定》第63条、《人民检察院刑事诉讼规则》第64条以及《刑事诉讼法解释》给出了明确答案。其一，行政机关在行政执法和查办案件过程中收集的物证、书证、视听资料、电子数据、检验报告、鉴定意见、勘验笔录、检查笔录等证据材料，在刑事诉讼中，可以作为证据使用，经查证属实，且收集程序符合法律规定，可以作为定案的根据。其二，对于有关机关在行政执法和查办案件过程中收集的涉案人员供述或者相关人员的证言、陈述，应当重新收集；确有证据证实涉案人员或者相关人员因路途遥远、死亡、失踪或者丧失作证能力，无法重新收集，但供述、证言或者陈述的来源、收集程序合法，并有其他证据相印证，经审查符合法定要求的，可以作为证据使用。无论上述哪一种情形，这些行政执法获取的证据在刑事案件中可以直接作为证据使用的前提是行政执法行为的合法性。但如果行政机关在行政执法中有违法行为，获取的物证、书证、视听资料、电子数据、检验报告、鉴定意见、勘验笔录、检查笔录等证据材料在刑事案件中是否需要排除，还能够直接使用吗？如果严格排除该项证据，而实际情况又不具备重新获取证据的客观条件，该如何处理？我们认为，行政执法获取的证据材料既然要用于刑事案件事实的证明，成为刑事证据，原则上就应当属于《刑事诉讼法》规定的非法证据排除规则的适用范围，一般情况下，应该依据非法证据排除规则，不同的证据种类适用不同的排除条件和程序，当然特殊情况，可以有例外规定。

第二种情况：违法技术侦查获取的证据是否适用非法证据排除规则？现行《刑事诉讼法》以立法的形式，明确规定了通过技术侦查措施收集的材料在刑事诉讼中可以作为证据使用。与之前的《刑事诉讼法》相比较，进步了很多，2012年之前，技术侦查获取的证据是否有证据资格，没有法律依据，只能通过转化技巧才能被作为定案证据。但是，技术侦查措施大多数具有隐秘性，如隐匿身份侦查，侦查人员的侦查行为不对外公开，对内部也只是极少数人员知情，他们在侦查过程、收集证据过程都十分隐蔽。对于这类证据，只是当庭的出示、辨认、质证等法庭调查程序，很难对其是否属实、是否合法获取且作出正确判断，而且更多的时候，因使用该证据可能涉及相关人员的人身安全或可能产生其他严重后果的，还需要采取不暴露相关人员身份、具体技术侦查方法等保护措施，而由审判人员在庭外对证据进行核实。那么他们获取证据的程序的合法性如何保障？如果确属非法程序获取，是否适用非法证据排除规则？法律对此并未作出具体规定。但可以确定的是，如果对违法技术侦查获取的证据完全不适用非法证据排除规则，带来的导向会是选择容易获取的证据的方式而不考虑非法行为造成的其他影响。如果对违法技术侦查获取的证据完全适用非法证据排除规则，那么收集证据的效率是否会下降，侦查人员的安全是否受影响，核实证据合法性是否可操作？总体来看，我们认为，既然是刑事案件的证据，如果要成为定案证据，适用非法证据排除规则是必然的，只是在排除条件和程序上可以作特殊规定。

（二）排除非法证据的条件

针对不同的适用对象，排除的条件各不相同。

（1）针对非法收集的犯罪嫌疑人、被告人供述，排除的条件是采用刑讯逼供等非法方法。

具体包括以下情况：

① 采用殴打、违法使用戒具等暴力方法或者变相肉刑的恶劣手段，使犯罪嫌疑人、被告人遭受难以忍受的痛苦而违背意愿作出的供述；其中变相肉刑包括冻、饿、晒、烤、疲劳审讯等。

② 采用以暴力或者严重损害本人及其近亲属合法权益等相威胁的方法，使犯罪嫌疑人、被告人遭受难以忍受的痛苦而违背意愿作出的供述。

③ 采用非法拘禁等非法限制人身自由的方法收集的犯罪嫌疑人、被告人供述。

④ 采用刑讯逼供方法使犯罪嫌疑人、被告人作出供述，之后犯罪嫌疑人、被告人受该刑讯逼供行为影响而作出的与该供述相同的重复性供述，应当一并排除，但下列情形除外：调查、侦查期间，监察机关、侦查机关根据控告、举报或者自己发现等，确认或者不能排除以非法方法收集证据而更换调查、侦查人员，其他调查、侦查人员再次讯问时告知有关权利和认罪的法律后果，犯罪嫌疑人、被告人自愿供述的；审查逮捕、审查起诉和审判期间，检察人员、审判人员讯问时告知诉讼权利和认罪的法律后果，犯罪嫌疑人、被告人自愿供述的。

⑤ 除情况紧急必须现场讯问以外，在规定的办案场所外讯问取得的供述。

⑥ 未依法对讯问进行全程录音、录像取得的供述。

⑦ 其他。

（2）针对非法收集的证人证言、被害人陈述，排除条件是收集证人证言、被害人陈述采用了暴力或威胁等非法方法，运用扩大解释法，当然包括采用刑讯的方法获取的证人证言、被害人陈述。

（3）针对非法收集的物证、书证，只有在同时满足下列三个条件的情况下才能加以排除：

① 收集物证、书证的活动不符合法定程序，比如未取得搜查证进行的搜查，取得的物证、痕迹等。

② 收集物证、书证的行为可能严重影响司法公正，比如未取得搜查证却入室进行搜查，并有对现场人员进行威胁的行为。

③ 在违反法定程序收集物证、书证而且有可能严重影响司法公正的情况下，相关办案人员不能作出合理的解释，或者不能予以补正。比如未取得搜查证进行搜查，没有合理理由，不是出于情况紧急或保护公民人身安全的原因。又比如提取、扣押的物证、书证，未附笔录或者清单，无法说明物证、书证的来源，又不能解释原因。

（三）排除非法证据的法律后果

满足排除条件的非法证据，应该依法予以排除。即在侦查阶段不能作为起诉意见的依据，在审查起诉阶段不能作为提起公诉决定的依据，在法庭审判阶段不得作为裁判的依据。

（四）非法证据排除规则的适用主体

侦查机关、公诉机关、审判机关在诉讼的不同阶段都可以成为非法证据排除规则的主体。

（五）非法证据排除规则的适用程序

当事人及其辩护人、诉讼代理人有权提出非法证据排除的申请，法院在接到申请后，应当进行审查，必要时可以举行听证会。经审查确认属于非法证据的，应当予以排除，不得作为定案的依据。

三、自白任意性规则

自白任意性规则，作为刑事诉讼的一项重要原则，其核心在于保障犯罪嫌疑人、被告人接受讯问时的自由意志，确保其在没有受到任何强制、威胁或诱导的情况下，自愿作出供述。这一规则对于维护司法公正、防止刑讯逼供、保障人权具有重要意义。我国立法没有规定典型意义上的自白任意性规则，但是，《刑事诉讼法》的规定一定程度上体现了自白任意性规则的要求。

首先，根据《刑事诉讼法》第52条规定，犯罪嫌疑人、被告人享有不被自证其罪的权利，实际上就是在保障犯罪嫌疑人、被告人在诉讼中陈述的自愿性。这是我国法律第一次明确规定不被强迫自证其罪原则。

其次，《刑事诉讼法》明确规定采用刑讯逼供等非法方法收集的犯罪嫌疑人、被告人供述，不得用于定案的根据，也就是适用非法证据排除一般规定，这也在一定程度上去除了影响犯罪嫌疑人、被告人自愿供述的部分因素。

最后，在司法实践中，我国法院、检察机关、公安机关对自白任意性规则的理解越来越深刻，严格依法办案，在讯问犯罪嫌疑人、被告人时，都严格遵守法律规定的程序和方式，确保讯问过程的合法性和正当性。对于采用非法手段获取的供述，法院在审判时会予以排除，不予采纳。这体现了司法机关对自白任意性规则的尊重和维护，也彰显了我国司法制度的公正性和权威性。

自白任意性规则有助于提高诉讼效率。在犯罪嫌疑人、被告人自愿作出供述的情况下，司法机关可以更快地了解案件事实，从而更快地作出裁判。这不仅节约了司法资源，也减少了当事人的诉讼成本。此外，自白任意性规则还有助于增强公众对司法制度的信任。当公众看到司法机关在办案过程中尊重犯罪嫌疑人、被告人的自白权，依法保障其合法权益时，他们会对司法制度产生更多的信任和支持。这种信任和支持是司法制度稳健运行的重要基础。

虽然我国无论在立法上还是司法实践中，在自白任意性规则方面取得了显著进步，但仍存在一些挑战和问题。在法律层面上，根据《刑事诉讼法》的规定，侦查人员依法讯问犯罪嫌疑人时，犯罪嫌疑人应当如实回答，也就是说犯罪嫌疑人在诉讼中不享有沉默权，面对侦查讯问人员的有关案件的一般性问题，都不享有不回答的权利，也不享有按自己意识随意回答的权利，而是按法律规定应该如实回答。这在某种程度上与自白任意性规则有矛盾之处。司法实践层面上，在一些偏远地区或基层单位，由于司法资源有限、办案压力较大等因素，可能存在对自白任意性规则理解不深、执行不严的情况。因此，我们需要进一步加强法律宣传和培训，提高司法人员的法律素养和职业道德水平，确保自白任意性规则得到全面贯彻和执行。

自白任意性规则是我国《刑事诉讼法》的一项重要原则，对于维护司法公正、保障人权具有重要意义。我国已经在这一领域取得了显著进步，但仍需继续努力，不断完善相关立法规定和司法实践，以确保自白任意性规则得到全面贯彻和执行。

四、传闻证据规则

我国《刑事诉讼法》并没有明确规定传闻证据规则或直接言词原则,《刑事诉讼法》及其司法解释有关证人、鉴定人等应亲自出庭作出陈述的要求与规定体现了传闻证据规则。

(一)法律明确规定证人、鉴定人应出庭进行陈述,并规定了不出庭可能导致陈述不能被采纳的法律后果

1. 证人、鉴定人出庭作证的原则性要求

根据《刑事诉讼法》第61条规定,证人证言必须在法庭上经过公诉人、被害人和被告人、辩护人双方质证并且查实以后,才能作为定案的根据。根据《刑事诉讼法解释》第91条第1款规定,证人当庭作出的证言,经控辩双方质证、法庭查证属实的,应当作为定案的根据。无论是《刑事诉讼法》的规定还是司法解释,都强调了作为定案根据的证人证言应当是出庭证人作出的经过质证的证言。对于鉴定人出庭的要求也与证人类似。

2. 证人、鉴定人不出庭作证的法律后果

如果仅仅通过法律规定证人应当出庭,而不规定不出庭作证的后果,实践中会出现法律形同虚设的状况。为了保证证人能够出庭作证,《刑事诉讼法》及其司法解释对证人等不出庭作证的法律后果也作出了规定。根据《刑事诉讼法解释》第91条第3款规定,经法院通知,证人没有正当理由拒绝出庭或者出庭后拒绝作证,法庭对其证言的真实性无法确认的,该证人证言不得作为定案的根据。

对于鉴定人也作出类似的规定。《刑事诉讼法解释》第99条规定,经法院通知,鉴定人拒不出庭作证的,鉴定意见不得作为定案的根据。

(二)为保障证人等出庭作出陈述,法律规定了一系列保障措施,并规定了强制出庭的制度

1. 证人等出庭作证的保障措施

法律要求证人出庭作证,就必须给予证人出庭作证的一系列保障措施。

首先,对证人人身安全的保护问题。根据《刑事诉讼法》第64条规定,对于危害国家安全犯罪、恐怖活动犯罪、黑社会性质的组织犯罪、毒品犯罪等案件,证人、鉴定人、被害人因在诉讼中作证,本人或者其近亲属的人身安全面临危险的,法院、检察院和公安机关应当采取以下一项或者多项保护措施:① 不公开真实姓名、住址和工作单位等个人信息;② 采取不暴露外貌、真实声音等出庭作证措施;③ 禁止特定的人员接触证人、鉴定人、被害人及其近亲属;④ 对人身和住宅采取专门性保护措施;⑤ 其他必要的保护措施。

其次，对证人的经济补偿问题。证人出庭作证而遭到的经济损失应当给予补偿。对此，《刑事诉讼法》第 65 条也作出了规定，证人因履行作证义务而支出的交通、住宿、就餐等费用，应当给予补助。证人作证的补助列入司法机关业务经费，由同级政府财政予以保障。有工作单位的证人作证，所在单位不得克扣或者变相克扣其工资、奖金及其他福利待遇。

最后，证人出庭作证行为不利于自己的近亲属时，应当允许证人不出庭作证，也就是给予证人在特定情形下免于作证的权利。

2. 强制证人作证制度

在给予证人出庭作证的全方位保障后，应当出庭作证的证人就可以强制出庭作证了。根据《刑事诉讼法》第 193 条第 1 款规定，经法院通知，证人没有正当理由不出庭作证的，法院可以强制其到庭，但是被告人的配偶、父母、子女除外。《刑事诉讼法解释》第 255 条规定，强制证人出庭的，应当由院长签发强制证人出庭令。

（三）法律允许特殊情形下证人、鉴定人不出庭进行陈述

根据《刑事诉讼法解释》第 253 条规定，证人具有下列情形之一，无法出庭作证的，法院可以准许其不出庭：① 庭审期间身患严重疾病或者行动极为不便的；② 居所远离开庭地点且交通极为不便的；③ 身处国外短期无法回国的；④ 有其他客观原因，确实无法出庭的。

对于鉴定人而言，如果鉴定人由于不能抗拒的原因或者有其他正当理由无法出庭的，法院可以根据情况决定延期审理或者重新鉴定。

五、意见证据规则

意见证据规则是我国刑事证据制度中的一项重要原则，尽管我国《刑事诉讼法》没有规定意见证据规则，但是最高人民法院的司法解释在规定证人证言的审查与认定时却增加了意见证据规则。根据《刑事诉讼法解释》第 88 条第 2 款规定，证人的猜测性、评论性、推断性的证言，不得作为证据使用，但根据一般生活经验判断符合事实的除外。

由此，意见证据排除规则的含义在于限制证人只能就其亲身感知的事实提供证言，而不得对这些事实进行推测、评论或判断。换句话说，证人应该客观地陈述他们所知道的事实，而不是基于这些事实发表自己的意见或看法。这一规则有助于确保法庭只采纳那些具有直接关联性和客观性的证据，从而避免主观臆断和偏见对案件审理的影响。值得注意的是，意见证据排除规则并非绝对。在某些情况下，如果证人的意见是基于一般生活经验判断并符合事实的，那么这些意见仍然可以作为证据使用。

在这里，需要区分的是什么是根据一般生活经验的判断，什么是证人的猜测性、评论性、推断性证言，两者明显都包含判断的成分。前者又称为体验性判断，是指证人根据自己所体验的事实作出的识别和判断。例如，看到作案人是一个高高瘦瘦的小伙子，这就是体验性判断。后者又称为意见性判断，指不是依据自己所体验的事实，

或者不完全依据自己所体验的事实,而是依据人们的知识经验、科学原理所作出的推断。比如,证人在酒店的大堂里,看着一个穿高跟鞋的女子在拼命地往前奔跑,于是推测出肯定是有人在追她。那么他所体验的事实是一个穿着高跟鞋的女子在拼命地往前奔跑,他所得出来的意见性判断是有人在追她,前半部分作为一般生活经验性判断可以作为证据使用,后半部分作为猜测性、评论性、推断性证言,不能作为证据使用。

值得注意的是,《刑事诉讼法》规定,专家辅助人不适用上述意见证据规则。所谓专家辅助人,主要是由公诉人、当事人和辩护人、诉讼代理人向法庭申请的具有专门知识的人,他们出庭的目的就是运用自己的专门知识对鉴定人作出的鉴定意见提出意见,完成对鉴定意见的有效质证,帮助司法人员更好地发现案件真相。

六、原始证据优先规则

我国现行《刑事诉讼法》没有明文规定最佳证据规则,但司法解释中规定了与最佳证据规则相似的原始证据优先规则。

《刑事诉讼法解释》第 82—84 条规定,在法庭审理过程中,法庭应当对物证、书证是否是原物、原件进行审查。而据已定案的物证、书证必须是原物、原件。物证的照片、录像、复制品,不能反映原物的外形和特征的,不得作为定案的根据。物证的照片、录像、复制品,经与原物核对无误、经鉴定为真实或者以其他方式确认为真实的,可以作为定案的根据。据以定案的书证应当是原作。取得原件确有困难的、可以使用副本、复制件,书证有更改或者更改迹象不能作出合理解释,或者书证的副本、复制件不能反映原件及其内容的,不得作为定案的根据。书证的副本、复制件,经与原件核对无误、经鉴定为真实或者以其他方式确认为真实的,可以作为定案的根据。

上述规定表明,在我国刑事诉讼中,用于定案的物证和书证应当尽量收集或调取原物或原件。只有在取得原件或者原物确有困难的情况下,才可以使用复制品或复制件。使用复制品或复制件,想取得与原件、原物同等的证明力,必须满足一个条件,那就是必须经过核实无误或者经鉴定为真实,或者以其他方式确认为真实的,只有如此,才可以作为定案的根据。正是由于原始的书证或者物证与其复制件或者复制品之间的差异,我们可以将上述规定称为原始证据优先规则。因其与英美法系的最佳证据规则的精神是一脉相承的,也可以理解为中国式的最佳证据规则。

七、口供补强规则

与国外补强证据规则相比,我国补强证据规则适用的对象仅仅局限于犯罪嫌疑人、被告人供述,而不包括其他言词证据,因此称为口供补强规则。

口供补强规则是我国刑事诉讼中一项重要的证据制度,其目的在于防止仅依赖口供认定案件事实,确保司法公正和避免误判。这一规则体现了对证据真实性和可靠性的追求,对于维护犯罪嫌疑人、被告人合法权益和司法公信力具有重要意义。

口供补强规则要求,在认定案件事实时,不能仅仅依靠犯罪嫌疑人、被告人的口供,而必须有其他证据予以补强。这意味着,即使犯罪嫌疑人、被告人作出的有罪供述，如果没有其他证据与之相印证，也不能单凭口供定罪。这一规则的适用，有助于防止因为口供的单一性或者不确定性而导致误判，提高案件认定的准确性和可靠性。

在适用口供补强规则时，需要注意补强证据的品质和数量要求。补强证据应当具备真实性、关联性和合法性，能够与口供相互印证，形成完整的证据链。同时，补强证据的数量也应当足够，能够从数量上强化口供的证明力，确保案件事实得到充分的证明。

此外，口供补强规则的具体应用还需要结合案件的具体情况进行判断。在不同的案件中，补强证据的种类和数量可能会有所不同，需要根据案件的特点和证据情况进行具体分析。在审查口供和补强证据时，法官应当保持客观、公正的态度，严格遵循法律规定和证据规则，确保案件得到公正、公平的审理。

自测练习

1. 多选：按照英美法系国家的刑事证据规则，一般情况下，（　　）不具有证据资格。

   A. 相似事实或类似事件

   B. 被告人一贯表现极差的品格证据

   C. 犯罪前科

   D. 非法证据

   E. 传闻证据

2. 多选：根据我国相关司法解释，不得作为证据使用的证人证言有（　　）。

   A. 猜测性证言

   B. 根据一般生活经验判断符合事实的证言

   C. 评论性证言

   D. 推断性证言

   E. 在案发现场直接感知的事实

3. 多选：以下属于传闻证据的是（　　）。

   A. 口头陈述，通常是指转述人在法庭上的口头证言

   B. 目击证人在法庭上的口头证言

   C. 书面材料，如控方在法庭上宣读的证人证言笔录

   D. 犯罪嫌疑人在法庭上陈述其犯罪的过程

   E. 被害人在法庭陈述其被害的过程

4. 多选：关于意见证据规则，以下说法中正确的是（　　）。

   A. 我国司法解释确立了意见证据规则

   B. 该项规则不适用于专家辅助人

   C. 我国尚未确立该项规则

   D. 它是英美证据法中规范证人证言的一项证据规则

   E. 它的基本含义是要求证人只能就其直接感知的事实提供证言，而不能就其感知的事实发表意见或推断。

5. 单选：在我国，（　　）不需要进行排除。

A. 刑讯获取的口供

B. 连续 24 小时以上的疲劳审讯获取的口供

C. 两名侦查讯问人员配合，共同讯问获取的口供

D. 采取威胁犯罪嫌疑人人身安全的方法，让其感到害怕，从而作出的供述

6. 判断：在我国已经确立了最佳证据规则，在刑事案件中，只能向法庭提交书证的原件，书证复印件无论真实与否，都不能作为定案的根据。（　　）

实训

【实训项目一】

● 一、训练内容

关联性规则的运用。

● 二、训练目的与要求

正确理解关联性规则，并能够运用关联性规则对案例中的证据是否具有关联性进行正确评判。

● 三、训练素材

被告人王某被控于深夜持械抢劫了一家珠宝店。在案件审理过程中，公诉方提交了多项证据，但其中一些证据因为不具有关联性而被法院排除。

证据1：王某的通信记录。公诉方首先提交了王某在案发后的通讯记录，显示他与多个未知号码有频繁的通信。然而，公诉方并未证明这些未知号码与抢劫案的直接关联。

证据2：王某购买刀具的收据。公诉方接着提交了一份王某在案发前一周内购买刀具的收据。这份收据证明了王某购买了刀具，但公诉方未提供购买刀具的具体特征、购买后的使用情况，以及与抢劫案现场刀具的对比情况。

证据3：案发现场的监控录像。公诉方提交了案发现场的监控录像，显示王某在案发时间进入珠宝店，并手持凶器威胁店员。

证据4：店员的证词。店员作为目击证人，提供了详细的证词，描述了王某的抢劫行为以及所使用的凶器特征。店员的证词与监控录像相互印证。

证据5：王某的口供。在审讯过程中，王某最初否认自己的罪行，但经说服教育后承认了抢劫珠宝店的行为。

证据6：珠宝。在王某家搜到珠宝一批，经辨认与被抢珠宝是同一批珠宝。

问：请运用关联性规则判断本案中哪些证据不具有关联性，应该被排除。

【实训项目二】

● 一、训练内容

非法证据排除规则的运用。

● 二、训练目的与要求

根据我国法律及司法解释的相关规定，区分司法实践中的非法证据，并能够作出正确处理。

● 三、训练素材

钟某于20××年8月31日晚至9月1日凌晨在某县一座桥的桥洞处被杀害死亡，尸体位于河边。3月1日上午，公安机关对现场进行了勘查，现场勘查发现并提取了以下物证（但是并未附有笔录）：① 白色棉质绳两截；② 衬衣一件；③ 黄色皮带一根；④ 领带一条。经确认，衬衣、黄色皮带和领带都是被害人钟某的物品。公安机关经过排查，初步认为彭某有重大嫌疑，随即对彭某采取了强制措施，并在没有搜查证的情形下对彭某的家中进行搜查，搜到一双球鞋和一把匕首，在球鞋的缝隙中提取到了血迹，经鉴定与被害人钟某的血型一致。此外，经比对，匕首刀刃的形状与被害人钟某的伤口吻合。侦查人员对彭某进行了讯问，彭某对抢劫杀害钟某的事实作了有罪供述。此后，侦查人员让彭某对现场提取的物证进行辨认，并制作了辨认笔录。侦查人员出示在案发现场提取的其中一截白色棉质绳的照片给彭某辨认，彭某称是自己车上的绳子；当侦查人员出示两截白色棉质绳合并的照片时，彭某又称不是自己车上的绳子。之后侦查人员组织彭某对绳进行混合辨认，将现场提取的两截白色棉质绳与另外两根蓝色、白色尼龙绳混合，让其辨认，彭某指认断成两截的白色棉质绳就是自己车上的绳子。另经询问，彭某的妻子吴某证实彭某8月31日晚不到9时就回家了，此后一直在家，并未外出。在庭审过程中，彭某推翻了其在侦查阶段作出的有罪供述，并称之所以作出有罪供述，是因为在讯问的过程中，侦查人员将其束缚在椅子上，身体活动受限，也不准其吃饭，对其进行长时间讯问，最终实在忍受不住，才被迫作出有罪供述。彭某的辩护律师赵某申请排除非法证据，并简要说明了理由，提供了相关的线索。法官认为辩护律师的理由有些牵强，而且并无有力证据支持，因此，认定辩护律师赵某的申请不成立。此外，公诉机关也提交了侦查人员关于自己在讯问过程中没有刑讯逼供的情况说明，情况说明上只有侦查人员的签名，而没有公安机关的印章。基于上述理由，法院最终还是认定了彭某供述的合法性，并综合本案其他证据作出了认定彭某有罪的判决。彭某对一审判决不服，认为一审法院没有将通过非法手段获得的供述排除，从而作出了有罪的判决，因此提起上诉。①

问：

1. 本案中已有证据哪些属于非法证据？对于这些非法证据该如何处理？
2. 本案中一审法院对辩护律师赵某申请排除非法证据的处理是否正确？

---

① 马怀德. 2021年国家统一法律职业资格考试辅导用书刑事诉讼法 [M]. 北京：法律出版社，2021：5.

【实训项目三】

一、训练内容
意见证据排除规则的运用。

二、训练目的与要求
根据我国法律及司法解释的相关规定，识别证人证言中属于意见证据的部分，并作出正确处理。

三、训练素材
一起杀人案件中，有证人提供了以下证言："早上4点多钟，他们俩又吵起来了，吵得很凶，乒乒乓乓响的感觉应该是打起来了。唉，怎么就摊上了这么一个邻居，那个男的是倒插门，住的还是这小萍她爸留给她的房子，太过分了。吵了一会儿，那男的气冲冲地走了，我被吵得也睡不着了。过了一会儿，我就想上去看看，结果就发现小萍已经死了，我就报警了。这中间就一会儿时间，我一直醒着，也没听到其他动静。再说了，这个点也不可能有其他人来呀，你说说这是多大的别扭呀，就把老婆给杀了"

问：请运用意见证据规则分析这段证言中哪些内容可以作为证据使用，哪些内容应当予以排除。

【实训项目四】

一、训练内容
口供补强规则的运用。

二、训练目的与要求
根据我国法律的规定，正确理解并运用口供补强规则。

三、训练素材
20××年9月4日凌晨零时30分许，张某至本市××街×号单元楼下，将被害人涂某停放在此处的电动车盗走。同年10月22日凌晨2时45分许，张某到本市××街恒春里277号，在实施盗窃被害人袁某停放在此处的电动车内电瓶时被发现，并被公安机关抓获归案。

在对张某的讯问中，张某对上述盗窃事实全部予以承认，并有报案材料、抓获经过、破案经过、身份证明、监控视频及报告、现场指认笔录、辨认笔录、扣押笔录、价格认定结论书、证人证言、被害人陈述、被告人供述等证据证实，足以认定盗窃事实。但在讯问中，张某还供认：9月29日晚，他到本市××路××号某租户家门口，拟盗窃停放在门口的电动车时，被屋内吸毒女子何某发现，当时屋内只有何某一人，遂对何某实施了强奸行为，并威胁何某不准向任何人讲。针对9月22日的案情，公安机关迅速展开调查，被害人何某未予承认，未找到监控及其他证据。

问：请运用相关证据规则，就张某强奸何某一案，对现有证据存在的问题进行分析。

第三单元

刑事证据的法定种类

知识导图与案例导入

◆ 知识导图

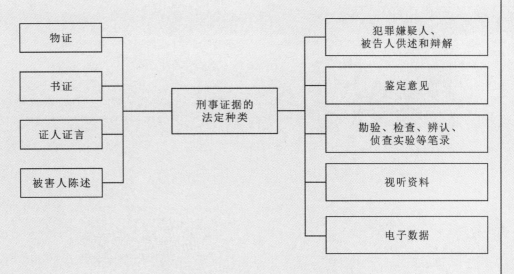

◆ 案例导入

20××年2月8日,××省××市××公司家属院内×楼××室黄某、胡某某夫妻二人被杀,10万元现金及金银首饰被抢。室内地面上、墙壁上有大量血迹;客厅桌上放有一盒新打开的茶叶和三杯泡有茶叶的水,其中一杯茶水是一次性纸杯盛装,另外两杯是陶瓷杯盛装;地面上有一瓶摔坏的水仙花,楼下邻居张某在10点18分听到摔东西的一声响。

调查发现:死者黄×生前于2月7日从建设银行取款8万元,从工商银行取款2万元,将这10万元现金存放家里,准备第二天借给胡××的姐姐。据死者家人反映,黄某、胡某某夫妇曾透露有人劝说他们从××公司离职,几个朋友一起单干,但不清楚劝说人具体信息。据邻居反映,8日下午7时,看见黄某回家,此后再未见黄某、胡某某二人。

思考:
该案中的证据分别属于《刑事诉讼法》规定的哪种证据?

基础知识与原理

2018年修正的《刑事诉讼法》第50条规定，可以用于证明案件事实的材料，都是证据。证据包括：① 物证；② 书证；③ 证人证言；④ 被害人陈述；⑤ 犯罪嫌疑人、被告人供述和辩解；⑥ 鉴定意见；⑦ 勘验、检查、辨认、侦查实验等笔录；⑧ 视听资料、电子数据。证据必须经过查证属实，才能作为定案的根据。

第一节　物　证

一、物证的概念

对于物证的理解，不同的学者和理论可能会有所差异。总体来说，物证是通过其固有的属性和特征，或者存在状况来证明案件相关情况的物品和物质痕迹。

物证具体包括作案人作案时使用的工具和侵害的客体物，作案过程中留在现场的指纹、脚印等犯罪痕迹和手套、烟头等物品，以及其他用于证明犯罪事实、犯罪行为等的存在物。

二、物证的特征

作为《刑事诉讼法》规定的一种法定证据形式，物证具有下列特征。

（一）物证具有客观性和稳定性

物证通过固有的属性、特征或存在状况证明案件事实，相比于其他证据，它不容易受主观因素的干扰和影响，具有较强的客观性和稳定性。"物证不会说话""物证本身也不会说假话"，历史上曾把物证称为"哑巴证人"，将其作为最有证明力的证据来使用。

（二）物证具有特定性

物证是案件事实在客观物质上的反映，包含了与案件直接相关的信息，这些信息是固定在特定的物质本身上的，无法通过替代物、同种类物或模型来复制或替代。因此，侦查人员在收集物证时，必须确保其真实性和完整性，避免任何形式的篡改或破坏。同时，我们也需要注意到，有些物证在发挥其证明作用时，可能会以其他证据形式出现。例如，通过技术手段对物证进行检验、鉴定，可以得出与案件相关的关键信息，这些信息可以作为证人证言、鉴定意见等其他证据形式呈现。但这并不意味着物证本身被替代或排除在证据体系之外,而是物证信息以不同的形式得到了利用和呈现。

(三) 物证具有间接性

物证作为证明案件情况的物品和物质痕迹,不能自己走向法庭去证明,而是须与其他证据形式结合起来,才能真正发挥其证明作用。所以物证具有间接性,一般属于间接证据。比如在刑事案件的现场勘查中,侦查人员提取了一枚有别于被害人的灰尘鞋印,这枚灰尘鞋印无法证实是不是某人作案时留下的,或者证明某人就是作案人。此物证只有和鞋印同一认定的鉴定结论这种证据形式结合,才能证明相应的案件事实。

三、物证的收集、保管与运用

(一) 物证的收集与保管

物证在诉讼活动中具有举足轻重的地位,其收集与保管方法的科学性和规范性直接影响到物证能否发挥其应有的作用。不同种类的物证因其性质、特征和使用价值的不同,需要采用不同的收集与保管方法。即使是同一种物证,在不同的案件背景和具体情境下,也可能需要灵活调整收集与保管的手段。

物证的收集是执法人员或律师在诉讼过程中,对与案件有关的物品、物质痕迹等进行发现、固定、提取、保管和保全的专门活动。这是一项十分严肃的诉讼行为,必须严格遵守法律规定的程序。物证的收集方法包括勘验、检查、搜查、扣押,以及当事人提供与调取等。物证能否发挥其在诉讼中的作用,很大程度上取决于其从收集到分析检验整个过程的完整性和原始性。任何对物证的篡改或破坏都可能影响到物证检验的质量,进而影响到案件的审理结果。

物证的保管是指将用作证据的物品、物质痕迹等固定后妥善加以保管和封存的活动。现实中,如果对涉案物证保管不规范,物证可能会不完整、变质或变形,以致不能在法庭上发挥其证明作用。因此,必须加强对涉案物证的保管。目前,刑事物证的保管主要存在三个方面的问题:一是思想上对妥善保管的重要性认识不够;二是缺乏严格规范的保管制度,或者虽有制度,但执行不到位;三是证据保管条件和环境不足。基于此,对于物证的保管,我们要在思想上引起重视,在制度上进行完善,在操作中力求规范。随着日臻完善的电子司法档案系统,我们也应对物证实行数字化、信息化、智能化保管。

综上所述,物证的收集与保管是一项复杂而精细的工作,需要执法人员或律师具备丰富的专业知识和严谨的工作态度。同时,随着科技的不断发展,新的物证收集与保管方法、技术也不断涌现,为物证在诉讼中发挥应有作用提供了更加有力的保障。

(二) 物证的运用

20××年×月×日某日晚,陶某从外面办完事回家,上到二楼听到东边住户家里传来求救声，急忙推门进去查看，见女主人朱某倒在地上的血泊中。陶某先打 120 急救电话，然后打 110 报警电话。不一会，警察赶到现场，有的警察勘查现场，有的警察去医院访问朱某。朱某在医院告诉警察作案人是她老公的生意伙伴周某，周某趁她老公出差去外地，到她家盗窃，吵醒了睡觉的她，遂掏出身上的匕首砍她，然后抢走家里的 3 万元现金、一枚价值 1 万元的钻石戒指、一条价值 1.5 万元的金项链。警察勘查现场发现指印两枚、鞋印两个。侦查员抓获周某，提取周某的指印和鞋印进行鉴定，证实现场的指印和鞋印均是周某所留。后来，侦查人员去周某家里搜查，从其家里搜出从朱某家抢得的 3 万元现金、一枚钻石戒指、一条金项链以及一把沾有血迹的匕首。经 DNA 鉴定，匕首上的血迹就是被害人朱某的，且匕首与朱某身上的伤痕吻合。经朱某辨认，钻石戒指和金项链正是自己家里被抢的首饰，朱某也提供了购买戒指和项链的发票。讯问周某，周某承认生意失败找朱某老公借钱遭拒，知道朱某家有钱，趁朱某老公出差去她家盗窃，被发现后杀人抢劫现金 3 万元、钻石戒指和金项链的犯罪事实。

案例分析：在刑事案件中，物证被认为是"最诚实"的证据。本案中的物证有：周某在现场留下的两个鞋印和两枚指印，在周某家中搜出的一条金项链、一枚钻石戒指、3 万元现金以及一把沾有血迹的匕首。

第二节　书证

一、书证的概念

书证，是指以文字、符号、图形或图画所记载的内容和表达的思想来证明案件事实和情况的书面材料和其他物品。书证包括犯罪计划书、犯罪成员之间约定的记号、诬告信件、假账册、假单据、非法合同等。

二、书证的特征

（一）书证内容具有思想性

书证发挥证明作用的不是文字、符号、图形或图画的形态，也不是纸张、布匹、木材等记载内容的载体，而是其以文字、符号、图形或图画所记载和表达的思想内容，并且这些思想内容具有可认识性，能够被人认识和理解。比如绑架案中绑匪寄给被绑架者家人的勒索信，提出了赎金数额和要求等信息，这封勒索信就是以文字来表达内容，并且内容具有可认识性。

（二）书证内容与刑事案件具有关联性

书证所记载和表达的思想内容，与刑事案件具有关联性，能够用来证明刑事案件的事实。这是书证的一个重要的特征。比如刑事案件现场中犯罪嫌疑人的心情记录本，该记录本上的内容与刑事案件没有任何关系，它就不是书证；反之，如果该记录本记载的内容反映了刑事案件的一些细节和内容，则它是书证。

（三）书证形式具有多样性

书证表达思想内容的载体形式具有多样性，包括文字、符号、图形或图画等。书证制作方法具有多样性，包括手写、打印、雕刻、拼接、剪贴等。记载工具和制作工具具有多样性，包括纸张、皮革、墙壁、纺织物、木头、竹子、砖石、玻璃等。

（四）书证证明效果具有稳定性

书证在形成过程中相对客观，它将案件事实客观地记载在纸张、皮革等载体上，能够真实反映案件的情况，减少人的主观解读和改变。书证在形成后就被固定下来，不易受到外界因素的干扰和改变，因此其证明效果具有稳定性。这种稳定性使得书证在诉讼过程中能够保持其原始的内容和形式，为法官判断事实提供可靠的依据。这一点有别于证人证言、被害人陈述、犯罪嫌疑人供述和辩解等言词证据，因为言词证据很容易受到人为改变，从感知到表达均受到主观因素的影响，开庭前和开庭后都可以变化。比如，证人、被害人、犯罪嫌疑人均可以以记错或说错为由，推翻之前自己所作的陈述。

三、书证的收集、保管与运用

（一）书证的收集

在司法实践中，收集的书证应当是原件，这是因为原件能直接证明案件事实的真实性和可靠性，最大限度地还原案件的真实情况。原件通常是与案件直接相关的文件、物品或底稿，它们未经篡改或复制，具有最高的证明效力。比如在一起受贿案中，如果涉案人员交代被审查调查人为了帮助行贿人获取更多利润，在合同拟定时修改了个别参数指标，那么调取被审查调查人修改的合同底稿作为原件书证将起到至关重要的作用。这份底稿能够直接证明被审查调查人确实对合同进行了修改，并且这些修改可能与行贿人获取更多利润有关。这样的证据对于认定被审查调查人为他人谋取利益具有直接且关键的作用。当然，书证收集在取得原件确有困难时，可以使用副本或者复制件。书证的副本、复制件，经与原件核实无误或者经鉴定证明为真实的，可以作为证据使用。书证有更改或者更改迹象不能作出合理解释的，或者书证的副本、复制件不能反映书证原件及其内容的，不能作为证据使用。

收集书证要力求全面客观。司法人员在办案过程中，应当注重收集各类证据，包括证明违法犯罪的证据和证明从轻、减轻情节等方面的证据。违法犯罪的证据能够直接证明犯罪嫌疑人或被告人的犯罪事实和罪责大小，是定罪量刑的主要依据。司法人员应当通过侦查、调查等手段，尽可能全面地收集这些证据。从轻、减轻情节等方面的证据虽然不能直接证明犯罪事实，但可以对犯罪嫌疑人或被告人的主观恶性、社会危害性等方面进行评估，从而对其罪责大小进行适当调整。司法人员在办案过程中，应当注重发现这些证据，并在案件审理中加以运用，确保量刑的公正性和合理性。此外，再生书证作为一种特殊的证据形式，在案件审理中也具有重要作用。当事人在案发前后可能会采取一系列行动来掩盖事实真相，如订立攻守同盟、隐匿销毁罪证、伪造犯罪情节等。这些行为往往会留下痕迹或产生新的证据，即再生证据。再生证据不仅可以增加证据的数量和种类，还可以与原生证据相互印证，共同揭示案件事实。因此，司法人员在办案过程中应当注意收集再生证据，并充分利用这些证据来查明案件事实。

（二）书证的保管

书证的记载工具和制作工具虽然很多，但是容易受到破坏。书证在保管过程中确实存在着多种风险，这些风险既可能源于人为因素，也可能源于非人为因素。人为因素主要包括书证被篡改或破坏的风险。这类风险通常来自不法分子对书证的恶意篡改，或是对书证保管环境的破坏。为了防范这类风险，加强保管环境的监控至关重要。例如，可以设置安全监控设备，确保书证在保管过程中始终处于被监控的状态。同时，对保管人员进行严格的培训和管理，确保他们具备高度的责任心和职业道德，防止内部人员参与篡改或破坏书证的行为。非人为因素则主要涉及书证的自然损坏风险。由于书证多为纸张材质，容易受到潮湿、霉变、发黄和变脆等自然因素的影响。因此对书证保管的自然环境有着一定的要求。保管场所应保持干燥、通风，并远离火源和污染源。此外，对于特别重要的书证，可以考虑采用特殊的保管方法，如真空密封、恒温恒湿等，以最大限度地延长其保存期限。

（三）书证的运用

201×年至202×年，犯罪嫌疑人江某某利用其担任××区区长的职务权力，为他人在土地拍卖、招标投标、工程承揽等方面进行人为干预并提供帮助，多次非法收受张某某、宋某某等房地产公司老板贿赂共计人民币405万元、6.8万美元、2.3万欧元、1.9万港币。在多起受贿事实中，其中一起受贿事实涉及江某某在美国考察时收受他人给予的外币。侦查机关提供了江某某在案发时间段的出入境记录。经审查，此出入境记录只有纪委的公章，没有出入境管理部门的公章，这就意味着无法证明出入境记录的来源和真实性。在审查起诉阶段，承办人要求侦查机关到出入境管理机关重新调取了上述书证。

案例分析：没有提供人签名、盖章的书证不能作为定案根据。

第三节 证人证言

一、证人证言的概念

证人证言在诉讼中扮演着至关重要的角色，它是证人基于其个人感知和了解，就案件相关的事实和情况向司法机关作出的陈述。换言之，证人证言是除了当事人以外，具备辨别是非和正确表达能力的人，就自己所知道和了解的与案件有关的事实和情况，向司法机关作出的陈述。这些陈述对于揭示案件真相、还原事实经过具有不可替代的作用。

《刑事诉讼法》第62条规定："凡是知道案件情况的人，都有作证的义务。生理上、精神上有缺陷或者年幼，不能辨别是非、不能正确表达的人，不能作证人。"

二、证人证言的特征

（一）证人证言具有较强的主观性

证人证言的形成受到证人的感知能力、记忆能力和表达能力的影响，具有较强的主观性，容易发生变化。并且由于证人对某些人或事带有自己的主观倾向，或者因为证人的某些生理缺陷或心理缺陷而使其陈述失真，或者由于动机不纯而作伪证，抑或因为受到胁迫、诱惑等外界的压力或影响而作假证，等等。

（二）证人证言具有直接性

证人知道和了解与案件有关的事实和情况是自己亲身感知的，通过大脑的记忆功能来保留或长或短的时间。证人证言不仅可以反映全部或部分的案件事实，还可以反映案件的细节，因而具有直接性，能够直接证明案件的事实和情况。但是，考虑到证人证言具有较强的主观性，在证明案件的事实和情况时，不能仅凭证人证言，还需要结合其他证据综合认定。

（三）证人证言具有不可替代性

证人是以其所感知的事实来证明案件的情况，这是特定的，决定了证人无法选择，证人证言不能被替代。即使人们共同经历、感知同一案件，也不能由一个人代替作证，或者相互讨论并补充作证。因为每个人在感知案件事实时所处的距离、方位、角度等不同，导致各自看到、听到或感受到的情况会有差别，再考虑到每个人记忆、判断、表达等能力的差异，这些主客观因素均影响着不同证人所作证人证言的不同。所以，我们应当让所有了解、熟悉案件情况的证人分别作证。证人证言具有不可替代性，这也是证人和鉴定人、见证人等其他诉讼参与人的一个重要区别。鉴定人和见证人在开展工作之前都不了解案情，是在案件发生之后被指派、被聘请或者被邀请开展工作，他们都是可以替代的。

三、证人证言的收集、固定与运用

（一）证人证言的收集

收集证人证言一般采用询问证人的方式进行。由于证人具有各自不同的心理、生理特征，因此询问证人时需要运用恰当的策略和方法，以获取准确、可靠的证言。司法人员严格遵守法律规定，确保证人的权益得到充分保障。询问过程应当公正、公平，避免对证人施加任何形式的压力或诱导。询问前，要充分了解案件背景和证人情况，包括证人与案件的关系、可能的动机和偏见等，以便在询问时能够有针对性地提出问题。询问中，要注重询问的方式和技巧，采用开放性问题引导证人自由陈述，同时适时提出具体、明确的问题以获取关键信息。整个过程中要仔细观察证人的反应和态度，分析其陈述的合理性和可靠性，及时发现并澄清证言中不清楚的内容或矛盾之处。询问后，要准确、详细地记录证人的陈述内容和语气、表情等细节，以便后续分析和使用。此外，询问证人还应注意以下几点。

1. 询问证人要选择适当的地点

侦查人员询问证人的地点相对灵活，这是基于取证的实际需要和证人的具体情况来考虑的。询问证人可以在现场进行，通常适用于案件发生地距离证人较近，或者证人对于案件现场的情况有直接了解的情况。询问证人也可以到证人所在单位、住处或者证人提出的地点进行。这种方式考虑了证人的工作和生活实际，避免给证人带来过多的不便。同时，在证人熟悉的环境中询问，也有助于证人更好地回忆和陈述案件事实。在必要的时候，侦查人员可以通知证人到人民检察院或者公安机关提供证言。这通常适用于案情重大、复杂，需要证人到特定地点进行详细陈述的情况。总之，无论询问证人的地点如何，侦查人员都应当遵守相关法律规定，注意保护证人的隐私和安全。

2. 询问证人的有关内容应当是证人掌握和了解的内容

在询问证人时，应当着重询问证人掌握和了解的内容。这些内容应当是与案件事实相关、能够证明案件真相的重要信息。不能强迫证人回答他不了解和没有掌握的情况。这是尊重证人权益、保障证言真实性的基本要求。询问证人时，应当为证人提供必要的条件和保障，确保其能够自由、无顾虑地陈述所知所感。

3. 询问证人应当个别进行

询问证人应当个别进行，这是司法实践中的一项重要原则。个别询问有助于保证证言的独立性和真实性。因为每个证人都有自己的观察角度和记忆内容。在同一案件中,当向数个证人询问时,不能采取集中询问的方式,因为在集中询问的环境下,证人之间可能会互相影响,导致证言的真实性受到损害。证人询问时,证人也不能参加开庭审理的旁听。如果证人旁听庭审过程,可能会受到其他证据、庭审氛围、当事人陈述等多种因素的影响,导致其后续的作证受到先入为主的观念或偏见的影响。在审判过程中,当法院通知证人出庭作证时,应当采取措施将证人与法庭隔离。这样可以确保证人在作证时只关注自己所要陈述的内容,而不受庭审现场其他因素的影响。

4. 询问证人时不得进行暗示性或诱导性的提问

询问证人以查清案件事实为目的。公正、真实的证人证言是确保案件得以公正审理的保障之一。证人作为案件事实的目击者或知情者,其陈述对于还原案件事实、查明真相具有重要意义。因此,侦查人员在询问证人时,必须保持中立、客观的态度,避免对证人进行暗示性或诱导性的提问。这是因为暗示性或诱导性的提问可能会影响证人的独立回忆和陈述,导致证人作出迎合询问者意图的回答,而非基于自身记忆和所知事实的真实陈述。这样的证言就可能失去其作为证据的价值,无法准确反映案件的真实情况,甚至可能误导侦查方向和审判结果。

(二)证人证言的固定

证人证言的固定,是通过询问笔录的制作来实现的,询问证人时应当制作询问笔录(见图3-1)。询问笔录一般由首部、正文和尾部三部分组成。首部包括询问时间和地点、询问人和记录人的姓名和单位、被询问人情况、告知情况(侦查员向询问对象告知其权利和义务,也可印制《证人诉讼权利义务告知书》供其阅读,然后在本栏中注明)。正文是询问笔录的核心,一般采用问答的形式详细记录询问的内容。记录的内容要全面、准确和客观。尾部写清询问核对笔录情况,然后询问对象、侦查人员等签名或者捺手印。

询问笔录是固定证人证言的主要形式。它不仅为司法人员认定案件事实提供了重要的证据材料,还在法庭审判中扮演着举足轻重的角色。因此,在制作询问笔录时,必须严格遵循实事求是的原则,确保笔录内容的真实性和准确性。笔录制作完成后,应当交由证人进行核对。如果证人没有阅读能力,侦查人员应当向其宣读笔录内容,以确保证人能够了解并确认笔录的准确性。如果证人发现笔录中有遗漏或差错,可以提出要求进行补充或修改。证人核对无误后应当在笔录上签名或盖章。询问证人应由两名以上侦查人员共同进行,不得单独一名侦查人员自问自记。

(三)证人证言的运用

根据《刑事诉讼法解释》第61条规定,证人当庭作出的证言,经控辩双方质证、法庭查证属实的,应当作为定案的根据。

询问笔录

第　次共　页

询问时间　　年　月　日　时　分至　　年　月　日　时　分
询问地点＿＿＿＿＿＿＿＿＿＿＿＿＿＿＿＿＿＿＿＿
询问人＿＿＿＿＿＿＿　　工作单位＿＿＿＿＿＿＿
记录人＿＿＿＿＿＿＿　　工作单位＿＿＿＿＿＿＿
被询问人＿＿＿　曾用名（别名）＿＿＿　绰号＿＿＿　性别＿＿
文化程度＿＿＿＿　民族＿＿　出生日期＿＿年＿月＿日
身份证件名称及号码＿＿＿＿＿＿＿＿＿＿＿＿＿＿
户籍所在地＿＿＿＿＿＿＿＿＿＿＿＿＿＿＿＿＿＿
现住址：＿＿＿＿＿＿＿＿＿＿＿＿＿＿＿＿＿＿＿
工作单位＿＿＿＿＿＿＿＿＿＿＿＿＿＿＿＿＿＿＿
联系方式＿＿＿＿＿＿＿＿＿＿＿＿＿＿＿＿＿＿＿
是否是人大代表、政协委员＿＿＿＿＿＿＿＿＿＿＿
是否具备阅、听、说汉语能力＿＿＿＿＿＿＿＿＿＿
翻译人/监护人（签名）＿＿＿＿＿现住址＿＿＿＿

问：我们是＿＿＿的民警，这是我们的工作证件（出示人民警察证），根据《刑事诉讼法》相关规定依法对你进行询问，如作伪证，是需要承担法律责任的，你明白了吗？
答：明白了。
问：你要如实回答我们的询问，对与案件无关的问题，你有拒绝回答的权利；你有权提出对公安机关负责人、办案人民警察、鉴定人、翻译人的回避申请；你有权对有关情况作陈述和申辩；有权就被询问事项自行提供书面材料；有权核对询问笔录，对笔录记载有误或者遗漏之处提出更正或者补充意见；如果你回答的内容涉及国家秘密、商业秘密或者个人隐私，公安机关将予以保密。以上内容你是否听明白，还有没有什么要求？
答：明白了，没有。
问：你叫什么名字？
答：×××。
问：你以前是否受过行政处罚、刑事处理等其他处罚？
答：没有。

问：你是否有重大疾病或传染病？
答：没有。
问：讲一下你家庭情况？
答：
问：
答：
问：
答：
问：
答：
问：
答：
问：
答：
问：你还有其他情况补充吗？
答：没有了。
问：以上所说是否属实？
答：属实。
问：你看一下笔录和你说的是否一样？
答：是。

被询问人：　　　　　　第　页共　页

图 3-1　询问笔录

证人当庭作出的证言与其庭前证言矛盾，证人能够作出合理解释，并有其他证据印证的，应当采信其庭审证言；不能作出合理解释，而其庭前证言有其他证据印证的，可以采信其庭前证言。

经法院通知，证人没有正当理由拒绝出庭或者出庭后拒绝作证，法庭对其证言的真实性无法确认的，该证人证言不得作为定案的根据。

例如，被告人李某因涉嫌犯故意伤害罪被检察机关依法提起公诉，在法院审理过程中，李某的辩护人向法院申请证人王某出庭作证。经调查，该证人王某系被告人李某的亲属，案发后已在公安机关的询问中作了陈述。现证人在法庭上所作证言与其在公安机关所作陈述相互矛盾。前次证言对被告人李某不利，庭审中的证言对被告人李某的量刑有利。对于证人王某的证言如何审查与认定？

案例分析：对于本案的情形，合议庭应当要求证人当庭作出合理解释，并有相关证据印证的，应当采信其庭审证言；不能作出合理解释，而其庭前证言有相关证据印证的，可以采信其庭前证言。因此，证人王某在庭审中能作出合理解释并有相关证据印证的，其出庭所作证言可以采信；如果没有，则采信其庭前作的证言。

第四节 被害人陈述

一、被害人陈述的概念

被害人陈述作为刑事诉讼证据的一种，它是指被害人就自己所感知和记忆的遭受犯罪行为侵害的事实和有关犯罪分子的情况，向司法机关所作的陈述。需要注意的是，此处的被害人，不仅指自然人，还包括单位。被害人陈述主要包括被害人陈述的犯罪行为侵害的行为和经过，以及犯罪行为人的基本信息、体貌特征等情况。

二、被害人陈述的特征

被害人陈述不同于其他证据，具有以下明显特征。

（一）被害人陈述具有证明案件事实的直接性

被害人受到犯罪行为的直接侵害，能直接陈述犯罪行为发生的具体情况，如犯罪的时间、地点、经过、工具、手段、方式、后果等。在强奸、抢劫等侵犯人身权利和财产权利的案件中，被害人和犯罪行为的实施者会有一定时间的直接接触，被害人更是能直接提供犯罪行为人的外貌、衣着、口音等人身特征，如果熟人作案，被害人甚至能直接指明犯罪行为人的身份。所以，被害人陈述可以直接证明案件事实。

（二）被害人陈述具有一定的主观性和倾向性

作为犯罪行为的直接受害者，一方面，被害人对犯罪行为侵害的事实和案件有关情况有着客观而全面的了解，被害人陈述能证明犯罪嫌疑人无罪或有罪、罪轻或罪重；另一方面，被害人由于对犯罪行为人的仇恨或者报复，极可能作出不利于犯罪行为人的陈述，比如故意夸大案件事实。所以，被害人陈述具有一定的主观性和倾向性。这就要求办案人员在审查此类证据时应保持一定的警觉，不要受到被害人感情、情绪等的误导。

（三）被害人陈述具有出错的可能性

被害人陈述时，由于受到自身感知、记忆、表达等方面能力的影响，所陈述的内容会出现错误或失真。具体表现主要有以下几种情况：被害人由于精神紧张而导致陈述出错；被害人由于年龄较大、记忆衰退而导致陈述出错；被害人由于表达不准导致陈述出错；被害人由于遭受侵害意识混乱、精神恍惚而导致陈述出错。以上原因导致的被害人陈述出错有别于被害人故意作虚假陈述，办案人员应注意区分。

三、被害人陈述的收集、固定与运用

（一）被害人陈述的收集

根据《刑事诉讼法》第127条规定，询问被害人，适用询问证人的程序。对被害人陈述的收集，主要是通过询问的方式，适用询问证人的程序，制作询问笔录或制作录音录像加以固定和保全。

（二）被害人陈述的固定

询问被害人与询问证人在笔录制作上基本一致。在权利、义务告知方面的要求是一样的，只是被害人与证人的诉讼权利义务有所区别。被害人除证人的权利外，还有申请回避、附带民事诉讼请求、对未立案件提出控告、对鉴定意见不服可以申请补充或重新鉴定等权利。

（三）被害人陈述的运用

20××年××月××日晚，唐某（男，32岁，另案处理）在被告人李某家的主卧室内，打开抽屉盗走价值5000元的一条黄金手链和7000元人民币。案发后，李某愤意难平，想到一个办法既可以获得更多的退赃，也可以报复唐某。李某串通儿子刘某（男，38岁，已判刑），谎报被盗现金金额为人民币73800元，为了增加可信度，李某又找来堂弟杨某，让杨某帮忙以现场目击者的身份作证，承诺事后给杨某2000元作为报酬。杨某同意作证，向侦查机关出具了虚假证言。案发后二人被公安机关抓捕。

××区人民法院经审理认为：被告人李某在数额较大的钱财被盗后，应通过正常途径解决，但其缺乏法制观念，为图报复，与他人共谋，故意捏造数额特别巨大的钱财被盗的犯罪事实，并向公安机关作虚假告发，意图使他人受到更为严厉的刑事追究，情节严重，其行为已构成诬告陷害罪，应予惩处。××区人民检察院起诉书认定事实清楚，提供与之相应证据亦无不当，但指控其犯有伪证罪定性不准。考虑李某认罪态度较好，本案事出有因，其所诬陷之事实未给他人造成实际之后果，可酌情予以从轻处罚。依照《刑法》第243条规定，被告人李某犯诬告陷害罪，判处拘役四个月。

案例分析：被害人陈述具有一定的主观性和倾向性，被害人由于对犯罪行为人的仇恨或者报复，存在故意夸大案件事实的可能性。这就要求办案人员在审查此类证据时，应保持一定的警觉，不要受到被害人的误导。

第五节　犯罪嫌疑人、被告人供述和辩解

犯罪嫌疑人、被告人供述和辩解（又称口供），是刑事诉讼中常见且复杂的独立证据。在封建社会，口供被视为"证据之王"。随着司法文明的进步，我国现代刑事诉讼重视证据与调查，不轻信口供并审慎运用口供，同时严禁刑讯逼供等非法方式获取口供，体现了我国刑事诉讼的民主化、科学化、法制化发展。

一、犯罪嫌疑人、被告人供述和辩解的概念与现实意义

（一）犯罪嫌疑人、被告人供述和辩解的概念

犯罪嫌疑人、被告人供述和辩解，是指犯罪嫌疑人、被告人在刑事诉讼过程中，就与案件有关的事实情况向司法机关所作的供述、辩解和陈述，即通常所说的口供。根据我国现行的刑事法律，犯罪嫌疑人或被告人多数情况下为个人，但也存在单位作为犯罪主体的情况。单位可进一步划分为法人与非法人组织。当个人涉及犯罪时，他们既有能力也有责任向司法机关详细陈述案件事实。而单位作为犯罪主体时，则由其主要负责人或法定代表人代表单位向司法机关作出案件事实的陈述。

具体而言，犯罪嫌疑人、被告人供述和辩解一般由以下三部分组成。

(1) 犯罪嫌疑人、被告人的有罪供述，即犯罪嫌疑人、被告人向司法机关承认自己的犯罪行为，叙述犯罪的具体起因、过程、情节和后果等。

(2) 犯罪嫌疑人、被告人否认犯罪或者主张罪轻、应免除刑罚的辩解，即犯罪嫌疑人、被告人否认自己实施了犯罪行为，或者虽然承认自己的犯罪行为，但申辩、解释依法属于不应当追究刑事责任以及有从轻、减轻或免除处罚等情况。

(3) 犯罪嫌疑人、被告人检举、揭发同案其他犯罪嫌疑人、被告人的犯罪行为，即称为"攀供"。这种检举揭发内容与检举揭发者自身的犯罪行为有所关联，因此可在本案中作为证据使用，并构成其供述和辩解的一部分。然而，若检举揭发的是非同案人员或同案人员与检举揭发者共同犯罪以外的罪行，由于与本案事实无关，不能作为本案的证据。尽管如此，检举揭发仍可作为侦破案件的线索。若需作为证据使用，检举揭发者需以证人身份提供证言。

（二）正确认识犯罪嫌疑人、被告人供述和辩解的现实意义

1. 正确认识犯罪嫌疑人、被告人供述和辩解是保障诉讼人权的必要前提

法律应当确保诉讼参与人，包括犯罪嫌疑人、被告人和被害人等，能够充分行使他们的诉讼权利。同时，有罪之人应受到公正的惩处，无辜之人则不应受到非法

的刑事追究。在刑事追诉过程中，包括审前侦查活动，必须有充分的理由和一系列保障措施，以维护个体的合法权益，这样才能构建一个安定、祥和且有序的社会环境。保障犯罪嫌疑人、被告人充分行使诉讼权利是刑事诉讼人权保障的首要内容。一方面，犯罪嫌疑人、被告人是因涉嫌犯罪而受到刑事追究的人，在刑事诉讼中处于被追诉地位。因此，犯罪嫌疑人、被告人在面对司法机关行使国家权力时，是较为消极被动的，需要对其供述和辩解进行认真公正的收集、审查，使其人权得到保障。另一方面，按照无罪推定原则，在法院正式裁判犯罪事实成立之前，犯罪嫌疑人、被告人都有权利进行无罪辩解。这项合法权利能否真正实现，关系到社会成员的基本人权保障问题，我们不应该也不能剥夺或轻视罪嫌疑人、被告人供述和辩解。

2. 正确认识犯罪嫌疑人、被告人供述和辩解是程序正义的基本要求

程序正义被视为"看得见的正义"，其核心不仅在于案件裁判的正确性、公平性，确保完全遵循实体法的规定与精神，更在于让公众感受到整个裁判过程的公正与合理。换言之，司法机构在处理案件时，其裁判必须获得公众的普遍认可，以确保裁判结论的权威性与公信力。我国刑事诉讼实行国家主动追诉的方式，犯罪嫌疑人、被告人介入诉讼是被动的，是受到控诉方（侦查、检察机关）指控后参加诉讼的。尽管如此，作为诉讼的当事人之一，他们应当享有相应的诉讼权利。特别是在证据收集阶段，应为犯罪嫌疑人、被告人提供充分的机会陈述自己的意见，确保他们的权益得到尊重和保障，对其供述和辩解内容做到不轻视、不歧视，使其受到应有的公正待遇。这是程序正义的基本要求，也是公平正义的法律精神的体现。

二、犯罪嫌疑人、被告人供述和辩解的特征

犯罪嫌疑人、被告人因其具有特殊的刑事诉讼地位，决定了犯罪嫌疑人、被告人供述和辩解与其他证据相比，有其特殊性，主要体现在以下三个方面。

（一）证明案件事实的直接性

犯罪嫌疑人、被告人作为案件的当事人，对于自身是否涉及犯罪、犯罪的情节和过程以及犯罪时的心理状态有着最清晰的了解。只要他们自愿并如实陈述犯罪动机、目的，作案手段、过程、具体情节和结果，以及赃物去向等信息，这些信息便能单独证实案件的主要事实，具有极高的直接证明力。而犯罪嫌疑人、被告人的无罪或罪轻辩解，一般会说明理由并提供相关事实根据，这也会为司法人员提供办案线索。因此，犯罪嫌疑人、被告人供述和辩解相比书证、物证等证据形式而言，更能够直接反映案件主要事实，这是其他证据无法比拟的。

（二）口供内容的不稳定性

在刑事诉讼过程中，犯罪嫌疑人、被告人供述和辩解的不稳定性主要体现在他

们随时可能"翻供"。犯罪嫌疑人、被告人供述和辩解不是犯罪嫌疑人、被告人主观想象的表达，而是其心理活动过程的结果。因此，这样的口供很容易受到陈述主体的思想和其他各种因素影响，导致口供内容不稳定。在刑事诉讼过程中，犯罪嫌疑人、被告人供述和辩解的不稳定性最明显的体现就是他们可能随时改变原来的说法，进行"翻供"。例如，有的犯罪嫌疑人、被告人试图通过虚假陈述逃脱罪责，但是其内心是痛苦的、不安的，巨大的压力使他不得不如实供述来澄清事实，以减轻惩罚；或是受到看守所里惯犯或"二进宫"等人的教唆，在后来的审讯中为了逃避惩罚而推翻以前的供述。犯罪嫌疑人、被告人的口供具有前供后翻、时供时翻、屡供屡翻的特点，这无疑增加了案情的复杂性，给案件的侦查工作带来了巨大挑战。因此，司法人员在收集和运用犯罪嫌疑人、被告人供述和辩解时，必须细致入微地分析他们翻供的前后内容及其背后的深层次原因，以便准确判断口供的真实性和可靠性，从而有效获取案件的关键线索，推动案件的顺利侦破。

（三）口供内容的复杂性

犯罪嫌疑人、被告人的口供真伪难辨，情况复杂。在承认罪行的供述中，除自首悔罪者外，多数为减轻罪责或逃避惩罚而狡辩、避重就轻。有的仅提及从轻或减轻的情节，回避重罪或加重情节；有的仅承认已知罪行，否认或掩盖其他罪行；还有的为掩护同伙或亲友，甚至主动揽罪"顶包"。如在贩运毒品被抓获时否认明知毒品而贩运，否认自己主观犯案；或是在故意杀人案件中，试图以正当防卫或意外事件减轻个人量刑。因此，司法人员既不能轻信口供，也不能绝对否定口供的真实性，需要客观、全面地分析与调查犯罪嫌疑人、被告人的口供，不枉不纵，正确认定案件事实。

三、犯罪嫌疑人、被告人供述和辩解的收集与运用

《刑事诉讼法》第50条第3款规定，证据必须经过查证属实，才能作为定案的根据。第55条规定，对一切案件的判处都要重证据，重调查研究，不轻信口供。犯罪嫌疑人、被告人是刑事诉讼活动中被追诉的对象，与案件结果有直接的利害关系。因此，犯罪嫌疑人、被告人往往作出虚假供述以掩盖案件事实，企图逃脱惩罚，导致判断口供的真实性难度加大。此外，犯罪嫌疑人、被告人供述和辩解因其直接性的特点，加之受封建社会司法制度中"罪从供定"等思想影响，导致在一些司法案件中，司法人员违背法律规定，采取了刑讯逼供等非法手段，由此得到的口供内容真实性难以保证。因此，收集犯罪嫌疑人、被告人供述和辩解是一项十分复杂的工作，司法人员必须遵循实事求是、公平公正、合法办案的原则，严肃认真、全面细致地收集犯罪嫌疑人、被告人供述和辩解。

（一）讯问犯罪嫌疑人、被告人的方法

1. 熟悉案情，制作讯问提纲

应仔细审阅案件材料，听取报案人、控告人或举报人的陈述，深入了解案情及被讯问人的社会背景、家庭情况、职业、年龄、性别以及是否有前科等信息。在全面了解案情和被讯问人情况的基础上，制定详细的讯问提纲和计划，明确讯问目的和要求，并确定讯问的重点和步骤，以确保讯问工作顺利进行。讯问提纲应列举讯问事项，这些事项应围绕查明案件展开，具体列出步骤和采用的方法。此外，讯问提纲还应包含需澄清或排除的矛盾点等关键信息。

2. 精心策划并灵活运用策略，提高讯问效果

在充分收集与深入分析证据材料的基础上，司法人员可采用直接或间接的提问方式。同时，需把握法律政策教育的恰当时机，妥善运用证据。讯问过程中，语言应规范、明确且具体，确保信息的准确传达。通过这些方法，司法人员能更有效地进行讯问，从而获取关键信息。

3. 问明自然情况

首次讯问犯罪嫌疑人、被告人时，应问明并记录其个人自然情况，包括姓名、年龄、职业、家庭住址及个人简历等。确保所有内容如实记录在讯问笔录中。如遇被讯问者不回答真实姓名或住址的情况，可按其自述的姓名填写，并在记录中加以注明。

4. 问明是否有罪，让其陈述和辩解，然后提出问题

《刑事诉讼法》第120条规定，侦查人员在讯问犯罪嫌疑人的时候，应当首先讯问犯罪嫌疑人是否有犯罪行为，让他陈述有罪的情节或者无罪的辩解，然后向他提出问题。实践中，侦查人员通常以"你为什么被抓获（或被扭送、被带到这里来）"开始讯问的。当被讯问人供述是因为犯罪，就要让他把犯罪的经过讲一遍。如果被讯问人否认犯罪事实，又不进行辩解的，就应当及时提问。如果被讯问人部分或全部否认犯罪事实而进行辩解的，应当允许其辩解，并让其作完整陈述，然后针对其辩解与事实的矛盾点进行提问，迫使其如实供述。

（二）讯问犯罪嫌疑人、被告人的注意事项

1. 保证讯问程序合法

《刑事诉讼法》第52条规定，审判人员、检察人员、侦查人员必须依照法定程序，收集能够证实犯罪嫌疑人、被告人有罪或者无罪、犯罪情节轻重的各种证据。严禁刑讯逼供和以威胁、引诱、欺骗以及其他非法方法收集证据，不得强迫任何人证实自己有罪。《最高人民法院关于建立健全防范刑事冤假错案工作机制的意见》第8条进一步

规定，采用刑讯逼供或者冻、饿、晒、烤、疲劳审讯等非法方法收集的被告人供述，应当排除。除情况紧急必须现场讯问以外，在规定的办案场所外讯问取得的供述，未依法对讯问进行全程录音录像取得的供述，以及不能排除以非法方法取得的供述，应当排除。《刑事诉讼法解释》中也对被告人供述排除情形作出具体说明。《刑法》第247条还特别规定了刑讯逼供罪：司法工作人员对犯罪嫌疑人、被告人实行刑讯逼供或者使用暴力逼取证人证言的，处三年以下有期徒刑或者拘役。致人伤残、死亡的，依照《刑法》故意伤害罪、故意杀人罪的规定定罪从重处罚。因此，讯问获得口供时，应当遵照有关法律规定执行，特别要注意有无刑讯逼供的情况，还应注意司法人员收集口供时是否遵守了法定的人数、时间等规定，以审查口供收集的合法性，确定口供是否真实。

2. 合理使用讯问技术

对于犯罪嫌疑人、被告人供述和辩解的收集，现代科学技术的发展为司法实践创造了更多的条件。例如，测谎技术最早起源于美国，其原理是依据人在说谎时的生理变化或者人记忆中的一些事件再现时所产生的心理活动所必然引起的一系列生理变化。而关于测谎仪使用的争论主要聚焦在用测谎仪审查犯罪嫌疑人、被告人的口供是否真实可靠。在刑事侦查过程中，面对复杂的嫌疑对象，运用测谎技术可以有效缩小侦查范围，为侦查人员争取宝贵时间，并快速获取关键证据，从而强化侦查手段的有效性。然而，需要强调的是，测谎仪的结果并不构成独立的法律证据，不能单凭此结果定案。原因在于测谎结果并非法定诉讼证据范畴之内；再者，若将其视作定案依据，可能导致侦查人员对案件其他关键证据的忽视，进而影响案件处理的准确性；最后，测谎结果需转化为犯罪嫌疑人、被告人供述和辩解的形式，方具备证据效力。因此，从这一角度看，测谎技术实为讯问口供的一种辅助手段。

第六节 鉴定意见

一、司法鉴定的概念与分类

2005年《全国人民代表大会常务委员会关于司法鉴定管理问题的决定》（以下简称《决定》）第1条规定，司法鉴定是指在诉讼活动中鉴定人运用科学技术或者专门知识对诉讼涉及的专门性问题进行鉴别和判断并提供鉴定意见的活动。根据鉴定对象及内容的不同，司法鉴定业务可分为四大类。

（一）法医类鉴定

法医类鉴定，又分法医病理鉴定、法医临床鉴定、法医精神病鉴定、法医物证鉴定和法医毒物鉴定等五个领域。

（二）物证类鉴定

物证类鉴定，又分为文书鉴定、痕迹鉴定、交通事故痕迹物证鉴定和微量物证鉴定等四个领域。

（三）声像资料类鉴定

声像资料类鉴定，又分为录音鉴定、图像鉴定和电子数据鉴定等三个领域。

（四）其他类鉴定

其他类鉴定，即根据诉讼活动的需要，由国务院司法行政部门商最高人民法院、最高人民检察院确定的其他应当对鉴定人和鉴定机构实行登记管理的鉴定事项，例如建筑工程司法鉴定、知识产权司法鉴定、司法会计鉴定（2018年退出司法鉴定登记管理的鉴定事项）、环境损害鉴定（2018年纳入司法鉴定登记管理的鉴定事项）等。

二、鉴定意见的概念

（一）鉴定意见的概念

鉴定意见，是指具有司法鉴定执业资格的专业人员，依据鉴定技术规范及操作规程，运用科学知识和技能，借助专业仪器设备，对专门性问题进行检测、分析和判断，最终作出的书面意见。

（二）鉴定意见与鉴定结论的区别

"鉴定意见"是我国现行《刑事诉讼法》中的法定证据之一，早期称为"鉴定结论"。2005年《决定》首次将"鉴定结论"改为"鉴定意见"，2012年《刑事诉讼法》第二次修订时对我国的刑事证据制度进行了重大改革，对证据的概念和种类进行了完善，法定证据种类有所变化和增加，其中就包括将原来的"鉴定结论"改为"鉴定意见"。这个变化具有深刻的法律意义，是对这一证据种类的科学定性。

意见，是对事物的一定的看法或想法。结论，是对人或事物的最后论断。鉴定意见和鉴定结论是存在本质区别的。

首先，得出鉴定意见的主体是具有专门知识、具备司法鉴定执业资格的鉴定人，并不是司法裁判者。司法鉴定的鉴别意见仅仅是司法鉴定人运用专业知识和技能，借助科学仪器设备，对诉讼中涉及的专门性问题得出的看法和想法，是一种证据材料，不是作为定案的最后论断。鉴定意见是否被采信，不是鉴定人说了算，而是由法官来行使审判裁决权。所以，鉴定意见不是最终的论断。

其次，未经法庭举证、质证，并进行全面审查判断的鉴定意见，不能作为法官判断某一事实的根据。受鉴定人的知识背景、认知能力及技术操作能力，鉴定机构实验室条件，科学技术发展程度等因素的影响和限制，鉴定意见并非绝对无误，相反，法官对那些错误的鉴定意见，应作为"非法证据"排除在外。因此，鉴定意见不是最终的"结论"。

最后，由于我国法律对司法鉴定的次数没有作出限制，并且没有明确权威的司法鉴定机构，"重复鉴定""多头鉴定"时有发生，往往对同一鉴定事项出现两份以上的鉴定意见，甚至鉴定意见存在不一致、相互矛盾的情况。由此可见，不能将鉴定意见称之为"鉴定结论"。

（三）鉴定意见与书证、证人证言、专家证言的异同

1. 鉴定意见与书证的异同

鉴定意见和书证都是法定的证据种类，都可以在法庭上使用来证明或反驳某个事实。无论是鉴定意见还是书证，都必须经过法庭的审查和认定，才能作为裁判的依据。鉴定意见是以司法鉴定意见书的书面形式及记载的内容和观点来证据案件事实，且在诉讼中以书面形式加以展示，并接受控辩双方的质证，其书面载体形式及审查判断程序，均与书证相似。

它们在证明案件事实方面各有特点。鉴定意见是指由具有专门知识和技能的鉴定人，对案件中的特定问题进行科学分析和研究后所作出的专业判断和意见。鉴定意见通常涉及法医学、刑事科学、工程技术、环境损害等领域。例如，一份关于伤害程度的法医鉴定报告，就是典型的鉴定意见。鉴定意见的特点是专业性和针对性强，能够为法官提供专业领域内的准确信息和分析。书证则是以书面形式存在的、能够证明案件相关事实的各种文件和记录，包括但不限于合同、协议、账本、信件、电子邮件等。书证能够直接反映案件的事实情况，且通常易于保存和呈现。

它们也存在明显的差异。鉴定意见与书证在形成过程和内容性质上存在明显的差异。鉴定意见是基于专业知识和技能形成的，它需要鉴定人运用其专业能力对特定的问题进行深入分析，因此具有较强的主观性，通常是在案件发生后，在侦查过程中、刑事诉讼程序启动后产生，具有选择性和可替代性。而书证则是对事实的直接记录，形成于案件发生之前或发生过程中，它的形成不依赖于个人的主观判断，而是客观存在的文书材料，具有不可替代性。在法律效力上，鉴定意见和书证也有不同。鉴定意见由于其专业性强，通常在专业领域内具有较高的权威性，但其真实性和准确性也需要经过法庭的严格审查。书证通常被认为具有较高的证明力，但也可能因为伪造、篡改等问题而受到质疑。

在实际运用中，鉴定意见和书证往往相辅相成。例如，在一起交通事故案件中，书证可能包括事故现场的照片、交通监控录像等，而鉴定意见可能是关于车辆速度、撞击力度的技术分析。两者结合，可以为法官提供更全面、更深入的案件信息。

2. 鉴定意见与证人证言的异同

鉴定人出庭作证提供的口头陈述意见，具有言词证据的属性。鉴定意见和证人证

言是两种常见而又截然不同的证据形式，它们在揭示事实真相的过程中扮演着各自独特的角色，既有交集也有分歧。

鉴定意见的科学性和客观性源于其形成的严谨过程。以某伤害案为例，张某被控犯有故意伤害罪，案发现场的血迹需要进行DNA鉴定。法医专家李博士通过提取、分析血迹样本，最终确认血迹属于受害者。这一鉴定过程涉及精确的实验操作和数据分析，每一步都有严格的标准化程序，确保了鉴定结果的可靠性。而证人证言则更侧重于个人经历和观察。例如在这起案件中，目击者王大妈作证称，她亲眼看到张某与受害者发生争执，并在争执中推搡受害者。王大妈的证言是基于她的亲眼所见，但也可能受到个人认知偏差的影响。如果王大妈本身对张某有成见，那么她的证言可能会带有主观色彩。

鉴定意见和证人证言在法律效力上也有所不同。鉴定意见通常需要经过法庭的严格审查，包括对鉴定人资格的认定、鉴定过程的合规性以及结论的合理性等方面。而证人证言则需要考量证人的诚信度、记忆力以及对事实的理解和表达能力。在某些情况下，鉴定意见可能因为其专业性和客观性而被赋予更高的权重。然而，鉴定意见并非无懈可击。它的局限性在于，鉴定人所依赖的数据或材料可能存在误差，或者鉴定过程中可能出现操作失误。此外，鉴定人的主观判断也可能影响鉴定结果。如在某交通事故责任案中，鉴定人赵工程师在进行车辆事故原因鉴定时，由于忽视了某些关键性的现场照片，导致其结论受到质疑。证人证言的局限性则在于其易受证人主观因素影响。证人的记忆可能随着时间的推移而变得模糊，或者在压力之下产生扭曲。此外，证人的诚信度也是一个不可忽视的问题。在前述伤害案件中，如果王大妈为了个人利益而作假证，那么她的证言就会失去可信度。

在司法实践中，鉴定意见和证人证言往往需要相互印证，才能更加准确地还原事实真相。在上述交通事故责任案中，鉴定意见显示张某驾驶的车辆刹车系统存在缺陷，而多位目击证人的证言也证实了事故发生时张某确实采取了紧急制动措施。这样的相互印证为法庭提供了更为全面和可靠的判断依据。

此外，鉴定意见和证人证言在回避规定和权利义务上有所不同。鉴定人与案件有利害关系时，应当回避，证人却不用回避。鉴定人可以查阅案件和物证材料，且鉴定人之间可以就专门问题展开讨论，有正当理由可以拒绝鉴定，而证人没有查阅案件资料的权利，且只能单独询问，证人之间不能相互讨论，证人也不能拒绝作证。

3. 鉴定意见与专家证言的异同

为了保证鉴定意见可以得到有效质证，我国完善了专家辅助人制度，给予了诉讼各方自行委托专家证人的机会。专家辅助人，又称为专家证人，他们不是受司法机关指派或聘请对案件中的专门问题进行分析、判断，并提供专业意见，他们并不掌握司法鉴定涉及的鉴定材料。虽然专家辅助人与鉴定人相似，也是具有专门知识的人，且出庭适用鉴定人的有关规定，但专家辅助人是运用专门知识就鉴定人作出的鉴定意见提出自己的见解和看法，发表质证和反驳意见，属于专家证言，这和鉴定意见是不同的。

第一，发表证言的主体不同。专家证言是专家辅助人的质证意见，专家辅助人不需要具备鉴定人的法定条件，也不需要像证人那样了解案件的某些情况，仅需要具备能够解决所涉及专门问题的专业知识即可。

第二，发表证言的方式和阶段不同。专家辅助人不是受司法机关的委托，可以在侦查、审查起诉、审判各阶段参与，而是在控辩双方对鉴定意见产生异议时，根据公诉人、当事人和辩护人、诉讼代理人的委托，在法庭审判阶段发表的质证意见。

第三，证言的作用不同。鉴定意见的作用是为侦查提供线索，为诉讼提供证据，专家证言则是协助控辩双方进行有效质证。

三、鉴定意见的特征

鉴定意见的定义揭示了鉴定意见的五大基本属性：专业性、科学性、客观性、规范性和目的性。

（一）专业性

专业性是鉴定意见的核心特征。鉴定意见不是任何人都可以随意发表的观点，它要求提出鉴定意见的人或机构必须具备相关领域的专业知识和实践经验。这不仅仅是对专业能力的认证，更是对鉴定结果权威性的保证。例如，在法医类鉴定中，只有具备医学背景和临床经验的医生才能对病例进行准确的诊断和评估。

（二）科学性

科学性是鉴定意见的方法论基础。鉴定过程必须遵循科学原理和客观事实，不能凭借主观臆断或个人喜好作出判断。这意味着鉴定意见的形成应当基于可靠的数据、系统的分析和严谨的逻辑推理。例如，在刑事案件中，DNA鉴定可以准确地确定犯罪嫌疑人的身份；在医疗事故争议中，病理鉴定能够揭示患者的真实死因。这些鉴定意见都是基于科学的理论基础和技术操作，其结论具有可重复性和可验证性，因此被赋予了较高的权威性。

（三）客观性

鉴定意见的客观性也是其不可或缺的特性。鉴定人在进行鉴定时，必须遵循客观公正的原则，不受任何外界因素的影响，确保鉴定结果的中立性。鉴定人应当排除个人情感、偏见和利益关系，仅仅根据事实和证据来作出判断。这种客观性的要求，保证了鉴定意见能够真实反映事物的本质，为法庭提供了可靠的裁判依据。

（四）规范性

规范性体现为鉴定意见的形式和内容都必须符合一定的标准和要求。从形式上来说，鉴定意见应当以书面报告的形式呈现，报告中应包含鉴定的目的、方法、过程、结果和结论等要素，格式要规范，内容要清晰。从内容上来说，鉴定意见应当基于充分的事实和科学的分析，结论要明确，论证要有力。例如，在一起知识产权侵权案件中，专家的鉴定意见不仅要详细列出侵权行为的证据，还要依据相关法律规定，合理界定权利的范围和侵权的性质。

（五）目的性

目的性体现了鉴定意见的应用价值。任何一份鉴定意见都是为了解决特定的问题或满足特定的需求而产生的，旨在为裁判者提供专业的参考意见，帮助作出更加客观公正的判断。例如，在一起交通事故中，法医的鉴定意见可能会涉及受害者的伤情严重程度，交通事故痕迹鉴定专家的意见可能会涉及车辆安全技术状况和车辆行驶速度等，这些对于确定赔偿金额和责任方的法律责任至关重要。

四、鉴定人的条件、权利与义务

鉴定人在司法实践中扮演着重要角色，他们不仅需要具备专业的知识和技能，还应严格遵守法律法规，确保鉴定活动的合法性、客观性和准确性。鉴定人在履行职责时，应当坚持独立性和科学性，确保其提供的鉴定意见有助于司法公正。同时，他们享有相应的权利，保障鉴定过程的顺利进行和鉴定意见的权威性。

（一）鉴定人的条件

鉴定人的条件主要有以下几个方面。

第一，必须是自然人。鉴定人应当是拥护宪法，遵守法律、法规和社会公德，品德良好的公民。

第二，拥有专业知识。鉴定人必须掌握丰富的专业理论知识，并能够熟练应用相关技术。

第三，具备实践能力。鉴定人应能独立解决本学科范围内的相关鉴定问题。

第四，了解法律知识。由于鉴定活动与诉讼紧密相关，鉴定人需要具备一定的法律知识，以适应诉讼过程中的各种需求。

第五，拥有技术职务或职称。作为专家身份参与诉讼，鉴定人最好具有高级技术职称。

第六，品德端正，遵守规则。鉴定人须具有良好的职业道德和科学态度。

第七，必须与案件无利害关系。鉴定人与案件不存在利害关系，才能够独立、客观、公正地进行鉴定。

（二）鉴定人的权利

鉴定人的权利主要有以下几个方面。

第一，查阅资料。鉴定人有权了解、查阅与鉴定事项有关的情况和资料，询问当事人或证人等。

第二，获取鉴材、样本。鉴定人可以要求委托人提供所需的鉴材、样本。

第三，进行检验、检查和模拟实验。为完成鉴定，鉴定人可以进行必要的检验、检查和模拟实验。

第四，拒绝非法鉴定。鉴定人有权拒绝接受不合法或超出执业类别的鉴定委托。

第五，索取案件材料。如案件材料不足，鉴定人可要求委托鉴定机关补充提供所需材料。

（三）鉴定人的义务

鉴定人的义务主要有以下几个方面。

第一，独立完成鉴定。鉴定人必须按时限独立完成鉴定任务，并出具鉴定意见。

第二，对鉴定结果负责。鉴定人应对所提出的鉴定意见承担相应责任。

第三，依法回避。在可能影响鉴定公正性的情况下，鉴定人应当依法实行回避。

第四，保管鉴材资料。鉴定人应妥善保管送鉴的材料、样本和资料。

第五，保守秘密。鉴定人须保守在执业活动中知悉的国家秘密、商业秘密和个人隐私。

（四）鉴定人出庭作证

鉴定人在必要时应出庭作证。根据相关法律规定，当事人对鉴定意见有异议或法院认为鉴定人有必要出庭时，鉴定人应当出庭作证。如果鉴定人被法院通知出庭，但拒绝出庭作证，其鉴定意见将不能作为认定事实的依据，并且支付鉴定费用的当事人可以要求退还鉴定费用。

在司法实践中，鉴定人出庭作证的程序通常包括以下几个步骤。

1. 出庭通知

刑事案件开庭前3个工作日、民事案件开庭前5个工作日，法院应以书面形式通知鉴定机构和鉴定人。通知内容应包括鉴定人姓名、鉴定文书编号、案件相关信息、出庭事由、开庭时间地点等必要信息。

2. 出庭条件

鉴定机构应为鉴定人出庭提供必要条件，确保其能够按时出庭作证。

3. 出庭费用

鉴定人出庭费用按照证人出庭作证费用的标准计算，通常由败诉方负担。如果因鉴定意见不明确或存在瑕疵需要鉴定人出庭，费用由鉴定人自行承担。

4. 不出庭情形

在某些情况下，鉴定人可以提出书面申请并经法院准许后不出庭作证。

总的来说，鉴定人出庭作证是确保司法公正的重要环节，有助于法庭更好地理解鉴定意见，并对案件事实作出准确判断。同时，鉴定人的出庭也是对鉴定工作质量的一种监督，有助于提高司法鉴定工作的透明度和可信度。

五、鉴定资料的收集、提取、固定与保全

（一）鉴定资料的概念

鉴定资料是鉴定过程中直接用于检验的一切资料的总称，通常包括检材和样本。鉴定资料通常表现为各种物体、物质和痕迹。《刑事诉讼法》规定的证据形式，除鉴定意见以外，其他均可能成为鉴定的对象，以各种载体形式存在的这些证据资料均可能成为鉴定资料。例如作为物证的毒品、毒物、毛发、纤维、粉尘、爆炸物、油漆、油脂、水藻、昆虫、纸张、黏合剂、墨水、血液、尿液、精液、毒气等；作为书证的遗嘱、合同、账本、证件、证书、票据、货币、证券、商标标识、印章印文等；作为证人证言，被害人陈述，犯罪嫌疑人、被告人供述和辩解等言词证据的物质载体的笔录、录音录像资料等；以及视听资料、电子数据等证据形式。除了具体形式的鉴定资料，还有抽象的鉴定资料，如法医精神病鉴定的对象——精神状态、心理状态、行为能力等。

（二）鉴定资料的收集、提取、固定与保全

鉴定资料的收集、提取、固定与保全是司法鉴定过程中的重要环节，关系到鉴定结果的准确性和法律效力。以下是进行这一过程的几个关键步骤。

1. 收集

收集是指获取与案件相关的所有可能的证据材料。这一步骤需要确保证据的相关性，即证据必须与案件事实有直接的联系。在收集证据时，应当遵循科学原理和方法，以保证证据的科学性，从而确保结论的准确性和可靠性。

2. 提取

提取是指从现场或相关场所获取特定的证据物品。在进行提取时，应注意保护现场，避免污染或破坏证据，同时应记录详细的提取过程和条件，以备后续审查。

3. 固定

固定是指采取措施保持证据的原貌和状态，防止其丢失、损坏或变质。这里可以包括对物理证据的包装、封存，对电子数据的备份等。

4. 保全

保全是指对已经收集和提取的证据进行妥善保管，确保其在法庭审理过程中的完整性和可用性。保全措施包括对证据进行编号、分类存放、建立保管链条等。

在整个过程中，还需要遵守《民事诉讼法》等相关法律法规的规定。例如，代理诉讼的律师和其他诉讼代理人有权调查收集证据，并可以查阅本案有关材料。此外，对于电子数据的处理，可能需要特别的技术和程序来确保数据的完整性和不可更改性。

总之，鉴定资料的收集、提取、固定与保全是一个系统的过程，需要严格按照法律规定和科学方法进行，以确保证据的真实性和有效性，为法庭提供可靠的裁判依据。

（三）注意事项

在司法鉴定过程中，鉴定资料的收集、提取、固定与保全是非常关键的环节，需要注意以下重要事项。

1. 确保资料的完整性和原始性

在收集和提取鉴定资料时，必须确保资料未被篡改或损坏，保持其原始状态。这对于后续分析的准确性至关重要。

2. 遵守法律规定和程序

在进行资料收集时，应严格遵守相关法律法规，包括遵守《刑事诉讼法》及相关司法解释的要求与规定，确保所有操作合法合规。

3. 采用科学的方法和技术

使用科学技术方法对资料进行提取和固定，如使用先进的技术设备来收集电子数据等，以保证数据的可靠性和有效性。

4. 详细记录和文档化

对于收集到的每一项资料，都应该有详细的记录，包括时间、地点、方式等信息，并进行适当的编号和分类，以便于管理和追踪。

5. 妥善保管和保密

对于敏感或关键的证据资料，应采取必要的保密措施，防止泄露可能影响案件的信息。同时，应采取措施保护资料不受物理损害或环境因素的影响。

6. 及时保全证据

对于可能消失或改变的证据，应立即采取措施进行保全，如拍照、录像、制作副本等，确保证据的长期保存。

7. 电子数据的处理

随着电子数据在审判活动中的重要性日益增加，对于电子证据的收集和保全需要特别注意，应确保数据的完整性和不可更改性。

8. 专业培训和知识更新

鉴定人员应接受定期的专业培训，以掌握最新的技术和法律知识，确保鉴定工作的专业性和准确性。

9. 跨学科合作

在某些情况下，可能需要多个领域的专家合作，以确保对复杂问题进行全面的分析。

10. 审慎处理争议资料

对于存在争议的资料，应特别谨慎处理，必要时可寻求第三方权威机构的帮助。

上述注意事项有助于确保司法鉴定的有效性和公正性，从而为法庭提供可靠的鉴定意见。

第七节 勘验、检查、辨认、侦查实验等笔录

一、勘验、检查、辨认、侦查实验等笔录的概念

勘验笔录是指司法人员在对与犯罪相关的场所、物品、尸体等对象进行细致勘验后所形成的重要记录。勘验笔录的主要形式是文字记载，但不限于文字，还包括绘图、照片、录音、录像、模型等。

检查笔录是指详细记录司法人员为确定被害人、犯罪嫌疑人、被告人的某些特征、伤害情况和生理状态而进行的一系列观察、问询、检查活动。检查笔录以文字记载为主，也可以采取拍照、录像等其他记录方法。

辨认笔录是指司法人员让被害人、犯罪嫌疑人或者证人对与犯罪有关的物品、文件、尸体、场所或者犯罪嫌疑人进行辨认所作的记录。

侦查实验笔录是指公安司法人员为了更深入地了解某一事件或现象的发生机制、状态以及所需的条件，通过模拟重现这些条件和环境来进行实验性的侦查行为所作的记录。

勘验、检查、辨认、侦查实验等笔录，是指办案人员对与案件有关的场所、物品、人身、尸体等进行勘验、检查、辨认、侦查实验时所进行的记载，并由勘验人员、检查人员、辨认人员、侦查实验人员、见证人及其他有关人员签名的一种法律文书。

勘验、检查、辨认、侦查实验等笔录作为《刑事诉讼法》规定的一种独立的证

据形式,既与其他证据形式有相似之处,又与其他证据形式有着本质区别。勘验、检查、辨认、侦查实验等笔录区别于物证。勘验、检查、辨认、侦查实验等笔录是在案件发生后,司法人员客观记载现场上痕迹、物品等物证的特征、位置等情况,它反映了物证的情况,是一种保全物证的方法,但是不等同于物证。物证是在案件发生全过程中使用的各种物品或形成的各种痕迹。勘验、检查、辨认、侦查实验等笔录区别于书证。勘验、检查、辨认、侦查实验等笔录以其记载的内容来证明案件的情况,与书证相似,但是勘验、检查、辨认、侦查实验等笔录是在案件发生之后,司法人员进行勘验、检查、辨认、侦查实验时所作的纪实性记录。而书证既可以形成于案件发生之前,也可以形成于案件发生过程中,以文字、符号、图形或图画所记载的内容和表达的思想来证明案件事实和情况,可以由犯罪嫌疑人、证人、被害人以及其他人提供。勘验、检查、辨认、侦查实验等笔录区别于鉴定意见。勘验、检查、辨认、侦查实验等笔录是司法人员运用人体感官或者借助一定器材装备所作的如实记录,而鉴定意见是具有鉴定资格的鉴定人运用专门知识进行的检验、分析、判断,是一种主观意见。

总之,勘验、检查、辨认、侦查实验等笔录是一种固定、保全证据的方法和手段,其证据作用在于固定和保全的内容同案件事实之间具有关联性。

二、勘验、检查、辨认、侦查实验等笔录的特征

相比较其他证据形式而言,勘验、检查、辨认、侦查实验等笔录具有下列显著特征。

(一)笔录内容具有较强的客观性

勘验、检查、辨认、侦查实验等笔录是司法人员在勘验、检查、辨认、侦查实验等活动中对发现的情况所进行的客观记载,是对勘验、检查、辨认、侦查实验等行为和结果的再现,主观分析的内容不能出现在笔录中。笔录要拒绝并排除一切主观上的推断、想象,拒绝并排除一切模糊、抽象的东西,客观、全面、细致地记载勘验、检查、辨认、侦查实验等的情况。

(二)笔录记载对象的特定性

勘验、检查、辨认、侦查实验等笔录记录的对象是司法人员开展勘验、检查、辨认、侦查实验等活动的情况。通过司法人员开展勘验、检查、辨认、侦查实验等活动来发现证据,记录证据当时所处的部位、数量、状态、分布、相互关系及其他有证明作用的情况。因为在诉讼中,我们不可能将现场搬到法庭,但是我们可以通过记录现场发现时的情况而让人们认识和了解。

(三)笔录记载形式的多样性

随着科学技术的不断发展和进步,司法人员的笔录记载形式也在逐步丰富和完善,

呈现出多样性的特点。以前，笔录主要依赖于文字记载，照相和绘图等形式被用作笔录的附注。后来，随着照相、录音、录像等技术的普及和发展，这些新的形式在侦查活动中得到了广泛应用，对勘验、检查、辨认、侦查实验等活动的记录就是这种广泛应用的一种表现。这些多样性的笔录记录形式为法庭审判提供了更为可靠和有力的证据支持，为打击犯罪、维护社会稳定发挥了重要作用。

三、勘验、检查、辨认、侦查实验等笔录的收集、固定与运用

（一）勘验、检查、辨认、侦查实验等笔录的收集与固定

在勘验、检查中，对证据的收集和固定主要是通过制定现场勘验笔录、检查笔录、辨认笔录、侦查实验笔录等来完成的，同时还可以同步进行拍照、录像。这些笔记都有固定的格式，记录的内容不仅要有逻辑性，还要做到客观、准确、细致、全面。

1. 现场勘验笔录

现场勘验笔录（见图 3-2）具体包括以下内容。① 首部。这部分包括文书名称，现场勘验开始和结束的时间、地点，参加人姓名、单位和职务等内容。② 正文。这是现

现场勘验笔录

现场勘验单位：______________________________

指派/报告单位：______________________________

时间：__________年________月________日________时________分

勘验事由：______________________________

____

现场勘验开始时间　　年　　月　　日　　时　　分

现场勘验结束时间　　年　　月　　日　　时　　分

现场地点：

现场保护情况：（空白处记载保护人、保护措施、是原始现场还是变动现场等情况）

天气：阴□/晴□/雨□/雪□/雾□，温度：　　湿度：　　风向：

勘验前现场的条件：变动现场□/ 原始现场□

现场勘验利用的光线：自然光□/　灯光□/____________

现场勘验指挥人：________单位________职务____________

现场勘验情况：（空白处记载现场勘验详细情况，包括现场方位和现场概貌、中心现场位置，现场是否有变动，变动的原因，勘验过程、提取痕迹物证情况、现场周边搜索情况、现场访问情况以及其他需要说明的情况）

____

____

____

____

____

____

____

第　页共　页

现场勘验制图__张；照相__张；录像__分钟；录音__分钟。

现场勘验记录人员：______________________________

笔录人：______________________________

制图人：______________________________

照相人：______________________________

录像人：______________________________

录音人：______________________________

现场勘验人员：______________________________

本人签名：________单位______________职务__________

本人签名：________单位______________职务__________

本人签名：________单位______________职务__________

本人签名：________单位______________职务__________

本人签名：________单位______________职务__________

本人签名：________单位______________职务__________

现场勘验见证人：______________________________

本人签名　性别　出生日期　，住址

本人签名　性别　出生日期　，住址

年　月　日

第　页共　页

图 3-2　现场勘验笔录

场勘验笔录的核心部分，制作时应如实反映犯罪现场勘验的过程和结论。一般应详细记载以下内容：首先，前言部分。主要应记明受理报案情况、犯罪现场保护情况、参加犯罪现场勘查的人员情况等。其次，叙述事实部分。主要应说明犯罪现场的具体位置、勘验所见情况，犯罪现场出入口情况、其他通道情况，犯罪现场中心部位情况，犯罪现场中的反常现象。最后，结尾部分。主要应记明对犯罪现场上发现的尸体的处理情况，提取痕迹物证，物品的名称、数量，绘制现场图的种类、数量，照相、录像的内容和照相、录像的数量等。③ 尾部。这部分主要应记载犯罪现场勘验指挥人、勘验人员、见证人、记录人员在笔录上签名或盖章等情况。

2. 检查笔录

检查笔录（见图 3-3）包括首部、正文、结尾三部分。首部主要包括检查的时间、侦查人员和记录人的姓名和单位、检查对象的情况、检查地点、见证人和其他在场人员的情况。正文主要包括检查的事由和目的、检查的过程和结果，这部分是检查笔录的重点。结尾是侦查人员、记录人、犯罪嫌疑人、见证人及其他在场人员等各方签名。

检查笔录

时间：＿＿＿年＿＿月＿＿日＿＿时＿＿分至＿＿＿年＿＿月＿＿日＿＿时＿＿分

侦查人员姓名、单位：（单位要具体到办案部门）＿＿＿＿＿＿＿＿

记录人姓名、单位：（同上）

检查对象：犯罪嫌疑人（被害人）姓名、性别、出生日期、身份证号码、住址、职业等

检查地点：详细地点

见证人：姓名、性别、出生日期等基本信息

事由和目的：＿＿＿＿＿＿＿＿

过程和结果：＿＿＿＿＿＿＿＿

在检查中，没有对犯罪嫌疑人人格尊严有侮辱等不当行为。被检查人家属对检查活动没有意见。

检查中进行全程录像，并拍摄照片×张。

侦查人员：×××
记 录 人：×××
犯罪嫌疑人：×××
见 证 人：×××
其他在场人员：×××

图 3-3 检查笔录

3. 辨认笔录

辨认笔录（见图 3-4）包括首部、正文、结尾三部分。首部主要包括辨认的时间、侦查人员和记录人的姓名和单位、辨认人的情况、辨认对象的情况、辨认地点、见证人和其他在场人员的情况。正文主要包括辨认目的、简要案情及辨认过程与结果，这部分是辨认笔录的重点。结尾是侦查人员、记录人、辨认人、见证人、其他在场人员等各方签名。

辨认笔录

时间：＿＿＿年＿＿月＿＿日＿＿时＿＿分至＿＿＿年＿＿月＿＿日＿＿时＿＿分
侦查人员姓名、单位：（单位要具体到办案部门）＿＿＿＿＿＿＿
记录人姓名、单位：（同上）＿＿＿＿＿＿＿
辨认人：姓名、性别、出生日期、身份证号码、住址、职业等。
辨认对象：
辨认地点：详细地点
见证人：姓名、性别、出生日期等基本信息
其他在场人员：
辨认目的：
简要案情及辨认过程与结果：＿＿＿＿＿＿＿
＿＿＿＿＿＿＿＿＿＿＿＿＿＿＿＿＿＿＿＿＿＿＿
＿＿＿＿＿＿＿＿＿＿＿＿＿＿＿＿＿＿＿＿＿＿＿
＿＿＿＿＿＿＿＿＿＿＿＿＿＿＿＿＿＿＿＿＿＿＿
办案人员对辨认过程进行了全程录像，并拍摄照片×张。

侦查人员：×××
记录人：×××
辨认人：×××
见证人：×××
其他在场人员：×××

图 3-4　辨认笔录

4. 侦查实验笔录

侦查实验笔录（见图 3-5）包括首部、正文、结尾三部分。首部主要包括侦查实验的时间、侦查人员和记录人的姓名和单位、侦查实验参与人的情况、侦查实验对象、侦查实验地点、见证人和其他在场人员的情况。正文主要包括侦查实验的事由和目的、简要案情及实验过程与结果，这部分是侦查实验笔录的重点。结尾是侦查人员、记录人、参与人、见证人和其他在场人员等各方签名。

（二）勘验、检查、辨认、侦查实验等笔录的运用

20××年4月24日，某区鸡场镇发生了一起交通事故。交警到达现场后发现，一辆小型轿车滚落到该镇卫生院附近的公路坎下，驾驶员詹某被卡在驾驶位无法挪出。

在救援过程中，交警发现詹某有酒驾嫌疑，经呼气式酒精检测仪检测，詹某的乙醇含量为84毫克/100毫升。4月28日，司法鉴定中心在詹某提取封存的血液样本中检测出了乙醇成分，含量为292.92毫克/100毫升，已经达到醉酒驾驶的标准。5月

侦查实验笔录

时间：___年__月__日__时__分至___年__月__日__时__分
侦查人员姓名、单位：（单位要具体到办案部门）_____
记录人姓名、单位：（同上）_____
侦查实验参与人：姓名、性别、出生日期、身份证号码、住址、职业等
_____
侦查实验对象：_____
侦查实验地点：详细地点_____
见证人：姓名、性别、出生日期等基本信息_____
其他在场人员：_____
事由和目的：_____
简要案情及实验过程与结果：_____

_____

_____

_____

_____

_____

侦查实验没有足以造成危险、侮辱人格或者有伤风化的行为。
至此，侦查实验结束。

侦查人员：×××
记 录 人：×××
参与人员：×××
见 证 人：×××
其他在场人员：×××

图 3-5 侦查实验笔录

1日，詹某到案后，对自己饮酒后驾驶机动车的犯罪行为供认不讳。因詹某涉嫌危险驾驶罪，公安机关于次日对詹某取保候审。

6月2日，公安机关将该案移送至某区人民检察院审查起诉。在审查起诉环节，詹某认罪态度良好，并自愿签署了认罪认罚具结书。检察院于6月28日向法院提起公诉，并提出以危险驾驶罪判处詹某拘役3个月、处罚金3000元的量刑建议。

7月11日，法院开庭审理了该案。然而，在庭审现场，詹某却一改此前的认罪态度，当庭翻供："我没开车，车子是自己溜下去的。"詹某在法庭上供述，案发当日，他把车停在一处陡坡上。与朋友吃饭饮酒后，他感觉身体不舒服，便回到车内休息。因为天气炎热，为了降温，便给车辆通了电并打开车窗。据詹某所述，当时他头晕且疲惫，记不清楚是主动松开手刹还是手不小心碰到手刹导致车辆溜车，最后才造成了交通事故。

因为被告人詹某当庭翻供，法庭决定将此案的审理程序由简易程序转换为普通程序，择日审理。

"虽然根据詹某之前的供述和证人证言等证据能够证明其犯罪事实，但对他提出的辩解，我们还是要补强证据戳穿他的谎言。"在与办案民警的交流中，承办检察官得知，詹某在取保候审期间，已将车辆送到重庆某公司进行报废处理。因此，检察官与民警推测，詹某可能是觉得车辆已经报废，无法再次对该车进行勘验检测，所以抱着侥幸心理翻供。

经过对事故现场反复研究，承办检察官提出以侦查实验的方式进一步补强证据。

7月14日是一个与案发当日相似的晴天。在案发现场，检察官引导侦查人员开展了侦查实验，两名人民监督员全程参与监督。为了确保侦查实验结果的准确性，检察官建议侦查人员找来一辆与詹某驾驶的车辆同一型号的车，两辆车甚至连出厂日期都十分相近。

实验中，侦查人员将实验车辆停放至詹某辩解时描述的上车位置，侦查人员坐在驾驶室内，将挡把分别置于不同挡位，保持车辆通电状态，放下手刹后不进行其他操作，以此测试车辆的滑行轨迹。

多次模拟后，侦查实验得到了相同的测试结论：该型号的车辆在通电未启动并放下手刹的状态下，若挡位在倒挡，车辆不会溜车滑行；若挡位在空挡或前进挡上则会发生溜车滑行的情况，但方向盘也会锁定，无法进行有效转向，只能直线滑行。而詹某所称的停车点与事故位置之间有一个S形弯道，车辆在溜车滑行的情况下是不可能到达的。

因此，综合分析侦查实验结论并结合在案证据，能够客观认定交通事故系詹某酒后驾驶机动车侧翻后引发，詹某的辩解不能成立。

为夯实证据，在侦查实验现场，侦查人员还找到了事故现场的证人吴先生。据吴先生叙述，事故发生当天，他在案发现场不远处，先听到了轰踩油门的声音，不久后又听到一声巨响，随后便发现詹某的车辆翻滚在地。而詹某称自己仅对车辆通电，没有进行其他操作，明显与事实不符。

7月26日，法院再次开庭审理该案。检察官当庭依法撤销认罪认罚具结书，并播放了侦查实验同步录像视频，结合案件事实进行严密论证，有力指控了詹某的犯罪行为。

法院审理后认为，通过公安机关对现场的勘验以及侦查实验，能够认定车辆在仅溜车的情况下不会发生该事故后果，结合被告人詹某曾插入钥匙点火开关并松开手刹，因此可以认定詹某有醉酒后驾驶车辆的行为，故不采纳被告人詹某的辩解和辩护人的辩护意见。据此，法院以危险驾驶罪判处詹某拘役5个月，并处罚金5000元。

案例分析：勘验、检查、辨认、侦查实验等笔录都是固定、保全证据的方法和手段，其证据作用在于它固定和保全的内容同案件事实之间所具有的关联性。本案中的现场勘验笔录和侦查实验笔录记载的内容，能够认定车辆在仅溜车的情况下不会发生该事故后果，结合其他案件事实，认定詹某有醉酒后驾驶车辆的行为。

第八节　视听资料

为了适应现代科学技术的发展要求，1996年修改的《刑事诉讼法》把"视听资料"首次增加规定为证据种类之一。随着移动互联网科技进步和"大数据"时代来临，视听资料也以它独特的证明手段而发挥着其他证据无可替代的作用。

一、视听资料的概念与应用

视听资料,是指通过采用先进的科学技术,以录音带、录像带、光盘、电脑和其他科学技术设备储存的电子音像信息来证明案件事实的证据。现代科学技术的日新月异,使得视听资料在刑事案件中扮演的角色愈发显著。无论是在案件侦查阶段,还是移送起诉阶段,视听资料的应用都日趋普遍。通过灵活运用视听资料,我们得以在侦破案件、指控事实以及遏制翻供等方面获得坚实保障,有力推动了刑事案件处理效率和质量的提升。

在侦查工作中,可以充分利用监控设施以及道路监控系统等技防措施获取很多破案所需的视听资料,如宾馆、旅馆、网吧等各种场所的监控,为及时查证和破案提供便利,并起到预防犯罪的作用。以某市三星级宾馆发生的一起入室抢劫案件为例,两名犯罪嫌疑人闯入宾馆811室,持刀威胁并抢劫了受害人财物后迅速逃离。专案组通过调取该宾馆近一周的监控录像,经过长达150个小时的仔细排查,终于在监控录像中发现了犯罪嫌疑人仅出现10秒钟的画面。技术人员对这段短暂的录像进行深入分析处理,成功提取出犯罪嫌疑人的清晰照片,并据此发布了协查通报。不久,警方便根据照片信息锁定了两名犯罪嫌疑人,并成功将其抓获。在审讯中,这两名犯罪嫌疑人对抢劫事实供认不讳。案件侦破过程中视听资料的充分运用,为公安机关的侦查工作提供了有力的支持。

在审讯工作中,通过全程监控的回顾,能够发现并弥补审讯过程中可能被忽视的细节、遗漏的关键线索以及存在的不足之处。同时,视听资料具备长期保存的特性,能够在需要时作为有力的证据使用。可见,视听资料提升了审讯工作的全面性和准确性,也增强了证据的可靠性和可信度。

在法庭诉讼中,视听资料可以准确地重现案件事实的最初情况和信息,重现犯罪嫌疑人、被告人实施犯罪的具体过程,获得良好的庭审效果。但需要注意,不是以多媒体方式出示的计算机音像资料都是视听资料证据,判定多媒体出示的证据属于哪种法定证据形式,取决于证据本身。例如,出示的是物体或痕迹,并以其外部特征、存在状况和内在属性证明案件事实的,就属于物证;出示的是证人陈述,就属于证人证言。因此,具有电磁视听信息形式的制品也不一定都是证据形式的视听资料,需要具体分析其性质和内容。

二、视听资料的特征

视听资料的基本特征是它以声音、影像等信息资料来证明案件事实。除具有可保存、可鉴别和不易变损的基本特性,与其他证据特别是物证和书证相比,视听资料还具有以下特征。

(一)视听资料具有综合性

物证的证明力通常以其外部特征、存在状况和内在属性等证明案件真实情况的实物和痕迹。而视听资料所承载的特定信息必须依附在录音带、录像带、光盘等物质载体上，具有特定性，这与物证相似。同时视听资料是以其记载的微电子音像反映案件事实的，书证则是以文字、符号、图画所表达的思想内容来证明案件事实，两者在这一点上也有类似处。另外，视听资料同样是在案件事实发生过程中产生，能够较为生动、连续地记录案件情况，这与证人证言、当事人陈述类似。可见，视听资料具备其他相关证据的部分特征，具有综合性。

（二）视听资料具有高度科学性

视听资料的产生和发展本身就是现代科学技术发展在法律领域的体现。无论是制作视听资料的设备，还是记载案件信息的录音带、录像带、光盘、软盘等，都是现代科学技术发展的产物。而且，相比证人证言或是犯罪嫌疑人、被告人易受主观因素影响改变的口供，或是容易受客观环境改变而失真的书证、物证，视听资料以其物质信息载体记录、储存和反映案件事实，相比传统证据更加不易改变、更客观。

（三）视听资料具有动态直观性

视听资料不仅能够静态地反映一定的案件事实，而且能够动态地呈现该案件事实的现实情景。录音，既能以连续音响所表示的内容证明案件事实，又能以音调、声音等证实说话人的身份特征。录像，既能以连续图像反映人的行为过程，又能再现行为人与周围人、物的联系，使人如临其境。而物证等其他证据只能以静态的方式来证明案件事实。

（四）视听资料具有物质依赖性

因视听资料是科学技术高度发展的产物，这决定了它必然要依赖于科学技术。从视听资料的制作产生到视听资料的显示，都必须依赖高科技设备。这是因为作为视听资料的声音、图像是以声、光、电磁以及其他粒子等形式存在的，要想把它们原声原貌地保存下来，必须运用现代技术手段。

三、视听资料的收集

（一）视听资料的收集方法

视听资料的收集是由拥有相关专门技术的工作人员以合法、科学的工具检查、分析视听资料证据呈现出来的电子音像信息形式，使其用于案件事实的证明。在收集视听资料这一证据时，需要严格符合程序和技术的要求。

1. 给予完整、详细的检查和保护

软件或者硬件环境的不同都是视听资料证据收集时的影响因素，因此需要对其仔细检查，从而采用最为合适的保护举措并制作相应笔录。

2. 对案件情况充分核实

对案件有关情况以及所收集到的视听资料证据种类核实清楚之后，还要了解相应设备的使用状况和使用权限问题。充分核实之后形成调查、询问笔录。

3. 提取证据

收集到涉案视听资料证据之后，还要进行提取工作，也就是充分运用科学、合法的工具提取并固定电子音像信息。

4. 记录取证工作过程

视听资料证据的提取流程应形成一份工作记录，有条件或者有必要的情况下还要全程摄像。

5. 尽可能排除提取过程中遇到的阻碍

依赖特定设备或者技术的视听资料提取工作可能会碰上突发情况，这就需要提前做好预案，在发生突发问题时及时保存现场状况。

6. 重点检验疑问证据

一旦碰到对视听资料证据的证明力有影响的情形，就要对其中有疑问的证据重点检测鉴定。

（二）视听资料收集的注意事项

收集视听资料时会面临着一些挑战，包括资料来源不明确、与案件之间缺乏直接关联、关键资料未被有效收集、资料说明制作不够规范等。为了保证视听资料具备充分的证明能力和证据价值，侦查人员在收集此类证据时，需特别关注以下几个方面。

1. 及时、全面收集视听资料

当前正在不断加强视频监控网络的构建与完善，旨在全面捕捉犯罪预备、实施及逃离现场等关键环节的影像资料。侦查人员需依据案发的时间、地点，结合犯罪嫌疑人的活动轨迹、行进路线等关键线索，迅速且全面地收集、提取相关路段的监控视频资料。这一方法对于案件侦查工作具有重要意义，能够有效支持后续的调查与分析。

2. 按照法定程序收集、调取视听资料

视听资料因其高度科技性的特点，存在虚假制作或者违法篡改的可能性。因此，

侦查人员需严格遵循法定程序来收集与调取视听资料，以确保其来源的合法合规性。若视听资料载体存在不完整或破损情况，需首先检查其是否能正常播放。若因特殊情况需要破坏视听资料载体，则必须详细阐述其原因。在整个收集过程中，应详细记录工作细节，并由侦查人员、视听资料持有人以及原制作人分别签名或盖章，以此确保视听资料的内容及制作过程真实可靠，符合法律规定。

3. 确认视听资料与案件的关联性

视听资料所呈现的事实必须与案件中的其他证据所展现的事实紧密相连，能够相互支持、互为佐证，从而构建一个完整且连贯的证据链。这种关联性和相互印证性是确保视听资料作为有效证据的关键。但视听资料本身蕴含的信息量极大，需要侦查人员在收集视听资料时全面分析、鉴别，确定与案件事实有联系的声音、图像等信息，排除无关或干扰信息。对有疑问的视听资料，如视听资料本身有编辑剪辑可能的，或视听资料存在图像、声音不清晰，不能正常播放等问题的，应当及时送交具有鉴定资质的鉴定机构进行鉴定。

4. 注意校对视听资料的显示时间

实践中，视听资料显示时间与实际时间存在显著差异的情况时有发生。因此，侦查人员应首先确认是否为原始视听资料，并仔细核查其生成时间是否被篡改。同时，还需对视频画面中显示的时间进行仔细核对和校准。若忽视这一环节，不仅可能导致视听资料无法有效证明案件事实，还可能为案件诉讼带来极大的风险。因此，对视听资料的时间显示进行细致校对，是确保证据完整性和可靠性的重要步骤。

5. 规范视听资料的保存和流转

对于收集到的视听资料，侦查人员应迅速备份，并妥善封存，以防资料丢失或损坏。同时，为了更好地管理和查找这些资料，侦查人员还应根据视频内容制作详细的光盘标签或纸质说明，并将这些标签或说明与视听资料载体一同保管、移送。这样做不仅可以提高资料的检索效率，还可以确保在需要时能够迅速找到并使用这些视听资料，为案件的侦破和审理提供有力的证据支持。因此，规范视听资料的保存和流转是侦查工作中不可或缺的一环。

第九节　电子数据

一、电子数据的概念与特征

（一）电子数据的概念

电子数据是指在案件发生过程中形成，以数字化形式存储、处理和传输的数据，它能够证明案件事实。电子数据通常包括但不限于以下内容。

1. 文字资料

包括电子邮件、文档、报告等形式的文字信息。

2. 图形符号

如图表、设计图案等。

3. 数字和字母

数据库中的信息、编码、算法产生的数据等。

4. 网络平台信息

社交媒体、论坛、电子商务平台上发布的内容。

5. 通信信息

手机短信、即时通信记录、电话通话记录等。

6. 用户注册信息

各类在线服务的用户注册数据，包括用户名、密码、个人资料等。

7. 电子设备生成的数据

由计算机或其他电子设备自动生成的数据，如ATM机操作记录、服务器日志等。

需要注意的是，以数字化形式记载的证人证言、被害人陈述以及犯罪嫌疑人、被告人供述和辩解等证据不属于电子数据。

（二）电子数据的特征

电子数据的特征在于其高度依赖于现代信息技术，它们通常具有较高的准确性和可靠性，尤其是那些完全由计算机等设备自动生成的电子数据。在司法实践中，电子数据的收集、提取和审查判断需要遵循特定的规定和技术标准，以确保其作为证据的合法性和有效性。

1. 信息记录方式的虚拟性

电子数据是以数字化形式存在，与传统的实物证据相比具有非物质性和无形性。它的虚拟性体现在以下几个方面。

（1）数字化存储。电子数据是以二进制代码的形式存储在电子设备或介质中，这些数据无法直接看到或触摸，需要通过特定的设备和软件才能读取和理解。

（2）信息海洋。电子数据通常隐藏在广阔的网络环境中，这个环境可以被称为"信息的海洋"。由于其庞大和复杂，电子数据往往不易被直接定位和获取。

(3) 非实物性质。与传统的实物证据不同，电子数据没有物理形态，它存在于虚拟空间中，这使得电子数据的收集、保存和呈现都需要特殊的技术和方法。

(4) 系统性特征。电子数据往往是系统化、网络化的，它们的生成、传输和存储都依赖于复杂的信息系统。这种系统性特征也使得电子数据的管理和分析更加复杂。

电子数据是一种新型的证据形态，与传统证据的内容和形态可以直接感知的物理形态相比，它是以虚拟形态来保存信息，将信息按一定方法转化为磁、电或光的方式来记录。例如，经计算机输入、处理、贮存、输出的数据和信息，均为二进制电磁代码，向光盘中记录信息，是利用激光将信息以凹凸点的形式记录在光盘上，这些均不能被人们直接感知。因此，信息记录方式的虚拟性是电子数据与传统证据最本性的区别，也是电子数据最根本的特征。

2. 信息记录内容的海量性

电子数据信息记录内容的海量性是指其以巨大的数量和规模存在，远超传统纸质记录方式的信息量。

(1) 数据量大。随着互联网和信息技术的发展，每天都会产生大量的电子数据，从社交媒体的帖子到电子商务的交易记录，再到智能设备收集的传感器数据，这些数据量是前所未有的。

(2) 存储成本低。与传统的纸质记录相比，电子数据的存储成本大大降低。例如，一张光盘储存的图像视频信息可播放几个小时，一张1.44MB的3.5英寸软盘能够容纳754974个汉字，一台计算机的硬盘更是可以存储海量的信息，可以为侦查破案、案件审判提供丰富的材料来源，这是传统证据无法比拟的。云存储技术的进步使得存储海量电子数据成为可能，而且成本效益高。

(3) 易于复制和传输。电子数据的复制和传输非常便捷，可以通过网络快速传播，这也是导致电子数据量巨大的一个原因。

(4) 多样性。电子数据不仅包括文本，还包括图片、视频、音频等多种格式，这些多媒体内容的增加也使得电子数据的总体量巨大。

(5) 持续性增长。随着技术的不断进步和人们对于数据的需求增加，电子数据的数量还在持续快速增长。

3. 信息记录的客观隐蔽性

电子数据信息记录的客观隐蔽性是指电子数据信息在存储和传递过程中不易被直接感知，需要特定设备和技术才能访问和解读。这一特性使得电子数据在某些情况下比传统证据更难识别和验证。因此，对电子数据的处理和分析需要专业的技术和审慎的态度，以确保其作为证据的有效性和可靠性。电子数据信息记录的客观隐蔽性主要体现在以下几个方面。

(1) 存储介质的隐蔽性。电子数据通常存储在硬盘、光盘、U盘等存储介质上，这些介质本身并不直观地显示数据内容。与纸质文件相比，电子数据无法直接通过肉眼观察，需要借助电子设备才能查看。

（2）访问控制的隐蔽性。电子数据往往受到密码保护或加密措施的保护，这使得未经授权的用户难以访问。这种控制机制增加了数据的隐蔽性，同时也提高了数据的安全性。

（3）易篡改性。虽然电子数据的原始内容可以非常精确，但由于技术手段的存在，电子数据在存储、传输和使用过程中容易被修改，且篡改痕迹不易被发现。这就要求在处理电子数据时必须采取严格的安全措施，以确保数据的完整性和真实性。

（4）系统依赖性。电子数据的完整性和可靠性高度依赖于计算机系统的正常运行。如果系统出现故障或受到攻击，可能会影响数据的完整性和可信度。

（5）法律认可度。随着技术的发展，电子数据已被多个国家的法律体系接受并规定为证据的一种形式。然而，由于其隐蔽性和其他特点，法官在审理案件时需要谨慎审查电子数据的真实性、关联性和合法性。

4. 信息记录的易被损坏性

电子数据信息在存储、传输和使用过程中容易受到损害或丢失。其一方面容易受到环境的影响，如突然断电、断网，计算机硬件故障，病毒侵入；另一方面可能因人为操作，如删除、覆盖、操作失误等，导致电子数据的信息记录丢失或改变，影响证据的完整性和真实性。其易被损坏性具体包括以下方面。

（1）物理损坏。电子数据存储介质如硬盘、光盘等可能出现物理损伤，导致数据无法读取。例如，硬盘的磁头损坏或光盘的划痕都可能导致数据丢失。

（2）系统故障。软件故障、操作系统崩溃或病毒感染等都可能导致电子数据损坏。在某些情况下，不正确的操作或软件缺陷也可能导致数据丢失。

（3）外部因素。自然灾害如火灾、洪水或地震等都可能对电子设备造成损害，进而影响数据的完整性。

（4）人为因素。人为操作错误或故意破坏也是电子数据损坏的常见原因。例如，错误地删除文件或格式化存储设备都会导致数据丢失。

（5）技术过时。随着技术的发展，旧的文件格式和存储介质可能不再被支持，这也可能导致数据无法被读取。

（6）安全风险。黑客攻击、网络窃密等安全问题也可能导致电子数据泄露或损坏。

（7）存储限制。电子数据需要定期备份和更新，如果没有妥善管理，可能会因为存储空间的限制而丢失数据。

对电子数据的易被损坏性，应当采取有效的预防措施，如定期备份、使用可靠的存储介质、安装防病毒软件、确保系统的更新和维护等，以降低数据损坏的风险。

二、电子数据鉴定的概念与内容

电子数据鉴定是一种司法鉴定活动，主要目的是确保电子数据证据的真实性和有效性。其内容主要包括以下几个方面。

1. 提取与保全

在涉及法律案件时，需要对相关的电子数据进行提取和保全，以确保数据的完整性及不被篡改。

2. 检验分析

通过技术手段对电子数据进行分析，包括内容一致性的认定，真伪鉴别，生成、传递、存储的过程分析等。

3. 审查判断

对电子数据的证据价值进行评估，判断其与案件事实的关联性和证明力。

4. 提供意见

鉴定人根据分析结果提供专业的鉴定意见，以供法庭作为裁判的依据。

此外，电子数据鉴定在多个领域都有应用，如刑事诉讼、民事诉讼、审计调查、知识产权保护等。在这些领域，电子数据鉴定可以帮助解决纠纷或提供关键证据。

电子数据鉴定是一个专业性强、技术要求高的过程，它对于现代司法实践来说至关重要。随着信息技术的发展，这一领域的重要性将不断提升。

三、电子数据的收集

电子数据的收集就是获取以数字化形式存储、处理和传输的数据的过程，这些数据可以用来证明或解释某些案件事实。在进行电子数据收集时，应确保合法合规，并采取适当的技术手段以保证数据的完整性和可靠性。此外，随着技术的发展，电子数据的收集方法也在不断进步，可能会涉及更复杂的技术手段和法律问题。因此，电子数据收集不仅是一个技术过程，也涉及法律和伦理方面的考量。

电子数据的收集方法通常包括但不限于以下几种。

1. 拷贝复制

当原始载体难以获取时，可以通过拷贝或复制的方式获取电子数据。这包括使用专业的数据复制工具来确保数据的完整性和一致性。

2. 委托分析

在某些情况下，可能需要委托具有专门知识的技术人员来分析和提取电子数据。这些人员能够利用专业工具和方法来确保数据的准确性和可靠性。

3. 书式固定

对于一些重要的电子数据，可以采用书面形式进行固定，例如打印出相关页面或记录，并确保有相关人员的签字确认。

4. 拍照录像

在取证过程中，可以使用拍照或录像的方式来记录电子数据显示的状态，这种方式适用于需要直观展示数据内容的情况。

5. 扣押原始存储介质

如果条件允许，应当优先选择扣押电子数据的原始存储介质，如硬盘、U 盘等。

6. 提取电子数据

在无法扣押原始存储介质的情况下，可以选择提取电子数据。提取时应制作笔录，并附电子数据清单，由办案人员和电子数据持有人签名确认。

此外，在进行电子数据收集时，应确保所采用的方法符合相关法律法规的要求，以保证所收集的电子数据的真实性、完整性和合法性。同时，市场监督管理部门等执法机构可以利用互联网信息系统或设备来收集、固定违法行为的证据，但所使用的系统或设备必须符合相关规定。电子数据的收集是一个严谨的过程，需要依法进行，并且要有详细的记录和证据保全措施，以确保数据在法律程序中的有效性和可信度。

四、收集与提取电子数据应注意的问题

在收集与提取电子数据时，确保数据的合法性、完整性和准确性是至关重要的。一定要严格遵守相关原则和步骤，以确保电子数据作为证据的有效性和可信度。以下是在进行电子数据收集与提取时应注意的几个关键问题。

1. 合法性

必须确保电子数据的收集与提取过程合法。这包括遵守相关的法律程序，确保取证主体具备合法资格，使用的取证工具得到认证，以及整个操作过程符合法律规定，以保证证据的法律效力。

2. 规范性

在电子数据的收集与提取过程中，应依法制作详细的取证笔录，包括案由、对象、内容以及收集与提取的时间、地点、方法和过程。此外，还应记录封存状态，并附上电子数据清单，注明类别、文件格式、完整性校验值等信息，并由相关人员签字确认。

3. 完整性

保护电子数据的完整性是非常关键的。可以采取多种方法来确保数据的完整性，如扣押和封存原始存储介质、计算数据完整性校验值、制作和封存数据备份、冻结数据以及录像记录相关活动等。

4. 技术标准

收集与提取电子数据的方法应当符合相关技术标准，确保数据的准确性和可靠性。

5. 人员要求

收集与提取电子数据应由两名以上的侦查人员进行，增加过程的透明度和可靠性。

6. 原始存储介质

如果可能，应扣押并封存电子数据的原始存储介质，并详细记录其封存状态。

7. 证据使用

在初查过程中收集与提取的电子数据，以及通过网络在线提取的电子数据，都可以作为证据使用，但前提是这些数据必须按照正确的程序和方法收集和保存。

自测练习

1. 多选：下列属于《刑事诉讼法》规定的证据的有（   ）。
A. 物证和书证
B. 证人证言和被害人陈述
C. 犯罪嫌疑人、被告人供述和辩解
D. 鉴定意见和视听资料、电子数据
E. 勘验、检查、辨认、侦查实验等笔录

2. 多选：以下属于物证具有的特征的是（   ）。
A. 客观性
B. 直接性
C. 稳定性
D. 特定性
E. 间接性

3. 多选：以下关于证人证言的收集，正确的做法有（   ）。
A. 询问证人的有关内容应当是证人掌握和了解的内容
B. 询问证人应当个别进行
C. 询问证人时不得进行暗示性的提问

D. 询问证人一般应以口头方式进行,在某些特殊条件下,证人也可以用书面形式提供证人证言

E. 询问证人,可以在现场进行,也可以到证人所在单位、住处或者证人提出的地点进行

4. 多选：勘验、检查、辨认、侦查实验等笔录的内容一般包括（　　　）。

A. 首部

B. 正文

C. 结尾

D. 标题

E. 签名及盖章

5. 单选：绑架案中绑匪寄给被绑架者家人的勒索信,提出了赎金的数额和要求等信息,这封勒索信属于（　　　）。

A. 物证

B. 书证

C. 证人证言

D. 鉴定意见

6. 判断：被害人陈述,是指刑事案件的被害人就其遭到犯罪行为侵害的事实和情况以及与案件有关的情况向司法机关所作的陈述。此处的被害人,不仅指自然人,还包括单位。（　　　）

实训

【实训项目一】

● 一、训练内容

物证和书证。

● 二、训练目的与要求

根据我国法律及司法解释的相关规定,准确区分物证和书证。

● 三、训练素材

20××年8月1日,湖北警方通过研究犯罪行为人的书面语言特点,成功破获了一起长达8年未破的绑架杀人案。一侦查人员接手此案后,通过查阅该案的卷宗材料,发现了作案人写的一张纸条,纸条内容为："过桥,顺墙根,向右,见一亭,亭边一倒凳,其下有信。"

问：本案中的绑匪写的纸条是物证,还是书证?请说明理由。

【实训项目二】

● 一、训练内容

证人证言。

● 二、训练目的与要求

根据我国法律及司法解释的相关规定，准确区分证人和被害人，并能对证人证言和被害人陈述进行规范记录。

● 三、训练素材

××××年××月××日，××工厂张某和王某看守值班，晚上11点50分左右听到狗叫，出去查看，没有发现异常。没过多久，两人巡逻到工厂厕所附近时，被4名歹徒分别从前后两个方向袭击，两人手被绳子绑住，嘴被透明胶封住，被歹徒用匕首挟持强行拖到厕所，大概40分钟后两人又被强行拖到工厂仓库内，两小时后，趁歹徒打瞌睡，张某挣脱并迅速报警。当警察赶到时，王某已经被杀死，歹徒均逃走。

问：本案中张某的身份是被害人还是证人？根据张某在本案中的身份特点，写一份询问笔录。

【实训项目三】

● 一、训练内容

被害人陈述。

● 二、训练目的与要求

根据我国法律及司法解释的相关规定，正确理解并能规范收集被害人陈述。

● 三、训练素材

某年10月3日，某派出所民警传唤有盗窃嫌疑的程某到所内接受讯问。在讯问过程中，程某矢口否认有犯罪行为。民警认为程某不老实，用电警棍捅程某的手臂。程某为减轻皮肉之苦，便编造出前一天晚上伙同覃某在县电影院附近小树林持刀轮奸女青年张某某的犯罪经过。于是，民警对被害人张某某进行访问。开始张某某不承认有这事，但在民警的"耐心启发"下就承认了，且询问笔录与程某的供述能够相对应。但本案经县公安局组织的专案组复查，查明是一起假案。那么"被害人"为什么会承认被强奸，并能陈述清楚有关的案件事实、情节呢？下面是专案组民警访问张某某的记录材料（摘录）。

问：你为什么说程某、覃某强奸了你呢？

答：办案人员找我谈话时，问我："有人欺负你没有？"我说没有。办案人员就说："人家都承认了，你还不承认？"我看不承认不行，再说他们（指程某、覃某）乱咬人，败坏我名声，我也不能饶了他们，于是就承认了。

问：那你为啥说是在电影院附近呢？

答：我根本说不出啥地方，是问我的那个人说的。

问：你为啥说是二人？

答：我说的是同一人，问我的那人说应该是两个人吧，我就说对。

问：你为什么说是一个高个、一个矮个呢？

答：两个总不能一样高。

问：为什么你说地上铺一件布衫呢？

答：问我的那个人说你也得说个东西呀！比如说是棉袄，还是布衫呀？我想夏天总不能铺棉袄，我就说是布衫。

问：你为啥说是一件绿布衫？

答：问我的那个人说布衫是啥颜色？是蓝的，还是绿的？我说是蓝的。问我的那个人说，你再想想。我想不是蓝的就是绿的，所以我说是绿布衫。

问：以上案例对收集被害人陈述这类证据时有哪些启示？

【实训项目四】

● 一、训练内容

犯罪嫌疑人、被告人供述和辩解。

● 二、训练目的与要求

根据我国法律及司法解释的相关规定，正确判断审查司法实践中犯罪嫌疑人、被告人供述和辩解，确定是否具备证据能力。

● 三、训练素材

被告人刘某于20××年8月19日18时许开始在西城区人民检察院接受询问，至22时40分许被正式制作调查笔录。其间实质上被限制了人身自由。询问至次日4时36分许结束。之后至8月20日7时3分，侦查人员对刘某进行了讯问，制作了讯问笔录。8月20日5时许至次日7时3分之间，刘某开始坦白案件事实情况，侦查人员保证了其用餐、喝水、上厕所的权利。

问：刘某所作的陈述属于犯罪嫌疑人、被告人供述和辩解中的哪一个部分？并审查判断该证据是否可以予以采用，说明理由。

【实训项目五】

● 一、训练内容

鉴定意见。

● 二、训练目的与要求

根据我国法律及司法解释的相关规定，正确判断本案涉及的鉴定意见是否可以作为定案的依据。

● 三、训练素材

2023年10月，某司法鉴定中心接受J市公安局委托，对被鉴定人杨某的损伤程度进行重新鉴定。该中心鉴定人姜某某、龙某某在鉴定活动中，明知本案中J市公安局委托的首次鉴定存在争议，却没有认真审阅杨某相关医学影像资料并对其伤情进一步检查确认，只有姜某某一名鉴定人对杨某进行了法医临床检查和谈话，且姜某某在对杨某进行肩关节活动度检测时，没有使用角度尺测量，而仅凭目测判断，另一名鉴定人龙某某于事后在检查、谈话记录上补签了自己的签名。二名鉴定人于 2023 年 11 月 8 日作出了杨某伤情构成轻伤的鉴定意见。

问：本案涉及的鉴定意见是否可以作为定案的依据？

【实训项目六】

● 一、训练内容

电子数据。

● 二、训练目的与要求

正确理解电子数据的概念与特征，能够识别运用判断电子数据。

● 三、训练素材

周某主张与雷某合伙倒卖二手车，双方各出一部分钱购买车辆后，雷某将车开走并自行售出。周某想与雷某约见面谈卖车事宜，雷某以种种理由不和周某见面，有时电话也无人接听。之后经周某多次索要剩余欠款，雷某转给周某 2000 元后下落不明。周某与雷某通过电话以及微信多次沟通，雷某同意再给周某 8500 元。故周某向法院起诉，请求雷某立即偿还 8500 元。雷某认可双方曾经合伙倒卖二手车，但说双方事先商量好，过户费、挂牌费等费用一人出一些，但周某一分钱也没出，所以雷某不承认欠周某钱。

因双方从未签订过书面协议，关于合伙倒卖车辆均是通过电话以及微信沟通，故周某向法院提交的证据为微信聊天记录的截屏以及通话录音。但微信聊天记录并不完整，对此周某解释为双方微信聊天十分频繁，且不是全部与合伙有关，故其只提交了其中一部分能够直接证明案件事实的内容。为查明全部案件事实，法院要求周某在庭审中登录微信，按照时间顺序出示全部微信聊天记录，并播放保存的全部通话录音。根据通话录音以及微信聊天记录，能够显示周某的陈述虽然真实，但不完整。微信聊天记录以及通话录音能够证明车辆卖出后，雷某给了周某 2000 元，之后同意再给周某 8500 元，但之后一直未兑现。经过核实全部的证据，确认周某在多次催要剩余欠款的过程中，曾主动提出同意雷某再少给 1500 元，只给 7000 元就可以。

问：案例中的通话录音和微信聊天记录是什么证据？说明理由。

【实训项目七】

● 一、训练内容

刑事案件中刑事证据的综合区分。

● 二、训练目的与要求

全面掌握法定证据种类的概念与特征，能够结合案件事实情况作出判断与分析。

● 三、训练素材

某年 6 月 3 日下午 5 时，在某市一处居民楼里发现一具男尸。尸体呈卧状，着浅灰色毛衣，距尸体 3 米处的一张桌子上有血迹，血迹距地面 80 厘米，两条血痕下流，桌上附有一枚血指纹。尸体胸前及腹部有大片血液，左胸心脏部位有一处伤口，经鉴定为匕首所刺。现场桌子上留有打火机，打火机上附有一枚指纹，地上留有数根头发和一颗黑色纽扣，鉴定结论为他杀。经查，死者名叫李某，32岁，某市贸易公司职员，是该居民房房主。经进一步侦查，又收集到如下证据。

（1）某贸易公司职员张某与李某因经济问题长期不和。李某遇害那天，张某是公休日，张某在证明案发当天下午活动时支支吾吾，表现反常，先说是修车，后又说是看电影，经查都不是事实。

（2）案发当天晚上，张某回家后，其妻发现张某衣服上有血迹，问怎么回事，他说："与别人打了一架。"

（3）某贸易公司刘某证明，案发前一天，张某与李某发生激烈争吵，张某扬言要干掉李某。

（4）从张某家中搜查出匕首一把，匕首上有血指纹一枚，经鉴定为张某所留。将该指纹与作案现场提取的血指纹和打火机上的指纹进行鉴定比较，经鉴定均为张某所留。又将匕首与李某左胸伤口进行比对鉴定，认定伤口为该匕首所致。

（5）对现场遗留头发进行鉴定，经鉴定为张某所留。

（6）搜查出张某的日记本，案发前一天日记记载了以下内容："李某实在太过分，非干掉不可。"

（7）搜查出张某西服一套，西服上衣少了一颗纽扣。对现场提取的黑色纽扣与西服纽扣进行鉴定比较，经鉴定为同一型号。

（8）张某被拘捕之后，经反复审讯，最后承认是他杀了李某。

问：案例中出现的证据分别属于什么证据种类？

第四单元

刑事证据的分类

知识导图与案例导入

◆ 知识导图

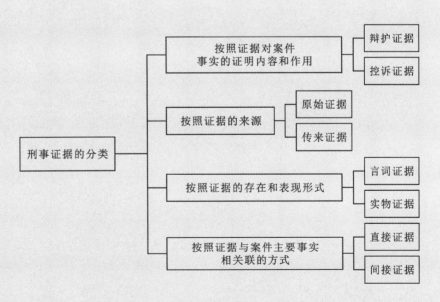

◆ 案例导入

广东省广州市人民检察院指控被告人童某犯走私毒品罪，向法院提起公诉。2019年2月，为牟取非法利益，被告人童某从广州前往荷兰帮助他人运送行李箱至泰国。2019年3月2日，被告人童某乘坐KA782航班（香港至广州）从广州白云机场入境拟转机飞泰国，过海关时走无申报通道。海关人员依法对被告人童某所带的两件托运行李进行开箱查验，开箱查验前，被告人童某确认行李为其本人所有，未帮他人托带任何物品。经查，海关人员从两件行李箱背部夹层缴获3包可疑药品，共净重8134.55克（经鉴定，3包药品均检出3,4-亚甲基二氧甲基苯丙胺，含量分别为38.2%、32.8%、41.2%）。

为证明上述事实，公诉人当庭出示、宣读了受案登记表、立案决定书、现场勘查笔录、搜查笔录、扣押决定书、扣押清单、鉴定意见、视听资料、电子物证、证人证言、被告人供述等证据。公诉机关据此认为，被告人童某无视中华人民共和国法律，走私毒品，其行为触犯了《刑法》第347条第2款的规定，犯罪事实清楚，证据确实、充分，应当以走私毒品罪追究其刑事责任。被告人童某受人指使走私毒品，系从犯，应当从轻处罚。提请本院依法判处。

思考：

从上述刑事判决书节选部分可以看出，具体刑事案件的侦查、提起公诉、审判等司法活动都是围绕案件相关证据的收集、审查、质证，最终按照采纳的证据定罪量刑的。依据证据分类知识，上述案件公诉人当庭出示、宣读的一系列证据，哪些属于我国《刑事诉讼法》明确规定的直接证据？

基础知识与原理

对证据进行分类是证据理论研究的重要方法。证据的理论分类（简称证据的分类），指的是证据理论研究者将一国法律规定的各种证据，按照一定的标准划分为相互对应的证据类别。这些标准通常包括证据的来源、特征、作用、表现形式、证明力等。

对证据分类的理解，应当注意以下几个方面。

第一，证据的分类是在学理上对证据进行的类型划分，属于学理解释的范畴。对证据进行分类，是证据理论研究的重要方法之一。其目的在于从理论上认识不同证据的特征，总结不同证据在收集、审查判断和运用等方面的一般规律，从而建立系统的证据理论，并指导司法实践。

第二，证据的分类是从不同的角度，按照不同的标准进行的。为了满足理论与实践的需要，全面揭示每一种证据的内涵，对证据的分类并不仅仅采用单一的标准，相反，证据分类的标准是多元的，如证据的来源、证据的表现形式、证据与具体案件主要事实的关联程度等，这对于多角度、多层次认识证据具有积极的意义。

第三，证据的分类主要关注于法律所明确规定的各种证据类型。这些类型是立法所规定的证据必须具备的外在形式，具有法律上的约束力。任何不具备这些法定形式的材料都不能作为诉讼证据。因此，研究证据分类必须着重于这些法定类型，否则研究将失去其应有的价值和意义。

20世纪50年代以来，我国的学者们开始研究证据的分类。尽管在分类上存在一些分歧，但对于刑事证据的基本分类，学者们的观点基本一致。他们通常将刑事证据分为辩护证据与控诉证据、原始证据与传来证据、言词证据与实物证据、直接证据与间接证据。本单元将对这些不同类型的证据进行进一步的阐述。

对证据进行分类研究，对于证据理论的研究创新发展、指导诉讼司法实践活动都具有重要的意义。首先，通过分类，我们可以更深入地理解和研究证据理论。分类是一种帮助我们认识和理解客观事物的逻辑方法，广泛应用于各个学科领域。在证据理论研究中，采用分类方法对不同类型的证据进行分析，可以使我们更好地系统化、条理化复杂的证据材料，归纳出各类证据的特征，并总结出在收集、审查判断和运用证据方面的一般规律。这对于推动证据理论研究的深入发展具有积极的影响。其次，证据分类理论可以帮助司法人员正确、规范地收集、审查和判断证据，从而准确认定案件事实。这对于确保司法公正、提高诉讼效率具有至关重要的作用。通过对证据的分类以及对不同类证据运用规则的认识，司法人员在诉讼实践中能够遵循证据的客观规律办案，克服传统的错误观念和做法，提高办案的科学性与规范化水平，提高办案效率，从而促进司法公正的实现。

第一节　辩护证据与控诉证据

一、辩护证据与控诉证据的概念

根据其在案件事实证明中的作用，刑事证据可以分为辩护证据和控诉证据两大类。

辩护证据，指能够否定犯罪事实存在或者能够证明犯罪嫌疑人、被告人未实施犯罪行为的证据，包括不在犯罪现场的证据、没有实施犯罪行为的证据、正当防卫和紧急避险的证据。由于辩护证据是否定犯罪或者否定犯罪嫌疑人、被告人负有刑事责任的证据，一般由犯罪嫌疑人、被告人在辩护时提出，也可作为法院作出无罪判决的根据，所以又被称为无罪证据。如正当防卫，或者证人证明其所看见的放火者不是犯罪嫌疑人、被告人，这些都属于无罪证据。

控诉证据，指能够证明犯罪事实存在和犯罪行为为犯罪嫌疑人、被告人所实施的证据，包括证明犯罪事实存在的证据，证明犯罪行为是犯罪嫌疑人、被告人所为的证据，证明犯罪嫌疑人、被告人有从重、加重、减轻、从轻免除处罚的情节的证据。控诉证据一般是由控诉人对犯罪嫌疑人、被告人进行指控时提出的，也是法院作出有罪判决、加重量刑处罚的根据，所以也称之为有罪证据。

二、辩护证据与控诉证据的划分依据与意义

辩护证据与控诉证据的分类，是根据它们对案件事实的证明内容和作用来划分的，而非依据是由哪一方诉讼当事人提出。虽然通常情况下，辩护证据主要由辩护方提出，控诉证据主要由控诉方提出，但这两类证据的划分标准并非提出者的身份，而是它们对案件事实的证实作用。例如，当犯罪嫌疑人自首或被告人承认自己的犯罪行为，并查证属实时，这些被视为控诉证据，而非辩护证据。一项证据被归类为控诉证据还是辩护证据，并非由办案人员的判断决定，也不受提供证据者的意愿影响。有时，同一份证据材料在不同的诉讼阶段可能会被认为属于不同的证据类型，这并非证据本身的证明作用发生了变化，而是由于人们对它的认识或技术手段的改变所导致的。

辩护证据与控诉证据的分类在司法实践中具有显著的积极意义，主要体现在以下两个方面。

一方面，有助于提高案件事实认定的准确性，防范冤假错案。

这种分类有助于我们更加精确地厘清案件事实，进而避免错误的定罪。按照《刑事诉讼法》的规定，公安机关在侦查工作结束时，以及法院在审理案件过程中，都必须确保所涉及的犯罪事实清楚，证据确实、充分。这里所说的"犯罪事实清楚，证据确实、充分"，是指用以证明犯罪嫌疑人、被告人有罪的证据必须达到极高的确证程

度。只有在有罪证据足够有力且充分的情况下,我们才能对案件事实作出明确的认定,否则不能轻率地作出有罪判定。

在司法工作中,我们既要重视有罪证据的可靠性,也不能忽视无罪证据的存在。一旦无罪证据能够有力地表明犯罪嫌疑人、被告人并未犯罪,我们就应当立即认定其无罪。在审判程序中,如果同时存在证明犯罪嫌疑人、被告人有罪且应从重处罚的证据,以及证明犯罪嫌疑人、被告人具有从轻、减轻或免予刑罚情节的证据,我们必须全面、公正地权衡各类证据,以事实为依据作出合理的裁决。

确保有罪证据的充分性对于准确惩治犯罪和保护无辜者免受不当追究至关重要。如果混淆了有罪证据和无罪证据,我们将难以判断犯罪事实是否确实充分。因此,严格区分这两类证据是防止误判、保护司法公正的关键。

另一方面,有助于促进证据的全面、客观收集,避免主观偏见。

将证据明确分类为有罪证据和无罪证据,并认清它们与案件事实之间的内在联系,有助于司法工作者以更加客观、全面的态度去收集和审查证据。这种分类方法鼓励司法人员从实际出发,克服可能存在的主观偏见,努力确保证据的收集与审查工作既全面又客观。

需要明确的是,有罪证据和无罪证据的性质并不是由司法人员的审查判断决定的,而是由证据本身与案件事实之间的内在联系所决定的。案件一经发生,证据的性质就已经确定,不会因人的主观意愿而改变。尽管司法人员在认识上可能会出现偏差,误将有罪证据视为无罪证据,或将无罪证据视为有罪证据,但这并不能改变证据本身的客观性质。

正确理解和把握证据的性质,对于发挥其证明作用、准确认定案件事实以及实现司法公正至关重要。根据《刑事诉讼法》的规定,审判、检察和侦查人员都必须严格依照法定程序收集和审查各类证据,既包括证明犯罪嫌疑人、被告人有罪和罪重的证据,也包括证明其无罪和罪轻的证据。这样的要求确保了司法工作的全面性和客观性,为公正处理案件奠定了坚实的基础。只有全面收集能够证明案件事实的各种证据,我们才能查明案件事实的真相。

三、辩护证据与控诉证据在诉讼中的运用

辩护证据和控诉证据在诉讼中运用时要注意以下三点。

一是在证据的收集过程中,我们必须坚守客观和全面的原则。在指导思想和具体侦查或调查实践中,要避免先入为主的偏见,既要关注与案件相关的控诉证据的收集,也不能忽视辩护证据的收集。通过对这两类证据的比较和鉴别,我们能够更清晰地分辨事实真相,划定明确的界限,从而准确地认定案件事实。

二是在确立证明标准和要求时,我们必须认识到辩护证据和控诉证据的内在特性,即它们是相互对立的。只有在证据达到确实、充分的标准时,我们才能否定对方的立场。具体来说,只有当控诉证据达到确实、充分的程度时,我们才能排除辩护证据的存在;同样地,只有当辩护证据达到确实、充分的程度时,我们才能否定控诉证据的存在。

三是在证明过程中,有时可能会遇到控诉证据和辩护证据都相当充分,形成势均力敌的局面,导致无法作出明确的定论。在这种情况下,如果我们已经尽了最大的努力仍无法收集到新的证据,那么我们应该遵循"疑罪从无"的原则,宣告犯罪嫌疑人、被告人无罪。这是保障司法公正,维护犯罪嫌疑人、被告人权益的重要体现。

第二节 原始证据与传来证据

一、原始证据与传来证据的概念

在证据学理论中,证据通常被划分为两大基本类别:原始证据与传来证据。这两种证据类型在来源和可靠性上有所不同,对于案件的调查和审判具有重要意义。

原始证据,是指那些直接来源于案件事实的证据,也称之为原生证据。这类证据未经任何中间环节的处理或转述,保持了其原始性和直接性。在刑事案件中,典型的原始证据包括从犯罪现场直接提取的物证,如指纹、凶器、赃物等。这些物证直接反映了犯罪行为的某些方面,对于揭示案件真相具有关键作用。另一类原始证据,便是来源于原始出处,即直接来源于证据生成的原始环境的证据。例如,在犯罪现场找到的凶器,如果有目击证人或邻居能够辨认出这把凶器并提供相关证言,那么这些证言也被视为原始证据。因为这些证言虽然没有直接描述犯罪行为本身,但它们直接来源于证据的最初环境,与案件事实有着直接的联系。

传来证据,是指那些不直接来源于案件事实或原始出处,而是从间接的非第一来源获得的证据。传来证据均是经过复制、复印、传抄、转述等中间环节形成的证据,是从原始证据派生出来的证据,所以也称之为派生证据,如犯罪凶器的照片、现场痕迹的模型等。传来证据也被称为派生证据,因为它们是从原始证据中派生或衍生出来的。在刑事案件中,常见的传来证据包括犯罪现场的照片、凶器的复制品、证人的转述等。这些证据虽然在一定程度上能够反映案件事实,但由于经过了中间环节的处理或转述,其可靠性和证明力可能受到一定程度的影响。

需要注意的是,原始证据和传来证据并不完全等同于我们常说的"第一手证据"和"第二手证据"。第一手证据通常指的是亲自收集、直接来源于案件事实的证据,而第二手证据则可能指由他人代为收集或经过一定中间环节处理的证据。尽管在某些情况下,这两组概念的含义相近,但严格来说,它们并不是完全等同的概念。因此,在理解和运用这些概念时,我们需要根据具体的语境和情况进行准确区分和判断。

二、原始证据与传来证据的划分依据与意义

原始证据与传来证据的划分主要基于证据的来源不同,而来源的不同又直接影响了证据的可靠性和证明力。一般来说,证据越直接、越接近案件事实,其可靠程度就

越高，证明力也越强。相反，如果证据在传递过程中经过了多个中间环节，那么由于可能出现的误差、信息损失或变形，证据的可靠性就会降低。

在司法实践中，原始证据与传来证据各自扮演着不可或缺的角色，但它们的地位和价值确实存在差异。原始证据，作为直接来源于案件事实或最初环境的证据，通常被认为具有更高的可靠性和证明力。这是因为它们未经任何中间环节的处理或转述，直接反映了案件事实的真实情况。无论是从犯罪现场提取的物证，还是目击证人的直接证言，原始证据都储存着与案件事实直接相关的信息，为揭示真相提供了最直接、最有力的支持。然而，传来证据虽然在可靠性和证明力上可能不及原始证据，但并不意味着它们没有价值或可以被忽视。在某些情况下，传来证据甚至可能成为案件调查或审判的关键。例如，当原始证据因为各种原因已经灭失或无法获取时，传来证据就可能成为唯一的证据来源。即使存在原始证据，传来证据也可以作为补充或印证，增强原始证据的说服力。

划分原始证据与传来证据的主要意义在于，这为司法和执法实践提供了一个明确的指导原则。在办案过程中，司法人员应优先收集和使用原始证据，以确保案件调查的准确性和公正性，同时充分认识到传来证据的价值和局限性，合理利用传来证据来完善证据链或解决特定问题。此外，对于公众和法律从业者来说，理解原始证据与传来证据的区别和联系也是至关重要的。这有助于他们更准确地评估证据的可靠性和证明力，从而更全面地了解案件事实，维护司法公正和法治秩序。

此外，传来证据的存在也为追溯原始证据提供了线索，并在一定程度上增强了原始证据的证明力。总之，传来证据也是证据，司法人员不应对其视而不见，也不应在发现后未经审查就轻言放弃。

三、原始证据与传来证据在诉讼中的运用

（一）原始证据在诉讼中的运用

原始证据通常包括犯罪嫌疑人、被告人、被害人、证人或民事当事人对案件事实的亲身经历、直接感受或亲眼所见的陈述。此外，物证、书证、视听资料以及勘验笔录、检查笔录、现场笔录的原件也都属于原始证据。这类证据与案件事实之间存在着直接的、未经中介的联系，因此被认为具有较高的可靠性和证明力。

与原始证据相对的是传来证据，这类证据并非直接来源于案件事实，而是通过某种中间环节获得的，由于其与案件事实之间的联系经过了中间环节，在可靠性和证明力上可能较原始证据有所降低。

然而，在特定案件中，即使某些证据具有复制品的形式，也可能被视为原始证据。这是因为判断证据是否为原始证据的关键在于其与案件事实之间的原始性关联，而非其物理形态。例如，在诽谤案中，作案人复印并散发的诽谤信虽然是复制品，但它们是作案人实施诽谤行为的直接产物，因此被视为原始证据。同样，在制作、贩卖、传播淫秽物品案中，母带和复制带都是该犯罪行为的直接产物，因此也都视为原始证据。这种划分对于司法实践具有重要意义。它提醒司法人员在收集、审

查和运用证据时,应优先考虑原始证据,同时也不应忽视传来证据在特定情况下的价值。通过合理利用两类证据,可以更加全面、准确地揭示案件事实,维护司法公正。

原始证据的收集不应仅限于法院直接调查所得,还应包括公安机关、人民检察院和律师等收集的证据。因为此类证据的划分标准并非以管辖该案的司法机关直接获取证据为依据。即使委托外地司法机关调查所得的询问笔录,对委托机关的办案人员来说,也是原始证据。

随着科技的发展,电子证据等新型证据形式的出现给原始证据与传来证据的划分带来了新的挑战。当传真信件、电子邮件、电子文书等被用作证据时,必须仔细审查它们是否直接源于案件中的具体行为或事物,并探究它们与案件事实之间是否存在着直接的、未经中介的原始联系。若这些电子记录能直接追溯到案件中的关键行为,那么它们应被认定为原始证据。

在诉讼实践中,如果存在原始证据,应当优先收集原始证据。只有在无法取得原始证据的情况下,才可以考虑使用传来证据。司法人员应尽最大努力寻找和收集原始证据,以获得对案件事实最深入的了解。对于书证、物证等不同类型的证据,都有相应的收集调取规定。在庭审时,应要求证人、被害人等亲自出庭陈述,并接受询问和质证,以确保原始证据的客观性。

(二)传来证据在诉讼中的运用

在诉讼过程中,传来证据,如证人转述他人的陈述、书证的副本或音像资料的复制品,虽然与案件事实的直接信息源存在间隔,但仍然对案件的审理有所助益,发挥着不可忽视的作用。它们能够协助追溯并定位到原始证据,与原始证据相互验证,进而增强原始证据的说服力。

当原始证据的收集面临困难时,传来证据甚至可以作为一种替代性的证据材料使用。然而,在使用传来证据时,必须遵循特定的规则,以确保其可信度和证明效力。例如,来源不明确的材料不得作为证据;在选择使用传来证据时,应优先考虑那些传闻、转抄、复制次数最少的材料;当仅有传来证据可用时,对案件事实的认定必须极为谨慎,避免轻率作出结论。

为了发挥传来证据的应有功能,正确运用传来证据,应当遵守以下原则。

首先,尽可能收集和使用最接近于原始证据的传来证据。为了降低传来证据失真的可能性,从中间的传播环节考察,一方面,应当尽量选择那些中间环节数量较少的传来证据,因为传播环节越多,出现误差的可能性越大,极易出现以讹传讹的现象;另一方面,应当尽量选择传播方式可靠的传来证据,避免因传播方式本身的缺陷影响证据的真实性。

其次,必须查明传来证据的确切出处和准确来源。对于传来证据,必须查明确切的出处,否则不能用作证据。例如,缺乏根据的道听途说、匿名电话或信件等,因为无法查证,所以不能作为定案的根据。

最后,传来证据必须能够与其他证据相互印证。在运用传来证据认定案情之前,必须将传来证据与案件中的其他证据加以比对、核实，只有当它们之间没有矛盾，或者虽有矛盾，但是能够得到合理排除时，才能用作定案的根据。

第三节 言词证据与实物证据

一、言词证据与实物证据概述

（一）言词证据与实物证据的概念

言词证据和实物证据是国际上普遍接受的法律和学术领域的两种基本证据类别。在不同国家或地区，术语的使用可能会有所差异，如人证与物证、证言与证物、口头证据与实物证据，以及无形证据与有形证据等，在中国，学术界更偏爱采用"言词证据"与"实物证据"这两个术语。

1. 言词证据的概念

言词证据，是指以人的陈述为存在和表现形式的证据，因而也称之为人证。言词证据的本质是无形的语言陈述。语言陈述作为证据的具体形式可以是口头的，也可以是书面的，还可以是录音、录像甚至电子数据。言词证据的主要内容涵盖了陈述者对于案件相关事实的直接或间接认知，这些认知通常是通过询问或讯问环节获取的，并且常被详细记载于各种笔录之中，诸如犯罪嫌疑人、被告人的讯问记录，以及针对证人所进行的询问记录等。

根据《刑事诉讼法》的相关规定，证人可以选择提供书面证词，而犯罪嫌疑人、被告人也有权提交书面供词。在条件允许的情况下，调查人员还可以使用录音、录像等方式来记录证人的证言以及犯罪嫌疑人、被告人的口供。这些书面记录、录音、录像等形式的证言和口供，在法律上均被视为言词证据。在法定的证据种类中，证人证言，被害人陈述，犯罪嫌疑人、被告人供述和辩解，民事和行政诉讼当事人陈述，以及鉴定结论等，均属于言词证据的范畴。

需要强调的是，对于证人证言，被害人陈述，犯罪嫌疑人、被告人供述和辩解，以及当事人陈述等，虽然通常要求采用口头形式进行，但书面形式同样具有法律效力。无论采用何种形式，它们都归类为言词证据。

鉴定结论被视为一种特殊的言词证据。尽管它与当事人陈述、证人证言等言词证据在内容上有所不同，它并不是基于陈述人对案件事实的直接或间接感知，而是基于鉴定人对司法人员提交的与案件相关的专门性问题进行鉴定后所出具的书面结论，但这并不改变其作为言词证据的本质。首先，鉴定结论是以书面陈述的形式对案件中特定问题提出的观点或看法，从本质上讲，它仍然属于人证的一种形式。在英美法系国家中，鉴定结论甚至被归类为证人证言的一种，被称为"专家证言"或"专家意见"。

其次，鉴定结论在某些情况下也可以直接表现为人的口头陈述。例如，在法庭审理过程中，鉴定人可能需要出庭宣读鉴定结论，接受双方的质询，并当庭解释鉴定的过程和作出结论的依据。因此，将鉴定结论划分为言词证据是十分合理的。

2. 实物证据的概念

实物证据，是指以实物形态为存在和表现形式的证据，也称之为广义上的物证。在法定的证据类别中，物证、书证、勘验笔录、检查笔录以及现场笔录等都被归类为实物证据。物证和书证，由于它们都是以实物的形式存在，自然被视为实物证据的一部分。而刑事诉讼中的勘验笔录、检查笔录，以及民事、行政诉讼中的现场笔录，这些都是司法人员在实地查看、检验和调查与案件相关的场所、物品、人身、痕迹等后所作的记录。它们被纳入实物证据的原因主要有两点：首先，从形式上看，勘验、检查笔录和现场笔录通常以实物的形式呈现，如书面文档、图表、照片等；其次，从内容上看，它们是对相关场所、物品、人身、尸体等情况的客观记录，而非司法人员的主观意见或判断。

实物证据是我们可以直接触及并感知的有形实体，它们可以呈现为固体、液体或气体的形态；可能是物品本身，或者是物品留下的印迹、模拟物；亦可是书面文档，甚至音像载体如录音带、录像带，以及通过计算机等科技设备产生的电子资料。美国学者将这些实物证据归为两大类别：一类为真实证据，即案件中实际出现的物品，例如犯罪现场的手枪、足迹，犯罪人使用的通信工具、交通工具等；另一类为说明性证据，即具备解释或阐述作用的实物资料，如现场图、手枪照片、足迹模型、车辆录像等。尽管说明性证据并非案件中的原始物品，但它们仍然是我们可直接感知的实体，因此在定义上同样被视为实物证据。

实物证据多数情况下指的是无生命的对象，但在某些情况下，也可以包括有生命的实体，例如所有权存在争议的牲畜，或是因犯罪行为受到伤害的人体部位等。另外，那些储存了特定信息（如语音和图像）以供司法人员查看听取，并有助于揭示案件真相的视听材料，也被看作是一种特别的实物证据。

（二）言词证据与实物证据的特征

1. 言词证据的特征

言词证据，作为人证的范畴，是当事人、证人等通过语言陈述对直接或间接感知的案件事实的反映。其优势在于能够生动形象地展现案件事实，但客观性相对较弱。

首先，言词证据能够动态、系统地揭示案件事实。当事人和证人的陈述往往能详细、具体地复述案件事实，尤其是当事人作为亲历者，其叙述能够深入反映案件的前因后果和来龙去脉。司法人员通过听取和分析这些陈述，可以迅速把握案件的整体和细节，这是实物证据所无法比拟的。

其次，言词证据的来源相对稳定。人的记忆具有持久性，尤其是当感知到的内容印象深刻时，记忆时间会更长。因此，即使在案发后很长时间找到证人，他们仍然能够清晰地讲述案件情况。

然而，言词证据也容易受到各种主客观因素的影响而失真。利害关系、个人品质以及外部威胁和利诱都可能导致陈述人作虚假陈述。同时，言词证据的形成过程复杂，包括感知、记忆和陈述三个阶段，每个阶段都可能受到客观因素的影响而导致失真。

2. 实物证据的特征

与言词证据相比，实物证据最显著的特征是客观性和稳定性强，不易失真。

首先，实物证据是客观存在的物体，通常随着案件的发生而形成，难以伪造。一旦收集保全，就可以长期保持其原始形态，成为证明案件事实的有力证据。这是实物证据的主要优势。

其次，实物证据是静态的，依赖性强且容易灭失。它无法与人交流，只能客观地记录案件事实，缺乏主动展示的能动性。实物证据的存在依赖于外部条件，一旦条件发生变化或受到外力损害，就可能灭失或无法收集。因此，实物证据的发现和证明价值取决于办案人员的及时收集和保全。

再次，实物证据与案件事实的关联往往并不明显，其证明作用也常呈现出片段化的特点。实物证据本身通常无法直接证明与案件事实之间的联系，必须依赖其他证据来揭示其背后的含义。而且，即便成功解读了实物证据的含义，往往也只能反映出案件事实的一部分或一个侧面，难以像言词证据那样完整地描绘出案件的全貌。因此，在使用实物证据时，我们必须努力揭示其与案件事实的内在联系，并将其与言词证据相互配合使用。举例来说，从犯罪现场提取到的犯罪嫌疑人的手印，只能证明该犯罪嫌疑人曾经出现在现场，但无法直接证明其是否犯下了罪行；同样地，一份被篡改的合同只能证明合同确实被修改过，但具体是谁、在何时何地以及出于何种目的进行的修改，还需要借助其他证据来进行确认。

最后，实物证据的种类与范围易受到人的认识能力的制约。由于实物证据的静态性、被动性，其发现、收集与运用更多地要依赖于办案人员的认识能力、分析水平以及科技水平，因此，主体人的能力决定了实物证据的数量和质量。

二、言词证据与实物证据的划分依据

言词证据与实物证据的区别标准在于证据的具体表现形式。任何以人的语言表述作为表现形式的证据，均被视为言词证据。相反，任何以物品、印迹或具备证据价值的书面文件为表现形式的证据，都被归为实物证据。

在法定的多种证据类别中，诸如证人证言，被害人陈述，犯罪嫌疑人、被告人供述和辩解，均被划分为言词证据。此外，辨认笔录及侦查实验笔录，在一般认知中，同样被视作言词证据。值得注意的是，鉴定意见也属于言词证据。这主要是因为，鉴定意见的本质在于鉴定人针对所鉴定的特定问题所提出的个人观点，并且在法庭审理的过程中，鉴定人需要对鉴定意见进行口头解释，同时在庭上回答各方包括当事人、辩护人等的提问。

物证、书证以及勘验、检查笔录均归类为实物证据。其中，勘验、检查笔录是办案人员在现场勘验、检查过程中对所观察到的客观事实的如实记录，而非办案人员的主观陈述，因此同样被视为实物证据。至于视听资料和电子数据，通常也被认为是实物证据的一部分。

然而，需要特别注意的是，对于讯问犯罪嫌疑人、被告人以及询问证人、被害人时的录音、录像资料，它们仅仅是用作收集、固定证据的手段，并未构成新的证据类型。因此，这类资料并不属于《刑事诉讼法》所规定的证据种类中的视听资料或电子数据。相反，它们应根据陈述主体的不同，分别归类为犯罪嫌疑人、被告人供述和辩解，证人证言以及被害人陈述。

三、言词证据与实物证据在诉讼中的运用

（一）言词证据在诉讼中的运用

言词证据的主要获取手段是通过讯问或询问，这些过程一般以笔录的形式记录下来，以确保证据的稳固性。证人或当事人也有权选择自行书写证词或供词，或者借助录音、录像等设备进行记录。在刑事诉讼中，对犯罪嫌疑人、被告人的质询被称为讯问，而对刑事被害人、民事诉讼或行政诉讼的当事人以及证人的提问则被称为询问。讯问过程必须严格遵循法定程序，以确保被讯问者能够真实陈述，并保证证据收集的合法性。

在收集言词证据的过程中，任何形式的刑讯、威胁、诱导或欺骗都是严禁的，必须确保与案件相关或了解案情的公民能够在不受干扰的情况下提供证据。通常，言词证据的收集是通过口头方式进行的。在开始前，应明确告知提供虚假证词或证据将承担的法律责任。同时在过程中采用合法且正当的方式方法。通常来说，应先让陈述人自然陈述，再对不清楚的问题进行追问，严禁使用非法手段。

辨认也是一种特殊的讯问或询问方式，用于收集言词证据。在辨认过程中，确实需要对辨认人进行相应的讯问或询问。这一步骤至关重要，因为它有助于确保辨认过程的准确性和可靠性。通过对辨认人进行详细的讯问或询问，可以获取更多关于辨认的关键信息和细节，从而增加辨认结果的可信度。辨认结束后，辨认的结果应当以辨认笔录的形式进行记录。辨认笔录是记录辨认过程和结果的重要文件，它详细记录了辨认人的陈述、辨认过程中的关键细节以及辨认结果等信息。辨认笔录的准确性和完整性对于后续的司法程序至关重要，因为它可以作为法庭上的重要证据，具有法律效力。因此在进行辨认时，必须严格按照法律程序进行，确保辨认过程的合法性和辨认笔录的准确性。同时，对于辨认人的讯问或询问以及辨认笔录的制作，都应当由专业的司法人员进行，以确保整个过程的公正性和权威性。

对收集到的证据进行审查是运用证据的重要环节。言词证据除了重点审查其合法性、证明力，还需要注意可能影响其真实性的主客观因素，如与案件或当事人的利害关系、陈述人的品质和作证能力、鉴定人的专业水平和职业操守等。鉴定意见通常是通过委托鉴定机构或鉴定人进行鉴定而获得的，对其审查的重点是鉴定程序必须严格依法进行。

（二）实物证据在诉讼中的运用

实物证据的收集涉及多种方式，如勘验现场、搜查相关物品、扣押关键证据、查封涉案财产、冻结资金账户，以及从当事人处调取等。在进行这些收集活动时，必须严格遵循法定程序，确保每一步都合法合规。对于收集到的实物证据，必须办理相应的交接手续，如编制扣押物品清单、调取证据清单等，以确保流程的透明和责任的明确。

鉴于实物证据具有易灭失的特性，收集工作不仅要迅速及时，还要细致入微，这样才能不遗漏任何细微的痕迹或物证。同时，考虑到言词证据和实物证据在性质上的差异，我们需要采用不同的保全策略和技术手段。在收集实物证据时，应积极采用先进的科技手段，及时进行固定和保全，以防止证据因外部因素而损毁、丢失或被篡改，从而保证其证明力不受影响。

实物证据的保全工作必须严格遵循确保证据不损坏、不变形、不丢失的基本原则。特别需要注意的是，对于来自不同案件的证据，必须采取分类储存的方式，进行细致的分别保管，以防止证据之间发生相互混淆的情况，确保每份证据的独特性和清晰性得到有效维护。对于无法长期保存的实物证据，应采取科学保存方式，如拍照、制作模型、绘图等，进行记录和保存。此外，对于实物证据的照片，也应详细标注证据类型、拍摄时间、地点和案件信息等相关内容。

由于实物证据与案件事实的关联性往往不易直接显现，因此在审查实物证据时，主要任务是揭示其与案件的内在联系。这包括审查证据的来源以确定其可靠性及其与案件的关联性，检查证据的保存状况以判断其是否遭到篡改或替换，以及通过与其他证据相互比对来验证实物证据的证明力和所能支持的案件事实。同时，还需要关注证据是否被人为伪造或变造，以及是否因自然因素而发生变形或灭失。此外，对收集证据的人员的专业水平和职业道德，以及他们使用的技术设备的性能和质量也应进行评估和审查。

综上所述，在言词证据和实物证据的运用过程中，我们应全面考虑并充分发挥它们各自的优势，同时克服各自的局限性。通过证据之间的相互补充和支持，我们可以构建一个完整且可靠的证明体系，为案件的公正处理提供坚实的基础。

第四节 直接证据与间接证据

一、直接证据与间接证据概述

（一）直接证据与间接证据的概念

直接证据，是指以直接方式与案件主要事实相关联，能单独直接证明案件主要事实的证据。

间接证据，是指以间接方式与案件主要事实相关联，不能单独直接证明，而需要与其他证据结合才能证明案件主要事实的证据，所以也称之为旁证。

在司法实践中，直接证据常常表现为以下几种形式。

首先是被害人陈述，犯罪嫌疑人、被告人供述和辩解。但需要明确的是，并非所有当事人的陈述都具有直接证据的性质。只有当这些陈述能够单独直接地揭示案件主要事实时，它们才被视为直接证据。例如，只有当被害人能够明确指出犯罪行为的实施者时，其陈述才构成直接证据。如果盗窃案的被害人只描述被盗财物的特征、数量，而无法说明财物是怎么被盗的，这样的陈述就不属于直接证据。尽管如此，由于当事人通常都是刑事案件的直接参与人，他们的陈述、供述和辩解往往能直接反映案件主要事实，因此是最常见的直接证据来源。

其次是能直接证明案件主要事实的证人证言。但需要注意，并不是所有证人的陈述都能被视为直接证据。只有那些能直接阐明案件主要事实的证言，才被当作直接证据。举例来说，一个现场目击了整个抢劫过程的证人所提供的陈述，便属于直接证据。

再次，书证也是能直接印证案件主要事实的重要证据之一。书证是通过记录的信息来揭示案件事实的。当书证的内容能直接反映出案件的核心事实时，它便构成了直接证据。比如，被害人记录遭受某人侵害的日记、共同犯罪成员间关于犯罪准备或执行过程的通信记录等，都是典型的直接书证。

最后，还有能够直接证明案件主要事实的视听资料证据。例如，公共场所的监控录像如果恰好记录下了某人的盗窃过程，并且能够通过录像辨认出该人，那么这份录像就是直接证据。

在司法实践中，相较于直接证据，间接证据的范围则更为广泛且多样，难以用简单的分类来概括。一般而言，那些仅能证明案件的某个具体事实要素，如时间、地点、工具、手段、结果或动机等的证据，以及那些仅能揭示案件某个情节的证据，都被归为间接证据。在司法实践中，间接证据的种类繁多，数量庞大。如果把案件中的证据比作海面上漂浮的巨大冰山，直接证据就如同露出水面的冰山一角，而间接证据则是隐藏在水面之下、支撑起整座冰山的庞大基座。这主要是因为案件事实往往错综复杂，许多证据虽不能直接证明案件的核心事实，但却能为我们提供与案件相关的重要线索或事实要素。例如，物证、勘验笔录、鉴定结论等证据，通常都无法独立地直接证明案件的主要事实，因此大多被视作间接证据。

（二）直接证据与间接证据的特征

1. 直接证据的特征

直接证据的特征可以归纳为以下三点。

首先，直接证据具有直接证明案件主要事实的特性。这是直接证据最显著的特点，它所包含的信息与案件的核心事实高度一致。因此，使用直接证据时，无须经过复杂的逻辑推理或依赖其他证据。其证明方式直观且便捷，只要经过核实，就能迅速确认案件的主要事实。这种直接证明性，无疑是直接证据的一大优势。

其次，直接证据多以言词形式存在，可能存在虚假性。在诉讼实践中，直接证据往往以口头陈述、证言等形式出现，这些言词证据容易受到各种主客观因素的影响，从而导致信息失真或虚假，因此其真实性和稳定性较难保证。如果仅依赖直接证据来定案，一旦证人翻供或证词变化，案件的质量将难以保证。在使用直接证据时，我们必须充分认识到其潜在的弱点，并经过严格的审查核实，确保其真实性后，才能将其作为定案的依据。同时，我们还应更加重视实物证据等间接证据的运用。

最后，直接证据的数量相对较少，获取难度较大。尽管直接证据在证明案件事实方面具有重要作用，但在实际案件中，并非每个案件都能找到直接证据。特别是在刑事诉讼中，由于犯罪行为的隐蔽性和犯罪分子的逃避心理，获取直接证据的难度往往较大。例如，目击证人可能缺失，犯罪嫌疑人或被告人的自愿供述也可能不足，这些因素都增加了获取直接证据的难度。在民事、行政诉讼案件中，当事人对案件的主要事实最为了解，但他们出于利害关系的考虑，往往只陈述于己有利的事实，而较少涉及不利于己的事实，因而也不能形成直接证据。

2. 间接证据的特征

间接证据的特征可以概括为以下四点。

首先，间接证据与案件核心事实之间的联系并非直接明了，而是存在间接性。由于间接证据只能与案件的辅助事实或核心事实的某个片段产生联系，它并不能直观地或直接地揭示案件的主要事实。在运用间接证据来阐明案情时，我们往往需要进行一系列的逻辑推理，如演绎、归纳、反证和排除等，以便通过这些证据推导出案件的主要事实。这一过程相对复杂，需要多个间接证据相互支持、相互印证，共同构建一个相互依赖、环环相扣的证据链条。

其次，间接证据的证明过程具有依赖性。单个间接证据无法独立地证明案件的主要事实，而是需要多个间接证据相互补充、配合，共同构成一个完整的证据链条。这个证据链条必须环环相扣，缺少了某一个环节，就可能难以实现对案件主要事实的证明。因此，在运用间接证据认定案情时，必须依靠多个证据之间的相互印证、支持和配合。

再次，间接证据的证明方式具有推理性。由于间接证据无法直接揭示案件的核心事实，所以在证明过程中，我们需要借助推理来弥补这一证明空白。间接证据在连接案件的原因与结果、行为与动机、现象与本质等方面起着桥梁作用，帮助我们更全面地理解案件的真相。这些通过推理连接起来的诸多间接证据构成一个完整严密的证明体系，各个间接证据所能证明的内容必须相互一致，不能存在矛盾，并且必须排除其他可能性。如果不能排除其他可能性，就需要进一步深入调查和研究，以获取更多证据来支持结论。

最后，间接证据大多以实物证据的形式出现，具有较强的客观性。在实践中，间接证据以实物证据为主，而言词证据中的鉴定结论也较为常见。相比言词证据，实物证据更不容易受到主观因素的影响而发生改变。同时，鉴定结论与其他言词证据相比也更具客观性，因为鉴定人与案件没有利害关系，并且受过专门的学习和训练，受到所在机构和纪律的制约。

此外，任何案件的发生都会留下一定的痕迹或信息在客观世界或相关人员的大脑中，因此间接证据还具有范围广、种类多、数量大等特点。在司法实践中，大多数证据都属于有着不同形式、性质和作用的间接证据，直接证据相对较少。随着刑事科学技术的发展，以物证为主的间接证据在刑事司法活动中的作用和地位愈加突出。

二、直接证据与间接证据的划分依据

直接证据与间接证据之间的核心区别在于它们与案件主要事实之间的证明关系。这种关系的直接性决定了证据揭示案件核心事实的方式。直接证据与案件主要事实之间的联系是直观且紧密的，它能够独立、清晰地直接证明案件的主要事实，不需要依赖其他证据。相对而言，间接证据与案件主要事实之间的联系则较为间接和复杂，它必须与其他多个证据相互印证，借助逻辑推理的方式，才能间接地揭示案件的主要事实。个别间接证据无法直接揭示案件的核心，而只能展示案件的某个侧面或片段。

需要强调的是，直接证据与间接证据的区分并非依据证据是否直接源自案件事实。因此，我们不应将直接证据简单地等同于原始证据，也不应将间接证据视为传来证据的另一种说法。实际上，直接证据既可能以原始证据的形式存在，也可能以传来证据的形式呈现。有些学者错误地以证据的来源作为区分直接证据与间接证据的标准，这实际上混淆了两种不同的证据划分标准。

要准确地确定哪些证据属于直接证据，哪些属于间接证据，我们必须首先明确案件的主要事实是什么。由于诉讼的种类和性质各异，案件的主要事实也会有所不同，这进一步导致了直接证据与间接证据在范围上的差异。简单来说，案件主要事实就是当事人争议的核心问题或诉讼的主要焦点。在不同的诉讼案件中，主要事实的定义也会有所变化。

总的来说，直接证据能够直观且明确地证明案件的主要事实，而间接证据则需要与其他证据相互结合，并借助逻辑推理，才能逐步揭示案件的核心内容。在司法实践中，司法人员必须根据证据与案件主要事实之间的关系，准确地划分直接证据与间接证据，以确保案件的公正审理。

在刑事司法实践中，确定案件的主要事实关键在于判断犯罪嫌疑人、被告人是否犯有指控的罪行。基于此，任何能够单独且直接地证明犯罪嫌疑人、被告人确实犯下或未犯下被指控罪行的证据，都被视为直接证据。刑事诉讼中常见的直接证据包括：

（1）犯罪嫌疑人、被告人的个人陈述和辩解，其中他们承认罪行的部分构成自证其罪的直接证据，而否认罪行的部分则成为证明其无罪的直接证据。

（2）被害人陈述，如果能够证明犯罪嫌疑人、被告人实施了犯罪行为，也被视为直接证据。

（3）现场目击者的证词，特别是那些亲眼看到犯罪行为发生的人所提供的证言。

（4）记录了犯罪嫌疑人、被告人犯罪过程的视听资料、书面文件等。相反，那些不能单独或直接地证明犯罪嫌疑人、被告人是否犯下指控罪行的证据，则被视为间接证据。除了上述列举的直接证据外，其他如被害人的其他陈述、其他证人的证词、书面文件、物证以及视听资料等，在多数情况下都被视为间接证据。

由于每个案件的情况都是独特且复杂的，证据的形式和性质也同样多样。因此，在司法实践中，要准确区分直接证据和间接证据，必须根据具体情况进行细致的分析和判断。

三、直接证据与间接证据在诉讼中的运用

（一）直接证据在诉讼中的运用

直接证据与案件核心事实之间的联系是直观且确凿的。一旦成功获取直接证据，便能迅速验证案件的主要事实，为案件侦破提供有力支持。因此，在司法和执法工作中，我们必须重视直接证据的收集与运用，利用其直接揭示案件真相的优势，提高案件处理的准确性和效率，确保正义得到及时伸张。然而，由于直接证据大多以言词形式呈现，如犯罪嫌疑人、被告人供述和辩解，证人证言，被害人陈述以及当事人陈述等，其真实性、可靠性和稳定性往往存在一定的不确定性。因此，在运用直接证据时，我们必须严格遵守以下原则。

（1）严禁使用任何形式的暴力、威胁、引诱或欺骗等非法手段收集证据。这些非法手段不仅违背了陈述人的真实意愿，难以保证陈述的真实性，而且严重侵犯人权，为现代社会所不容。因此，司法人员在进行讯问或询问时，必须严格依照法定程序进行，不得使用上述非法手段。否则，根据我国相关法律规定，所收集的证据将不得作为定案的根据。

（2）直接证据必须经过严格的审查和核实，确保其真实性和可靠性后，才能作为定案的根据。尽管直接证据可以单独、直接地证明案件主要事实，但其本身的真实性和可靠性仍需通过其他证据进行印证和核实。只有经过法定程序查证属实，并能与其

他证据相互印证的直接证据，才能作为认定案件主要事实的依据。特别需要指出的是，在刑事诉讼中，对于被告人供述，还必须遵守《刑事诉讼法》的相关规定：只有被告人供述，没有其他证据的，不能认定被告人有罪和处以刑罚。

（3）为了确保直接证据的真实性和可信度，以满足确实、充分的证明标准，在司法实践中，即使我们已经掌握了直接证据，也需要不遗余力地收集更多的间接证据，通过将直接证据与间接证据相互结合、相互印证，构建一个完整且严密的证明体系。在拥有大量间接证据和直接证据的情况下，证据体系通常以直接证据为核心，以间接证据为辅助。作为核心的直接证据的真实性必须经过严格确认，这是确保整个证据体系准确无误的关键环节；同时，利用大量的间接证据对直接证据进行验证和核实，对案件的各个事实要素和情节进行逐一证明，最终达到确凿无疑的程度。如果只有一个直接证据而没有间接证据进行印证，就不能仅凭此认定案件事实。

（二）间接证据在诉讼中的运用

间接证据在揭示案件事实的过程中显得更为复杂与棘手，相较直接证据，其运用过程更加困难且易于出错。为了确保案件真相得以准确还原，我们在应用间接证据时应当严格遵循以下指导原则。

（1）每一个用作定案的间接证据都必须是经过严密验证，确认为真实的。作为构建案件真相的基石，证据的真实性和客观性至关重要。因此，我们需要对每个间接证据的真实性进行严格审查，以避免错误的结论。由于间接证据来源广泛且数量众多，真假混杂，这就需要我们耐心细致地逐一核实，确保其真实性。

（2）用作定案的间接证据必须与案件事实存在客观的关联，能够证明案件中的某些关键情节，如犯罪的时间、地点、条件、环境、原因、结果，以及犯罪嫌疑人、被告人的动机、目的和手段等。要避免将与案件无关的信息误当作间接证据来进行收集和使用。间接证据与案件事实的关联性是多种多样的，需要深入分析，以确保其内在的而非表面的联系，从而避免误导诉讼进程和影响案件真相的揭示。

（3）不同的间接证据之间应当保持协调一致。在利用间接证据证明案情时，需要多个间接证据共同发力。这就要求这些证据之间能够相互衔接、印证，形成协调一致的整体。如果发现间接证据之间存在矛盾，应当深入分析矛盾产生的原因，并判断这些矛盾是否能够得到合理解释或排除，进而决定证据的取舍。

（4）间接证据必须构建一个完整无缺的证明体系，即案件中的每一个事实都应有相应的间接证据进行支持。由于间接证据只能揭示案件的片段性事实或个别情节，因此需要根据各间接证据与案件事实之间的关联性，将它们有机地串联起来，构建一个完整的证据链条。这样，案件的各个方面都能得到充分的证据支持，确保真相的全面揭示。

（5）基于间接证据所构建的证明体系所得出的结论必须是独一无二、排除其他可能性的。在利用间接证据确定案件事实时，不仅要确保各项证据能够有机组合成一个完整且严密的证明体系，还需要对该体系进行深入的剖析和逻辑推理，所得出的关于案件事实的结论能够排除所有其他可能性。如果根据该证明体系存在多种可能的解释或结论，那么我们不能仅凭此定案。

在刑事诉讼中，直接证据与间接证据均占据举足轻重的地位。只有深刻理解和准确把握这两类证据的特性及应用准则，才能在实际操作中得心应手地运用。特别是对于间接证据的运用，它涉及一系列严谨的收集、审查和应用规范。众多重大案件的调查结果都表明，巧妙利用间接证据来定案至关重要。特别是在那些"势均力敌"的疑难案件中，即有罪与无罪证据相互对立，难以作出明确判断的情形下，往往依赖间接证据来揭示真相。因为只有在大量间接证据的支持下，犯罪嫌疑人、被告人才可能心悦诚服地接受法律的制裁。否则，他们不会轻易承认自己的犯罪事实。可见，在刑事司法实践中，正确而灵活地运用间接证据具有极其重要的意义。

自测练习

1. 单选：辩护证据与控诉证据的主要区别是（　　）。
A. 辩护证据用于证明被告无罪，控诉证据用于证明被告有罪
B. 辩护证据由辩护律师提出，控诉证据由检察官提出
C. 辩护证据必须在庭审前提交，控诉证据可以在庭审过程中提交
D. 辩护证据和控诉证据没有明确的区别

2. 单选：下列属于原始证据的是（　　）。
A. 犯罪现场的监控录像的复印件
B. 目击证人提供的口头证言
C. 从犯罪嫌疑人电脑中直接提取的电子邮件
D. 侦查人员根据回忆制作的现场勘查笔录

3. 单选：在刑事诉讼中，（　　）通常被认为是实物证据。
A. 被告人供述
B. 受害人陈述
C. 犯罪现场找到的凶器
D. 专家的鉴定意见

4. 单选：直接证据和间接证据的主要区别是（　　）。
A. 直接证据可以直接证明案件事实，间接证据需要与其他证据结合才能证明
B. 直接证据总是比间接证据更可靠
C. 直接证据只能由目击者提供，间接证据可以由任何人提供
D. 在刑事案件中，只有直接证据才能被采纳

5. 单选：关于传来证据，以下说法正确的是（　　）。
A. 传来证据是原始证据的复印件或副本
B. 传来证据在法律效力上等同于原始证据

C. 传来证据不能作为定案的根据
D. 传来证据是指不是从直接来源获得的，而是经过中间环节辗转得来或复制而来的证据材料

实训

【实训项目一】

● 一、训练内容

判断原始证据与传来证据。

● 二、训练目的与要求

根据学习所掌握的原始证据与传来证据的概念及区别，学会在实际案例中识别、分析原始证据与传来证据，提高运用原始证据与传来证据进行案件分析的能力。

● 三、训练素材

某公司发生一起盗窃案，现场留有一把作案工具（螺丝刀）。经调查，员工A声称在案发前看到员工B持有该螺丝刀。员工B则否认自己与案件有关。

问：在此案例中，哪些属于原始证据，哪些属于传来证据？如何运用这些证据进行案件分析？

【实训项目二】

● 一、训练内容

通过实案分析，掌握如何运用间接证据形成完整的证据链，以证明案件事实，提高学生的证据分析能力和逻辑思维能力。

● 二、训练目的与要求

(1) 学生分组讨论，分析间接证据之间的关联性。
(2) 学生尝试运用逻辑推理，将间接证据串联起来，形成完整的证据链。
(3) 学生撰写分析报告，详细阐述证据链的构建过程及结论。
(4) 学生进行课堂汇报，接受教师和其他学生的质询与点评。

● 三、训练素材

(一) 案例材料

某市发生一起盗窃案，被盗物品为一部价值5000元的手机。现场勘查发现，被盗手机放置在客厅茶几上，客厅窗户敞开，窗台上有明显脚印。经调查，邻居反映案发时段内有一名陌生男子在附近徘徊。然而，由于没有直接证据（如监控视频、目击证人等），案件一度陷入僵局。

(二) 间接证据及证据链构建

(1) 脚印痕迹：客厅窗台上发现明显脚印，与被盗手机位置相符，表明犯罪嫌疑人可能通过窗户进入室内实施盗窃。
(2) 邻居证言：邻居反映案发时段内有一名陌生男子在附近徘徊，该男子有作案嫌疑。

（3）手机定位信息：被盗手机具有定位功能，案发后手机定位信息显示手机曾出现在附近某二手手机市场。经查，该市场有一名商贩收购了一部与被盗手机型号、颜色相同的手机。

（4）商贩供述：经审讯，商贩承认收购了一部来源不明的手机，并提供了卖家的描述信息。根据商贩提供的描述，警方锁定了一名有盗窃前科的犯罪嫌疑人。

综合以上间接证据，可以形成以下证据链：脚印痕迹表明犯罪嫌疑人通过窗户进入室内；邻居证言提供了犯罪嫌疑人的线索；手机定位信息将犯罪嫌疑人与二手手机市场联系起来；商贩供述进一步证实了犯罪嫌疑人的身份。这些间接证据相互印证，形成了完整的证据链，推断出犯罪嫌疑人实施盗窃的事实。

● 四、训练总结

（1）间接证据在案件侦破中具有重要作用。在缺乏直接证据的情况下，通过收集、分析间接证据，可以逐步缩小调查范围，锁定犯罪嫌疑人。

（2）形成证据链是关键。单个间接证据可能无法直接证明案件事实，但多个间接证据相互印证、相互支持，可以形成完整的证据链，推断出案件事实。

（3）在实案操作中，要注重收集各类间接证据，如物证、书证、证人证言等。同时，要善于运用科技手段（如手机定位、DNA鉴定等），获取更多有价值的信息。

（4）证据分析要客观、全面。在运用间接证据形成证据链时，要遵循客观事实，避免主观臆断和片面理解。同时，要对所有收集到的证据进行全面分析，确保证据的真实性和关联性。

第五单元

刑事诉讼证明

知识导图与案例导入

◆ **知识导图**

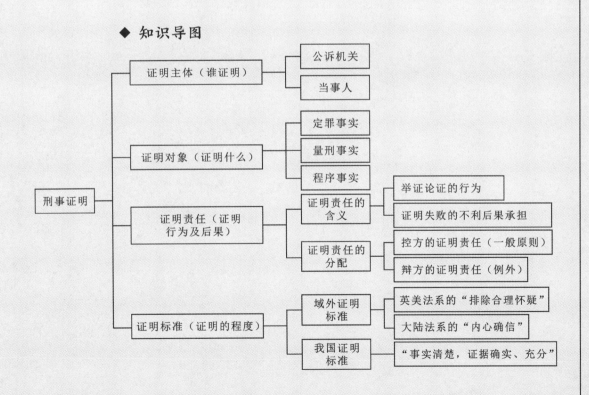

◆ 案例导入

杜培武是昆明市公安局的一名警察，因被怀疑故意杀人，被昆明市中级人民法院一审判处死刑，后经云南省高级人民法院二审改判死缓。后杀人真凶落网，案件经云南省高级人民法院再审，宣告杜培武无罪。

昆明市中级人民法院在一审判决书中曾提出：被告人及其辩护人对公诉人出示的证据表示异议，被告人当庭辩称案发当晚未曾见过二被害人，更未实施杀害二被害人的行为。其辩护人提出本案指控的有罪证据自相矛盾，且相关物证为违法提取的，被告人的有罪供述是在刑讯中产生，因此公诉人出示的证据不能作为认定本案指控事实的证据，本案事实不清，证据不足，被告人无罪。但辩护人未能向法庭提供证实其观点成立的证据，也未能提供证实被告人无罪的证据，被告人推出本案事实不清，证据不足，被告人无罪的结论，纯系主观的推论，无充分证据加以支持，该辩护意见不予采纳。

思考：

根据我国刑事证明责任的相关规则，分析该案第一审判决的错误之处。

基础知识与原理

第一节 刑事证明概述

一、刑事证明的概念

刑事证据法作为专门规范刑事诉讼中证据运用的法律规则,其主体内容包含证据能力制度和司法证明制度两大核心问题,其中,证据的证据能力和证明力是证据的审查判断问题,司法证明则是运用证据认定案件事实的问题。[①] 刑事证明问题作为刑事证据法律制度的两大主体内容之一,其重要性不言而喻。

研究证明问题,首先应从证明的含义理解开始。从现代汉语的语义学上来说,所谓证明,也即论证,包含论题、论据、论证方法三要素,是从已知的命题(即论据)出发,通过逻辑推理等方法(即论证方式),来分析推断另一个命题(即论题)的真实性的活动。相应地,诉讼理论中的证明,则是证明主体从证据出发,向其他主体论证自己提出的主张的真实性的一种诉讼活动。可见,证明活动性质上为一种"回溯性"活动,目的在于针对已提出的命题来论证其真实性,是对已知事实或主张的验证活动。证明的这一重要性质完全不同于以探求、发现未知事实为目的的"查明"活动。

在刑事诉讼理论中,严格区分"证明"与"查明",有助于正确理解刑事证明的本质含义。所谓查明,是主要发生在刑事诉讼审前程序中的侦查和审查起诉过程中的收集、审查证据上,探知犯罪事实的认识活动。在侦查阶段,犯罪事实作为未知命题,是侦查机关查明活动的目的,查明活动的性质是对未知犯罪事实的"探知性";在检察机关审查起诉阶段,检察机关的活动主要是对侦查机关所提交的证据材料的审查和对其探知犯罪事实的过程的验证,这些活动名义上是对侦查机关的监督,但实际上检察机关只是案件诉讼流程上的短暂传输环节而已。[②] 故检察机关的活动可视为是侦查过程的延续,与侦查活动一样,本质上同属于对事实的查明活动。而刑事诉讼审判阶段的活动,则是运用证据对诉讼主体提出的犯罪事实等相关已知命题进行真实性验证和判断的过程,即证明的活动。正如法谚所说,"法官的使命是裁判,而不是发现",故刑事证明活动本质上不是指向未知事实的认识活动,而是一种针对已知命题的验证活动,它仅发生于刑事程序的审判阶段。

---

① 陈瑞华. 刑事证据法 [M]. 4版. 北京:北京大学出版社,2021.
② 王满生. 刑事程序法事实证明研究 [M]. 北京:中国社会科学出版社,2019.

综上，刑事证明是指负有证明责任的主体在刑事审判中遵循法定的程序和规则，提出和运用证据，向审判者论证其诉讼主张成立的活动。

具体说来，刑事证明具有以下几个方面的特征。

首先，刑事证明是一种司法证明，仅存在于刑事案件的司法审判阶段。刑事证明是与法庭审判紧密联系的概念，立足于审判过程中由谁提出诉讼主张并加以证明这一问题，是负有证明责任的控方或辩方在中立的法庭审判者面前所进行的活动，中立裁判方的存在，是刑事证明存在的前提。在刑事审判中，一方面，负有证明责任的主体将运用证据对所主张的案件事实进行论证；另一方面，法庭审判者经过对证明活动的审查和裁判，确认证明主体的证明义务是否履行成功，进而裁断其主张的案件事实是否真实和存在。如前所述，刑事诉讼审前程序中的收集、审查证据的活动本质上并非证明，而属于为审判进行必要准备的"查明"，所收集和审查合格的证据，也只是为法庭上的证明创造证据条件和奠定证据基础。

其次，刑事证明的目的是论证诉讼主张的成立。在诉讼法理论中，诉讼主张是证明活动存在的必要前提，证明活动的目的就是运用证据论证案件事实的成立并使法庭裁判者认可其提出的诉讼主张。

最后，刑事证明须遵循法定的程序和规则。目前规范我国刑事证据和证明制度的法律渊源主要是刑事诉讼基本法律和相关司法解释，前者即我国立法机关于2018年修订的《刑事诉讼法》，后者主要包括《关于办理刑事案件严格排除非法证据若干问题的规定》《关于办理死刑案件审查判断证据若干问题的规定》等司法解释。刑事证明作为一种诉讼行为，是在程序法制下进行的活动，必须在上述有关刑事诉讼的现行规定所设定的制度框架和规则体系内进行，证明行为的方式和程序直接受上述各类规定的调整和规范。

二、刑事证明的意义

如果说证据是刑事诉讼理论的核心问题之一，证明则是证据理论的核心问题。刑事案件事实的确认有待于证明活动的顺利进行，刑事程序正义的价值目标也在证明规则中有具体体现，故而刑事证明问题在刑事诉讼中具有极为重要的意义。

1. 证明是审判者正确认定案件事实的唯一途径

审判中，法庭要作出任何可能影响某一方利益的裁决，都不能是任意和随机的，必须以通过证据所证实的事实作为裁判的根据。案件事实都发生在过去，具有不可回溯性，审判者依证据裁判原则的要求，其正确认定事实有赖于证明主体在提供证据基础上的证明行为。法庭在审查判断证明活动的基础上认定证明主体所论证的案件事实是否真实存在，并依法作出裁判。

2. 证明制度有助于保障刑事程序正义的实现

程序正义是刑事诉讼的重大价值目标之一。鉴于刑事审判结果通常对于被告人的自由乃至生命利益影响重大，保障作为裁判依据的事实的认定过程的程序正当尤为重要，而证明制度中的证明对象及证明标准规则，则充分体现了程序正义的价值目标。作为证明对象的事实须在法庭中经控辩双方以举证质证的流程参与真实性认定，并通过这种双方的参与过程来影响裁判过程，维护程序价值。证明对象还涉及哪些事实因对被告人利益影响重大因而须纳入证明范围的问题。证明标准则关乎证明须达到何种程度才会导致对被告人定罪的问题。未达到"事实清楚，证据确实、充分"等刑事证明标准的案件决不能认定被告人有罪的规则，给有罪判决施加了重大法律障碍，一定程度上也防止了法官擅断，通过定罪量刑方式随意剥夺个人自由及生命的行为受到了严格的法律限制。

三、刑事证明的构成要素

刑事证明作为一种诉讼中的活动，必然要回答活动者是谁、活动的客体或对象是什么以及活动的后果等问题。因此，完整的刑事证明活动包含以下基本构成要素。

1. 证明主体

证明主体即证明活动由谁来进行的问题。既然刑事证明是刑事审判中提出诉讼主张并运用证据向法庭论证主张成立以期获得审判者认可的司法活动，那么，在刑事审判中有权利和义务提出主张并论证主张成立的审判程序参与者将成为证明主体，即刑事庭审中的控方和辩方主体。具体而言，我国刑事证明主体主要是承担公诉任务的人民检察院以及刑事诉讼中的当事人，如自诉人、被害人、被告人、附带民事诉讼当事人。

2. 证明对象

证明对象是证明活动的客体，回答的是证明者需要证明的案件事实的范围的问题，即刑事审判中控辩双方为支持各自的诉讼主张，需要提出证据并运用一定的证明方法来证明的一切案件事实。

3. 证明责任

作为证明对象的待证事实的范围确定下来后，紧接而来的自然就是证明责任的分配和证明活动的后果的问题。证明责任一方面回答具体由哪一方证明主体来负责提出证据，证明某一案件事实的存在；另一方面也意味着其在无法成功证明这一事实存在时，可能要承担因其诉讼主张不被裁判者认可而带来的消极不利的法律后果。

4. 证明标准

与证明对象和证明责任密不可分的是证明标准。证明标准是证明活动的要求，即证明活动要达到什么样的程度才能说服裁判者认定待证事实的真实存在，从而认可其诉讼主张。在刑事诉讼中，证据制度依据不同的证明对象和证明主体，确立了各自不同的证明标准。

第二节 刑事证明主体

一、刑事证明主体的概念

在我国刑事证明理论研究中,有学者区分证明主体和证明责任主体,认为二者并不相同,证明主体是指对待证事实提供证据加以证明的司法机关和当事人及其诉讼代理人或辩护人,而证明责任主体则指在刑事诉讼中提出自己的诉讼主张,为了使其主张得到支持而需要提供证据,对相关案件事实加以证明,且当证据不足、待证事实处于真伪不明状态时,由其承担败诉风险的侦检机关和当事人。[①] 本书严格区分刑事审前程序中的"查明"和刑事审判程序中的"证明",将刑事案件审前程序中的公安机关的侦查和检察机关的审查起诉界定为对案件事实的查明行为,而刑事证明活动则仅发生于刑事审判程序中,是在刑事审判阶段,承担证明责任的主体提供证据并运用证据来证明待证事实,由此得以使其诉讼主张为裁判者所认可的一种活动。由此,本书不区分证明主体与证明责任主体,视二者为同一概念,将刑事证明主体定义为有权利和义务提供证据并运用证据证明待证事实的刑事审判程序的参与者,即刑事审判中的控辩双方。具体而言,刑事证明主体包括刑事诉讼中的国家公诉机关和诉讼当事人,前者即我国承担公诉职责的人民检察院,后者是包括自诉人、被害人、被告人及刑事附带民事诉讼当事人在内的全部刑事诉讼当事人。

必须再次说明的是,由于我国刑事审前程序中侦查机关和审查起诉机关所承担的仅是案件事实的查明任务,其立案、侦查、批捕及审查起诉活动均以一种类似行政化的方式进行,不存在向中立的裁判者论证并使其信服某一案件事实的真实性的验证过程,其行为不符合证明的本质含义。故而我国刑事诉讼中的侦查活动和审查起诉活动不是证明活动,审前的侦检机关也不是证明主体。

另外,还须澄清的问题是,刑事审判程序中作为裁判者的法院是否是证明主体?法院在诉讼中的任务是居于中立地位来判断证明主体提出的诉讼主张是否成立。在审判全程中,法院并不提出自己的主张,更无须承担提供证据论证主张成立的责任,其作为审判活动的组织者和指挥者,职责在于对证明主体的证明活动进行居中的审查和判断,即便是《刑事诉讼法》中规定的法庭对有疑问的证据进行庭外核实的活动,也仍然是对证据真实性的调查核实,本质上仍然是在履行对证明活动的审查职能,而不是在证明犯罪事实的存在或不存在。由此,法院也不是刑事证明的主体。

---

① 洪浩. 刑事诉讼法学 [M]. 3版. 武汉:武汉大学出版社,2019.

二、刑事证明主体的种类

（一）刑事公诉案件的公诉机关，即人民检察院

在公诉案件中，公诉机关，即人民检察院，以公诉人身份出席法庭，支持公诉，在法庭上与被告方展开举证、质证等活动，各自阐明其主张的事实，以说服裁判者确认或接受自己的主张。公诉人在刑事审判中的职能就是指控犯罪并提出和运用证据来证明控诉主张的成立。如果公诉机关不能成功完成对指控事实的证明责任，即证明活动达不到法律规定的标准或要求，那么将承担所指控的犯罪事实主张被裁判者否定的法律后果。同时刑事诉讼理论中的无罪推定原则也决定了，作为控诉方的人民检察院负有义务来证明被控犯罪的存在。所以说在刑事公诉案件中，公诉机关是刑事证明的主体。

（二）刑事诉讼当事人，即自诉人、被害人、被告人及附带民事诉讼当事人

1. 自诉人

自诉人是在自诉案件中以个人名义向法院起诉，请求追究被告人刑事责任的诉讼当事人。自诉人在刑事诉讼中居于原告地位，是自诉案件中独立执行控诉职能的当事人。《刑事诉讼法》第211条第1款第2项规定，缺乏罪证的自诉案件，如果自诉人提不出补充证据，应当说服自诉人撤回自诉，或者裁定驳回。这表明自诉人对提出的控诉被告人存在犯罪事实的主张，应承担提供证据并证明事实成立的责任。如果自诉人的证明达不到法律规定的标准或要求，将承担指控不被支持的不利后果，因此自诉人属于证明主体。

2. 被害人

被害人是直接遭受犯罪行为侵害的诉讼当事人，在自诉案中因提起自诉而成为自诉人，在公诉案件中则属于控诉一方当事人，与公诉人一样也执行控诉职能。被害人在自诉案件中作为自诉人成为证明主体，已如前述。在刑事公诉案件中，被害人作为辅助公诉人承担控诉职能的控方当事人，提出与公诉人不同的事实主张时，也应当为其主张提供事实依据，即提供证据。[1] 因此，刑事公诉案件中的被害人也适度承担着证明的任务，也是刑事证明的主体。

3. 被告人

被告人是涉嫌犯罪而受到控诉的诉讼当事人。一般来说，无论是刑事公诉案还是自诉案件，作为辩方当事人，被告人一律不用承担提出证据并证明自己无罪的任务，

---

[1] 龙宗智. 诉讼证据论［M］. 北京：法律出版社，2021.

有罪的事实应由控方来证明，这也是刑事诉讼中无罪推定原则的基本体现。但在一些特殊情形下，如持有型犯罪（巨额财产来源不明罪，非法持有国家绝密、机密文件、资料、物品罪）案件中，被告人有罪的事实存在证明的困难，法律遂以推定的方式将部分事实要件的证明任务转由被告人承担，从而使得被告人也要承担一定程度的事实要件证明任务来证明自己无罪。《牛津法律大辞典》也指出："在某些情况下，法律规定某些特定行为可由一定事实（如占有毒品）推定有罪，并赋予被告人申辩无罪的义务。"① 由此，特殊情形下，被告人也会成为刑事证明的主体。

4. 附带民事诉讼当事人

附带民事诉讼当事人是在刑事附带民事诉讼中提起诉讼要求赔偿损失的原告人和被起诉要求其对原告人承担损失赔偿责任的被告人。附带民事诉讼本质上是民事诉讼，秉持民事诉讼中"谁主张，谁举证"的证明责任分配原则，原告人和被告人对于各自提出的主张均有义务提供证据来进行事实证明，故附带民事诉讼原告人和被告人都是证明主体。

第三节 刑事证明对象

一、刑事证明对象的概念

在证据理论中，证明主体进行证明活动的目的是论证其诉讼主张的成立，而能否使裁判者信服并认可其诉讼主张的成立，则取决于支持该诉讼主张的相关案件事实能否被证明主体证明其真实存在。所以，案件事实就是证明的对象。刑事证明对象就是刑事审判程序中，证明主体为支持其诉讼主张而提供证据并运用证据来加以证明的案件事实，又称为待证事实或要证事实。

理解刑事证明对象的概念，必须注意，它不等同于诉讼主张，而是证明主体所提出的诉讼主张当中的事实根据这一组成部分。

一般来说，证明主体所提出的任何一项诉讼主张，都可分解为事实根据和法律价值评价两大构成要素。比如，公诉人向法庭提出对被告人以抢劫罪定罪的诉讼主张，这一主张中就包含着被告人实施了抢劫行为这一事实根据和被告人构成抢劫罪这一法律价值评价两大要素。其中，只有前者，即被告人实施了抢劫行为的事实，才是刑事证明的对象，至于是否构成抢劫罪，则属于诉讼主张中对事实所作的法律价值评价，其成立与否交由法庭以法律适用为基础来审查认定，因而并不是刑事证明主体要证明的对象。刑事证明对象仅指支持诉讼主张的案件事实这一构成要素。

---

① ［英］戴维·沃克. 牛津法律大辞典［M］. 北京社会与科技发展研究所，译. 北京：光明日报出版社，1988.

二、刑事证明对象的范围

如前所述，刑事诉讼的审前阶段不涉及证明的问题，一切证明问题都发生在刑事裁判程序中，司法裁判程序是证明问题存在的背景。当今我国刑事诉讼已形成定罪裁判、量刑裁判以及程序性裁判三大程序并存的裁判制度。在具体的刑事案件审理中，控辩双方证明主体可能提出涉及定罪、量刑以及程序性问题的多种诉讼主张，由此可能使法院同时启动定罪裁判、量刑裁判以及程序性裁判三种裁判程序来得出裁判结论。相应地，案件事实作为刑事证明对象，其范围也可以划分为三大部分，即定罪裁判程序中的定罪事实、量刑裁判程序中的量刑事实和程序性裁判中的程序事实。

（一）定罪事实

所谓定罪事实，即刑事审判中的控方通过指控所提出的被告人构成某一犯罪的事实。英美法系一般将犯罪事实概括为七个 W，即 who（何人）、when（何时）、where（何地）、why（为什么）、how（何种事实）、which（何种对象）、what（何种结果）。类似地，我国《刑事诉讼法解释》第 72 条也对刑事审判中应当运用证据证明的案件事实进行了详细的列举式规定。其中，关于定罪的事实主要包括犯罪构成要件事实以及其他相关的定罪事实。

1. 犯罪构成要件事实

犯罪构成要件是刑事实体法中规定的构成犯罪所必备的主客观要件。一般来说，犯罪构成包含犯罪主体、犯罪的主观方面及犯罪的客观方面等要件。在司法定罪裁判程序中，证明对象主要就是包含上述全部犯罪构成要件的实体性犯罪事实，即：关于犯罪主体的事实，如被告人具备特殊的主体资格的事实、被告人达到法定刑事责任年龄的事实、被告人具备法定的刑事责任能力的事实等；关于犯罪的主观方面的事实，即关乎被告人实施犯罪行为时的主观心理状态（直接故意、间接故意、过失等）的事实；关于犯罪的客观方面的事实，即犯罪行为、犯罪结果以及行为与结果之间的因果关系的事实等。

2. 其他定罪事实

在刑事定罪裁判程序当中，除了由控方证明主体来证明的犯罪构成要件事实成为证明对象以外，影响定罪与否的裁判结论的事实还可能是由作为辩方的被告人提出并予以证明的。比如被告人提出案件存在免责事由的诉讼主张，为支持这些免责事由的主张，被告人则须证明正当防卫、紧急避险等事实的存在，这些事实作为影响定罪与否的事实，也就成了刑事证明的对象。又如被告人提出对其犯罪行为不应追究刑事责任的主张，为支持这一主张，被告人需证明诸如犯罪行为已过刑事实体法所规定的追诉时效等事实的存在，因而这些事实也成了刑事证明的对象。

（二）量刑事实

根据《刑事诉讼法解释》第72条第1款第7项规定，刑事审判中应当运用证据证明的案件事实包括被告人有无从重、从轻、减轻、免除处罚等情节。这类证明对象影响的是对被告人定罪之后的合理量刑，即为量刑事实。

我国量刑规范化改革逐步建立起了与司法定罪裁判程序相对独立的司法量刑裁判程序。在这一程序中，不论是公诉人，还是被害人、被告人等诉讼当事人，都有权提出关于量刑的诉讼主张。作为公诉人的人民检察院所提出的量刑主张，主要是对被告人的量刑建议。为支持其量刑主张，公诉人必须提出证据并证明相关量刑事实的存在，如被告人存在诸如累犯、主犯等不利量刑情节，或诸如自首、立功等有利量刑情节等。而作为辩方的被告人所提出的量刑主张则是其关于量刑的个人意见。同样，为支持其量刑主张，被告人也必须提出证据并证明相关量刑事实的存在，这些量刑事实在实践中主要涉及的是诸如从犯、认罪悔罪、积极退赃等有利于被告人的量刑情节。上述在司法量刑裁判程序中，由各证明主体用以证明其量刑主张的各种量刑情节事实，自然也属于刑事证明对象。

（三）程序事实

作为证明对象的程序事实，是证明主体在程序性司法裁判程序中所需要提出证据证明的与裁判程序的正当合法性相关的事实。程序事实主要包括管辖的事实、回避的事实、关于强制措施的事实、程序超越法定期限的事实、剥夺或侵犯了被告人辩护权等诉讼权利的事实等。此外，随着非法证据排除规则在我国刑事证据制度中的确立，侦查行为是否存在非法性作为一项争议性程序事实，也成为程序性司法裁判中的证明对象，用以支持证明主体关于是否排除非法证据的诉讼主张。

最后，必须说明的是，并非所有用以支持诉讼主张的案件事实都必须作为证明对象，由证明主体在司法裁判程序中提供证据来证明。根据最高人民检察院2019年《人民检察院刑事诉讼规则》第401条规定，在刑事裁判程序中，也存在如下不必提出证据予以证明的免证事实：

(1) 为一般人共同知晓的常识性事实。
(2) 人民法院生效裁判所确认并且未依审判监督程序重新审理的事实。
(3) 法律、法规的内容以及适用等属于审判人员履行职务所应当知晓的事实。
(4) 在法庭审理中不存在异议的程序事实。
(5) 法律规定的推定事实。
(6) 自然规律或者定律。

上述事实之所以可以成为免证的事实，不必被纳入证明对象的范围，根本的原因在于控辩双方对该事实的存在没有异议或被推定为不存在异议，前者如控辩双方无异议的程序性事实，后者如自然规律或常识、司法已决事实等可以被合理推定为控辩双方不存有异议的事实。但需特别注意的是，对于由公诉人所提出的犯罪构成要件等定罪事实，即使被告人对该事实予以供述和承认，双方达成共识，裁判者也不能仅凭被告人的有罪供述就认可公诉人的主张，该事实仍然应成为证明对象，要由公诉人对其真实性加以严格的证明。这既是无罪推定原则的基本要求，也是犯罪事实认定遵循实质真实原则的体现。

第四节　刑事证明责任

一、刑事证明责任的概念

刑事证明责任是刑事证明制度的核心问题。前文所述的证明主体就是证明责任的承担者，证明对象则是证明主体履行证明责任的现实目标，而证明责任承担所要达到的程度即是后节所要提到的证明标准。由于刑事证明活动仅存在于刑事诉讼的审判阶段，刑事证明责任也仅与审判程序参与者相关，故而本书将刑事证明责任定义为，在刑事审判程序中有权利提出诉讼主张的证明主体，负有提出证据来证明其主张成立的义务，并承受证明失败情形下的不利法律后果的一种制度。具体而言，在刑事案件的司法裁判程序中，控方或者辩方在向法庭提出一定诉讼主张时，为使其主张得到裁判者的认可，就必须提供证据并运用证据来论证相关案件事实的存在，并且，如果证明主体对于待证事实不能提出证据或不能论证其真实存在，就必须承担其诉讼主张被裁判者否认的不利后果，由此承受诉讼失败的风险。

正确认识刑事证明责任这一概念，须把握以下三层含义。

1. 刑事证明责任与特定诉讼主张相关联

一方面，诉讼主张是证明责任的存在前提。只有在刑事裁判程序中提出了诉讼主张时，证明主体才会面临证明责任。在刑事案件的审判中，对抗的控方或辩方为了各自的诉讼利益，都可能向法庭提出自己特定的诉讼主张，并力图使裁判者接受己方的主张，从而获得胜诉结果。要达到这一目标，在证据裁判主义的基本原则下，诉讼主张的提出方必然只能通过证明的方式，即提出证据并运用证据来论证案件事实真实存在，从而获得法庭对其主张的信服和认可。这意味着，审判中，控方或辩方对于非己方提出的诉讼主张，一般不必从事证明活动，亦无证明责任存在的可能。

另一方面，积极性诉讼主张的提出者才承担证明责任。诉讼主张有积极主张与消极主张之分。积极主张即肯定性主张，消极主张通常是否定性主张。依古罗马法谚"为主张之人负有证明义务，为否定之人则无之"，对待证事实的证明责任一般由积极主张该事实存在的主体承担，否定该事实存在的消极主张者无须承担证明责任。比如，控方提出被告人构成犯罪，此为积极主张，而被告人提出自己不构成犯罪，此为消极主张，那么在刑事审判中，应由控方负担证明责任来举证证明犯罪构成要件等定罪事实的存在，以此来支持其定罪主张，被告人却没有提供证据来证明自己无罪的义务。

2. 刑事证明责任与举证论证义务相关联

证明主体一旦提出诉讼主张，随之而来的必然是举证与论证的义务。举证论证义务，就是承担证明责任的一方在审判中负有提出证据并运用证据来证明待证事实真实性的义务。举证论证作为证明责任中包含的义务性内容，意味着证明主体必须完成举证论证的行为而不能放弃，从这个意义上说，证明责任是一种行为责任。实践中，如果证明主体放弃履行此义务，或者举证论证行为失败（如提不出证据，无法证明或无法成功证明待证事实），那么该主体所提出的诉讼主张是不可能被裁判者认可的。

3. 刑事证明责任与败诉风险相关联

如上所述，从行为责任的角度看，证明责任的存在决定了证明主体必须完成提出证据证明案件事实的行为，反过来的结论是，若证明主体未能成功完成这一行为，导致的后果必然是案件事实不被裁判者认可其真实性。由此，该证明主体一方所提出的诉讼主张因无事实依据的支撑而不能成立，此时，裁判者将因该方的"举证不能"而使其承受败诉的结果。从证明失败导致败诉后果这个意义上说，证明责任又是一种结果责任。

须注意的是，在审判中，不承担证明责任的他方主体也可能有证明的行为。比如一般情形下被告人就不承担证明责任，但被告人也可能在法庭审判中有举证证明的行为，如提出证据证明自己无罪，这主要是为了对抗或消减对方的诉讼主张，是一种行使辩护权进行反驳的权益性行为，而不是在负担证明义务与责任，因此即便举证证明活动失败，也并不会因此而招致对自己不利的后果。故此，实践中，某一诉讼主体是否是证明责任的承担者，也可以从证明失败会否导致败诉后果这个角度来区分。

综上所述，刑事证明责任与诉讼主张的提出、举证论证的行为义务及可能的败诉风险密切相关，是结合了诉讼主张提出者的举证论证的行为责任与证明失败导致败诉后果的结果责任的综合性概念。对这一概念的正确理解，关系到刑事审判中各主体的诉讼负担，进而影响到其诉讼中的利益和风险的分配。

二、刑事证明责任的分配

刑事证明责任的分配就是刑事证明责任承担者的确定，解决的是刑事审判中证明待证事实并承担证明后果的责任如何在证明主体之间配置的问题。由于刑事证明责任是行为责任和结果责任的综合体，证明责任的承担者不仅要尽到提供证据证明待证事实存在的义务，还要面临证明不成功时的败诉风险，因此证明责任的分配通常会影响到诉讼结果的成败，进而深刻影响到诉讼各方的诉讼利益。故而刑事证明责任的分配问题在刑事证据制度理论中具有极为关键的意义。理解刑事证明责任的分配规则，必须先从理论上了解证明责任分配背后的法理原因。

(一) 刑事证明责任分配的法理依据

1. "谁主张,谁举证"原则

"谁主张,谁举证"的原则源自古罗马法。从古罗马法学文献和著述可概括其证明责任的分配原则是:"原告作为诉讼主张的肯定者,应当承担证明责任,被告作为诉讼主张的否定者,不负证明责任。"可见,源自古罗马法的"谁主张,谁举证"原则的基本含义就是,凡在诉讼中提出诉讼主张的当事人,原则上应当提供相应的证据支持其主张,对争议事实的法定证明责任,一般由积极主张该事实的当事人承担,法律有特别规定的除外。①"谁主张,谁举证"这一源自古罗马法的证明责任分配的基础原则,对后世无论是英美法系还是大陆法系的证明制度都产生了深远的影响,并已成为当今时代包含刑事诉讼在内的全部诉讼中均适用的共通性原则。

"谁主张,谁举证"原则之所以成为刑事诉讼中证明责任分配的法理依据,其根本原因在于其内在的合理性。这一原则能为全世界各种诉讼制度和证据法所支持,就是因为它反映了诉讼理性的最基本要求——必须为自己的说法(主张)提供根据,同时它也反映了责任分配的合理性——由主张者提供根据是最有效率的。②

2. 无罪推定原则

无罪推定原则产生于西方社会与封建司法擅断的斗争中,其理念最早的文字表述见于意大利学者贝卡利亚在其著作《论犯罪与刑罚》中所写:在法官判决以前,一个人是不能被称为罪犯的。西方资产阶级革命以后,无罪推定原则被不断写入各国宪法及刑事诉讼法以及相关国际性公约之中。时至今日,无罪推定已成为刑事证明责任分配体系中的"黄金原则",贯穿于刑事诉讼的全过程。

无罪推定作为一项保障被告人人权的重要原则,在刑事证据制度中也发挥着巨大的作用,如基于无罪推定,被告人在审判中有不被强迫自证其罪的权利等。在刑事证明责任的分配上,刑事证据法将被告人有罪的证明责任分配于控方,并使控方承担证明不力时的败诉后果,背后的法理依据正是无罪推定原则。因为依照这一原则,被告人在被法院判决有罪以前,法律推定其无罪,因此被告人无须承担证明自己无罪的责任;而控方主张被告人构成犯罪,要推翻被告人法律上的无罪地位,自然就应当由控方作为证明责任承担者来提供证据予以证明,且在其无法证明的情况下,无罪的推定直接转化为无罪的判决。

(二) 我国刑事证明责任分配的具体规则

《刑事诉讼法》第51条规定,公诉案件中被告人有罪的举证责任由人民检察院承

---

① 樊崇义,兰跃军,潘少华. 刑事证据制度发展与适用 [M]. 北京:中国人民公安大学出版社,2020.
② 龙宗智. 证据法的理念、制度与方法 [M]. 北京:法律出版社,2008.

担，自诉案件中被告人有罪的举证责任由自诉人承担。这明确表明我国立法将被告人有罪的证明责任分配给控方承担。同时，由《刑事诉讼法》第58条、第59条的规定和《关于办理刑事案件排除非法证据若干问题的规定》《关于办理刑事案件严格排除非法证据若干问题的规定》等所共同构成的我国非法证据排除程序规则，也明确规定证据收集合法性这一程序性事实的证明责任分配给控方承担。结合上述规定和刑事证明理论与实践，本书以刑事审判中的各证明主体为线，对我国刑事证明责任分配的具体规则表述如下。

1. 公诉人的证明责任

在刑事审判中，公诉人主要承担对犯罪的控诉职能。这决定了公诉人必然会向法庭提出对被告人的定罪及量刑等多项积极主张。在"谁主张，谁举证"和无罪推定原则的共同作用下，公诉案件中，被告人有罪的证明责任交由公诉人承担，这已成为刑事证明中的一项基本规则。

依"证明责任存在于主张之人"的法谚，公诉人承担证明责任的前提一定是其在审判中向裁判者提出了积极的诉讼主张。具体而言，这些主张主要是关于被告人构成犯罪的定罪主张，也有向法庭提出量刑建议的量刑主张，还包括某些程序性主张，如排除非法证据程序中的证据收集合法性的主张等。相应地，我国刑事公诉案件审理中，作为公诉人的人民检察院承担证明责任的场景主要有定罪裁判程序中被告人有罪的证明责任，量刑裁判程序中被告人存在从重或从轻等量刑情节的证明责任以及程序性裁判中对回避、证据收集合法性等程序事实的证明责任。在上述人民检察院承担证明责任的场景下，证明责任均包含两个层次的内容，即检察院负担提出证据来证明与诉讼主张有关的待证事实的义务，并在举证论证不成功时由检察院来承受因诉讼主张不被法院认可导致的不利诉讼后果。

2. 自诉人的证明责任

根据《刑事诉讼法》第51条、第211条规定，自诉人作为刑事自诉案件中的控方，与公诉案中的公诉人一样，须履行对指控的犯罪事实的证明责任。自诉人的证明责任与上述公诉人的证明责任一样，也源于自诉人提出的积极性诉讼主张，且自诉人证明责任中也都包含举证论证的行为责任和证明失败后的不利结果承担的结果责任两方面内容，不再赘述。

3. 被害人的证明责任

在我国刑事诉讼中，赋予被害人对轻微刑事案件提起自诉的权利，此时被害人即被称为自诉人。自诉案件中自诉人的证明责任已如前所述，此处仅讨论刑事公诉案件中辅助公诉人承担控诉职能的刑事被害人的证明责任。在刑事公诉案件中，控诉犯罪的职能主要由公诉人承担，被害人在指控犯罪上仅处于从属地位，辅助公诉人完成控诉职能。因此被害人在公诉案件审理中虽也承担证明责任，但这种证明责任与公诉人相比，仅处于辅助和次要的地位，证明责任的存在情形是受有限制的。

一般来说，刑事公诉案件中，由公诉人提出控诉主张并承担完全的证明责任，被害人的诉讼主张和个人意见一般会被包含在公诉人的指控中，由公诉人帮助被害人实现。但某些时候，被害人独立提出诉讼主张并承担证明责任的情形也还是存在的，这主要发生于被害人提出了与公诉主张不一样的有关定罪或量刑的诉讼主张的场景中。在这种被害人的诉讼主张未被纳入公诉范畴的特别情形中，被害人就须举证论证待证事实的存在用以支持其诉讼主张，否则，其诉讼主张将不被裁判者认可。

另外，被害人除了可能提出有别于公诉主张的有关定罪或量刑的事实主张之外，也可能提出程序性主张，比如申请回避。这种情形下，按"谁主张，谁举证"的原则，被害人当然也须承担证明责任，只不过《刑事诉讼法》中对于程序性主张的提出者，仅要求提出理由来支持主张，故而这种情形下的证明责任是一种有限度的并不严格的证明责任。

4. 被告人的证明责任

一方面，无论是在刑事公诉还是刑事自诉案件中，作为辩方的被告人，由于受到无罪推定原则的保护，享有不必自证其罪的特权；另外，依据"谁主张，谁举证"的原则，由于在刑事审判中提出对被告人进行定罪量刑等积极主张的都是控方的检察院或自诉人（被告人虽也可能对抗性地提出自己无罪的主张，但因这一主张为否定性主张，被告人无须承担无罪证明责任，更不会因无罪反驳的不成功而承受有罪的裁判后果），因此，作为基本规则，对于控方所指控的犯罪事实承担证明责任的始终是控方。《刑事诉讼法》第51条也明确规定，被告人有罪的证明责任，公诉案件中由人民检察院承担，自诉案件中由自诉人承担。

但必须明确的是，虽然刑事案件一般由控方承担证明责任，但并不意味着被告人完全不承担证明责任。在以下两种法定例外情形下，被告人也须承担证明责任。

（1）被告人在刑事审判中提出了积极性诉讼主张。

在刑事审判中，大部分积极性诉讼主张都是由控方来提出的，但也有一些积极主张是由被告人提出的，这主要表现为三类。

一是关于犯罪和刑事责任的积极抗辩事由的主张。我国刑事法律制度中规定了不负刑事责任或免除、减轻刑事责任的事由，如正当防卫、紧急避险、意外事件、追诉时效届满、无刑事责任能力等，刑事审判中若被告人提出了正当防卫、犯罪时有精神病等抗辩事由，按照"谁主张，谁举证"的原则，就应当由被告人承担证明责任，证明抗辩事由的真实存在，若证明失败，裁判者就将认定免责减责的主张不成立。

二是关于量刑意见的主张。我国刑事法律中规定有诸如自首、立功等法定量刑情节和诸如积极退赃、取得被害人谅解等酌定量刑情节。在刑事审判中，若被告人提出了从轻、减轻等量刑意见，这一主张作为积极主张，遵照"谁主张，谁举证"的原则，也应当由被告人对上述己方提出的量刑事实承担证明责任。

三是关于程序性事实的主张。在刑事审判中，被告人还可能提出关于程序性事实的积极主张，比如请求法官回避的主张、认为法院无管辖权的主张等。对于这些程序性主张，也需要被告人提供证据来证明程序性事实的存在，否则其主张将不可能被裁判者接受。此外，在我国非法证据排除程序中，法律规定由被告人提供侦查行为的非法取证线索，否则其申请启动非法证据排除程序的主张将被拒绝，这说明此处也存在着被告人对侦查行为非法性这一程序性事实的证明责任。但须注意的是，一旦非法证据排除程序成功启动，证明责任则倒置给检察机关，由检察机关提出证据证明收集证据合法这一事实，此时被告人并不需要承担证明责任。

（2）被告人为推翻法定的推定事实而需要证明相反事实的存在。

在证据法理论中，所谓推定事实，是在司法证明中，根据已经证明的基础性事实，运用经验法则可以推断出的其他事实。证据法意义上的推定事实作为一种假定的事实，只有在缺乏有效反证的情况下方成立[1]，也就是说，推定事实允许对方反驳来推翻，只有在对方不能提出证据进行有效反证的情况下，推定事实才能成立。

在刑事证明中，由于推定规则的适用涉及证明责任的转移，因此其适用必须有法律的明文规定。在我国刑事实体法中，明确规定可适用推定规则认定案件事实的仅有两种持有型犯罪，即《刑法》第282条第2款规定的非法持有国家绝密、机密文件、资料、物品罪以及第395条第1款规定的巨额财产来源不明罪。在这两种犯罪的刑事证明中，由公诉人证明基础性事实的存在（即被告人非法持有绝密、机密材料的事实，以及国家工作人员财产或支出明显超过收入的事实）后，法律推定被告人无持有根据，此时证明责任转移给被告人，由被告人提出证据证明相反事实，即具有合法根据或合法来源，被告人反证成功，则推定被推翻，被告人无罪，反之则推定成立，被告人有罪。可见在这两类犯罪中，检察机关对作为推定前提的基础性事实承担证明责任之后，发生了证明责任的转移，由被告人承担证明责任来推翻推定事实，相当于将犯罪构成要件事实中的部分事实转移给了被告人来承担证明责任。

必须特别指出的是，由于推定规则和证明责任转移的适用，实际的结果是被告人需要通过证明自己无罪来推翻有罪的推定，因而，基于无罪推定的根本原则以及控方承担证明责任的一般性规则，这种情形的适用必须要有法律的明文规定，属于例外性适用。刑事司法实践中不能在法无明文的情况下随意扩大其适用范围，将证明责任由控方转移给被告人，否则将构成对被告人权利的侵犯和对无罪推定等基本原则的背离。

第五节　刑事证明标准

一、刑事证明标准的概念

证明标准是证明活动的要求，回答的是证明要达到什么样的程度才能说服裁判者认定待证事实的真实存在从而认可主体的诉讼主张。对于这一证明理论中的核心概念，

---

[1] 李学灯. 证据法比较研究 [M]. 台北：五南图书出版公司，1992.

我国法学界给出了不同的定义。早期观点认为证明标准"是指诉讼中对案件事实的证明所要达到的程度或标准"[1]；也有学者阐述了证明标准和证明责任的关系，认为证明标准"昭示着当事人的证明责任能否解除"[2]；后期有学者认为，"证明标准又称证明要求、证明任务，是指承担证明责任的人提供证据对案件事实加以证明所要达到的程度"[3]。域外对证明标准概念的解释提到，证明标准是"在某一类案件或某一特定案件中，要求负有证明责任的一方提供证据进行证明应达到的程度"[4]。可见，证据学界目前对证明标准概念的认识基本无分歧，都将证明标准定位为证明活动的程度。由此，本书结合前述将证明活动限于审判程序的狭义界定，对刑事证明标准作如下定义：刑事证明标准是指在刑事审判中，证明主体在承担证明责任时对待证事实举证论证所要达到的法定的程度或要求。

正确理解证明标准概念，需把握以下几个层次的含义。

首先，证明标准的承担者是证明主体，同时也是证明责任的承担者，即刑事审判中的控辩双方。当然，证明主体的证明活动是否达到证明标准，要由司法裁判者来判断，即证明标准的判断主体是裁判者。

其次，证明标准的内容是对证明活动在质和量上的要求。证明主体举证论证待证事实的存在，目的是获得裁判者对诉讼主张的认可，而裁判者是否认可主体的诉讼主张取决于证明主体在证明活动中的证据运用在质和量上是否达到了法定的要求。

最后，证明标准具有法定性。证明标准作用于刑事审判中对证明主体的证明活动的衡量，是裁判者判断证明活动成败的准则，理应由法律作出明确规定，避免司法实践运用中的混乱。

二、两大法系刑事证明标准概况

在英美法系，基于不同的证明对象和证明主体，证据法设定了不同的证明标准。以美国证据标准为例，美国证据法就按待证事实真实存在的可能性的大小将刑事证明标准划分出多个等级，如适用于检察机关证明被告人有罪的证据标准是"排除合理怀疑"，相当于待证事实可信度要达到95％以上；"清楚和有说服力"的证据标准在某些州用于裁断被告人证明有精神病等事由的真实性，相当于80％以上的可信度；"优势证据"标准适用于裁断被告人积极性辩护主张的成立等情形，相当于待证事实可信度可达到50％以上；还有"合理的疑点"，相当于事实可信度仅约5％，裁判者可以认为案件存在合理的疑点而对被告人作出无罪裁决。在多层级的证明标准中，作为检察机关证明被告人有罪的"排除合理怀疑"的证明标准最为引人注目，在英美法系众多国家广泛适用，成为英美法系国家刑事证明标准的经典表述。

---

[1] 陈依云. 证据学 [M]. 北京：中国人民大学出版社，1991.
[2] 江伟. 证据法学 [M]. 北京：法律出版社，1999.
[3] 樊崇义. 证据法学 [M]. 4版. 北京：法律出版社，2008.
[4] 薛波. 元照英美法词典 [M]. 北京：法律出版社，2003.

大陆法系由于实行职权主义的诉讼模式，司法证明受法官调查职权的影响，且大陆法系实行较完全的自由心证，裁判者在证据裁量上有很高的自由度，因而并未像英美法系那样形成系统化的证明法律制度，也未对刑事证明标准作类似英美法系的严格划分。大陆法系一些国家将刑事审判中的待证事实分为实体法事实和程序法事实，并以此区分刑事审判中不同的证明标准。对于实体法事实中的有关犯罪构成要件的定罪性事实和从重、加重等不利于被告人的量刑事实，遵循严格证明的方式，而严格证明方式体现为审判中更正式的证明程序、更严格的证据规则和更高的证明标准，这一更高的证明标准即是大陆法系国家普遍确立的"内心确信"的证明标准；对于其他的实体法事实以及程序法事实，则采用自由证明的方式，证明主体的证明并不需要达到使裁判者"内心确信"的程度，而只需使其形成"很有可能"的心证即可。

两大法系的刑事证明标准固然有诸多的不同，但一个明显的共同点是考虑到不同证明对象对主体诉讼利益影响的不同而形成了多元化的刑事证明标准。比如，对于犯罪事实的证明，由于涉及被告人自由及生命等重大诉讼利益，两大法系均规定了最高的证明标准，其中，不论是大陆法系的"内心确信"，还是英美法系的"排除合理怀疑"，都是以自由心证制度为基础，要求证明必须使裁判者在主观认识上达到确信的程度，二者本质上是具有同一性的证明标准。而对于程序性事实的证明，以及由被告人承担证明责任的情形，两大法系均不约而同规定了相对较低的证明标准。

三、我国的刑事证明标准

（一）我国刑事证明标准的现行规定

我国刑事诉讼立法文件中并无"证明标准"这一语词，证明标准的具体内容暗含于《刑事诉讼法》多个具体法律条文中。《刑事诉讼法》第55条第1款有"证据确实、充分的，可以认定被告人有罪和处以刑罚"的规定，第2款则接着解释了何谓"证据确实、充分"，规定证据确实、充分，应当符合以下条件：① 定罪量刑的事实都有证据证明；② 据以定案的证据均经法定程序查证属实；③ 综合全案证据，对所认定事实已排除合理怀疑。同时，《刑事诉讼法》第200条规定，在被告人最后陈述后，审判长宣布休庭，合议庭进行评议，根据已经查明的事实、证据和有关的法律规定，分别作出以下判决：① 案件事实清楚，证据确实、充分，依据法律认定被告人有罪的，应当作出有罪判决；② 依据法律认定被告人无罪的，应当作出无罪判决；③ 证据不足，不能认定被告人有罪的，应当作出证据不足、指控的犯罪不能成立的无罪判决。一般认为，该条对法院判决条件的规定中也间接包含了证明标准的问题，即对被告人作出有罪判决须达到"事实清楚，证据确实、充分"的程度。

此外，我国刑事诉讼中已确立非法证据排除程序，将证据收集合法性这一程序性争议事实也纳入刑事证明的体系之中。根据《刑事诉讼法》第58条、第59条和《关于办理刑事案件严格排除非法证据若干问题的规定》等司法解释的相关规定，被告人启动非法证据排除程序需"提供涉嫌非法取证的人员、时间、地点、方式、内容等相关线索或者材料"，可见，被告人虽承担证明责任，但其证明标准较低，仅需做到"提供相关线索或者材料"等达到使法院对证据的合法性产生疑问的程度即可；而在正式启动的非法证据排除程序中，则由检察院对其证据取得的合法性承担证明责任，且其证明需达到"证据确实、充分"这一较高的程度，法院若"不能排除存在以非法方法收集证据"，检察院的证明即告失败，证据将被确认为非法被排除。

综上所述，我国刑事诉讼现行规定中有明确规定的证明标准表述为"事实清楚，证据确实、充分"，这主要适用在证明主体为控方、证明对象为犯罪事实的定罪证明中，也存在于检察机关对证据取得合法性这一程序性事实的证明中。至于由辩方被告人承担证明责任时适用何种证明标准，我国现行法仅在非法证据排除程序中有被告人需"提供相关线索或者材料"的规定，一般理解为此时被告人的证明标准是达到使法官认为其主张"表面上成立"即可。此外，被告人为证明主体的其他待证事实的证明中适用何种证明标准，则并未作明确的法律规定。

（二）我国"事实清楚，证据确实、充分"证明标准的含义

"事实清楚，证据确实、充分"的表述，可拆分为目的与手段两个层面来理解。第一个层面为"事实清楚"，这也是证明目的的层面，事实清楚的证明目的达成才意味着证明主体证明成功和证明责任的卸除。具体而言，所谓事实清楚，一般理解为影响定罪量刑的基础性事实及情节均已认定清晰。这些基础性事实及情节主要指犯罪构成要件事实，如犯罪事实是否发生，犯罪人是谁，犯罪的目的、动机、手段、后果是什么等，也包含正当防卫、紧急避险等免责或不予追究刑事责任的事实，还包括有无从重、加重、从轻、减轻或免除刑罚的情节。第二个层面为"证据确实、充分"，这是达成事实清楚证明目的的手段，是对证据在质与量上的必要要求。总体而言，证据确实是指所有证据在"品质"上要确凿、真实，证据充分是指证据还要达到法律对证据在量上的要求。证据确实、充分，就是要求以确实的证据形成完整的证据体系来实现对案件事实的揭示。

另外，《刑事诉讼法》第55条还对"证据确实、充分"的具体含义作出明确的界定，在法律层面分解出以下三个具体条件，细化了证明标准的规定。

1. 定罪量刑的事实都有证据证明

"定罪量刑的事实都有证据证明"是证据确实、充分的基础和前提性条件，同时也是诉讼法中证据裁判原则的基本要求。一方面，从证据裁判原则出发，这一条件意味着认定案件事实必须以证据为根据。在刑事审判中，检察机关必须提出证据来证明案件事实，如果检察机关无法提出符合要求的充足证据，那么证据确实充分的标准是不可能达到的。另一方面，这一条件还明确了证据充分这一量上的要求，即达到证据充分的标准，在证明对象上要求定罪和量刑两个方面的事实都要有证据证明。具体来说，检察机关在证明犯罪事实时，需要就每一项与定罪有关的事实都提出证据来证明，证明

对象包含犯罪行为已经发生、犯罪行为由被告人实施以及犯罪行为的具体细节等全部定罪事实。检察机关需要提出证据来证明的事实还包括对被告人进行量刑的事实,特别是那些对被告人从重处罚的事实,包括法定情节和酌定情节在内,检察机关都必须提出证据加以证明。

2. 据以定案的证据均经法定程序查证属实

"据以定案的证据均经法定程序查证属实"是指作为定案根据的证据需按照法律规定的程序被认定属实。这一条件也应视为是"证据确实、充分"的前提条件,但更侧重于认定证据是否确实的要求。一方面,证据转化为定案根据必须经法定程序,强调证据必须具备合法性,符合法律所设定的资格要求,从而具备证据能力;另一方面,证据转化为定案根据还必须属实,强调证据要符合真实性的要求,从而具备证明力。每一项作为定案依据的证据,都必须同时满足证据能力和证明力条件,才可能达到"证据确实、充分"的证明标准。

3. 综合全案证据,对所认定事实已排除合理怀疑

排除合理怀疑是源自英美法系证据法的表述,是英美法系对被告人定罪量刑的核心证据标准。依《布莱克法律词典》的解释,"排除合理怀疑"是指"全面的证实、完全的确信或者一种道德上的确定性……在刑事案件中,被告人的罪行必须被证明到排除合理怀疑的程度方能成立"。"排除合理怀疑"的证明是使裁判者"如此确信,以至于不可能作出其他合理的推论"。可见,英美法系中,对被告人定罪,要求对犯罪事实的证明必须达到使裁判者内心确信的程度,反之,只要对犯罪事实还存有合理怀疑,就应该宣告被告人无罪。

"综合全案证据,对所认定事实已排除合理怀疑"这一条件是对"证据确实、充分"证明标准在主观层面上的具体化解释,是证明标准中的实质性条件,进一步明确了"证据确实、充分"的含义。"证据确实、充分"具有较强的客观性,但司法实践中这一标准是否达到,还是要通过审判人员的主观判断,以达到主客观相统一。只有对案件已经不存在合理的怀疑,形成内心确信,才能认定案件"证据确实、充分"。[①] 也就是说,"证据确实、充分"更多强调的是依据的客观性,而"排除合理怀疑"则在依据客观事实的基础上,更加着重于裁判者根据经验、理性而对犯罪事实主观上的内心确信和对疑点的排除。所以,排除合理怀疑作为"证据确实、充分"的实质性条件,克服了"证据确实、充分"标准的过于客观性,增加了刑事证明标准判断中主观性的一面,使得我国的刑事证明标准既强调证明程度的主观方面,也重视证明程度的客观方面,尽可能实现主客观因素的融合。

---

① 郎胜.《中华人民共和国刑事诉讼法》修改与适用 [M]. 北京:新华出版社,2012.

> 自测练习

1. 单选：冯某杀人一案法庭审理中，人民检察院向法庭出示了未到庭的鉴定人何某所作的意见，并且证人胡某也出庭作了证。法院在核实、分析各种证据并听取了冯某的辩护和最后陈述之后，最终对被告人冯某作出了有罪判决。在本案中，对冯某犯罪事实负有证明责任的是（　　）。

A. 冯某
B. 胡某
C. 何某
D. 人民检察院

2. 多选：国家机关工作人员赵某于2013年9月被人民检察院以巨额财产来源不明罪向法院提起公诉。在法庭审判过程中，赵某认为根据刑事诉讼中证明责任的分配规则，自己不需要证明巨额财产来源的合法性，相反，应当由公诉方证明巨额财产来源的非法性。赵某的主张（　　）。

A. 正确，因为刑事诉讼中应由控方承担证明被告人有罪的责任
B. 正确，在刑事诉讼中被告人既不承担证明自己无罪的责任，也不承担证明自己有罪的责任
C. 错误，因为在巨额财产来源不明的案件中，控方不承担证明责任
D. 错误，在巨额财产来源不明案中，控方只需证明被告人的财产与合法收入之间存在较大差距这一基础事实，该财产差额来源的合法性由被告人承担证明责任

3. 多选：17岁高中生小刚在2000年10月5日国庆节放假期间潜入某单位办公室，窃得手机3部。公安机关对此案进行侦查时，属于刑事证明对象的有（　　）。

A. 小刚盗窃的事实
B. 小刚的年龄
C. 2000年国庆节期间放长假的事实
D. 小刚犯罪后的表现

4. 多选：关于我国刑事诉讼中证明责任的分担，下列说法正确的是（　　）。

A. 被告人应当承担证明自己无罪的责任
B. 自诉人对其控诉承担提供证据予以证明的责任
C. 律师进行无罪辩护时必须承担提供证据证明其主张成立的责任
D. 在巨额财产来源不明案中，检察机关应当证明国家工作人员财产明显超过合法收入

5. 多选：以下有关不同国家刑事诉讼证明标准的表述，正确的是（　　）。

A. 大陆法系国家实行自由心证的证据制度，证据规则较少
B. 英美法系国家对被告人定罪的证明标准是"排除合理怀疑"
C. 我国对被告人定罪的证明标准是案件事实清楚，证据确实充分
D. 每个国家的刑事定罪证明标准都高于民事诉讼证明标准

6. 判断：我国《刑事诉讼法》中规定的"综合全案证据，对所认定事实已排除合理怀疑"是指依证据认定的案件事实结论是唯一的，足以排除一切怀疑。（　　）

实训

【实训项目一】

● 一、训练内容

刑事证明对象。

● 二、训练目的与要求

根据《刑事诉讼法》及相关司法解释的规定，正确界定刑事审判中作为证明对象的待证事实的范围。

● 三、训练素材

2002年2月6日15时许，在张庆海家，附带民事诉讼原告人李清福与附带民事诉讼被告人张瑞成发生口角并厮打，李清福将张瑞成摔倒在洗衣盆里。双方离开张家后继续殴斗。当李清福骑在张瑞成身上打张瑞成时，附带民事诉讼被告人张国良用拐杖击打李清福背部。被告人张瑞金闻讯赶到，见李清福与张瑞成厮打在一起，便掏出随身携带的匕首向李清福腹部、腿部等处捅刺，致李清福左腿损伤，肝破裂，胃网膜破裂。经黑龙江省牡丹江林区司法鉴定中心鉴定，其损伤程度为重伤。

被告人张瑞金，因涉嫌故意伤害罪，于2002年2月7日被柴河林业地区公安局刑事拘留，同年3月7日被依法逮捕。

黑龙江省柴河林区人民检察院认为，被告人张瑞金已构成故意伤害罪，请求法院依法惩处。

被告人张瑞金对柴河林区人民检察院的指控不作辩解。其辩护人认为，检察院指控张瑞金犯故意伤害罪罪名成立，但被告人的行为带有正当防卫的性质，被害人李清福对损害的发生负有相应的过错责任。

问：

1. 本案中检察机关为支持其被告人构成故意伤害罪的主张，需证明哪些事实？
2. 本案中辩方提出的正当防卫，属于何种证明对象？
3. 结合刑法实体法的规定，分析本案被告人行为应认定为故意伤害还是正当防卫。

【实训项目二】

● 一、训练内容

刑事证明责任。

● 二、训练目的与要求

根据《刑事诉讼法》及刑事证明理论与实践，正确界定刑事审判中不同待证事实的证明责任分配问题。

● 三、训练素材

被告人文某，男，1963年6月28日生。2013年2月21日因吸食毒品被送戒毒所行政拘留15日（未执行完毕），同年3月8日因涉嫌犯运输毒品罪被逮捕。某区人民检察院以被告人文某犯运输毒品罪，向某区人民法院提起公诉。

被告人文某辩称，其在侦查阶段的有罪供述系侦查机关刑讯逼供的结果，其行为不构成运输毒品罪。

辩护人基于以下理由提出被告人文某的行为不构成运输毒品罪：① 本案言词证据存在矛盾；② 本案存在特情引诱；③ 侦查人员实施了刑讯逼供取证行为，公诉机关提供的相关证据应当作为非法证据予以排除。

某区人民法院经公开审理查明：被告人文某在公安机关共作有四份有罪供述，分别是2013年2月20日、2月21日在某派出所两份，2月26日、4月10日在某看守所两份。文某及其辩护人提出相关供述系侦查人员刑讯逼供所致，并提供如下材料、线索：① 提交的照片显示文某进看守所时脸有浮肿、眼睛青紫；② 看守所出具的健康检查笔录，载明文某入所时"双眼青紫，左头部痛，自述系在派出所被吊飞机和被按在地上所致"；③ 文某曾于2013年2月22日、26日两次到当地某医院就诊，其中2月22日的病历载明患者"头部外伤后头痛3天，约3天前头部撞伤"。

经庭审先行调查，公诉人当庭宣读和出示了下列证据：

（1）某医院的两份病历。该两份病历证明，2013年2月22日、2月26日文某确有至某医院就诊的事实，其中2月22日的病历载明文某"头部外伤后头痛3天，约3天前头部撞伤"。

（2）戒毒所提供的健康检查表、派出所提供的谈话笔录、文某亲笔说明。某戒毒所出具的健康检查表载明，文某于2013年2月21日入所时"双眼有青紫，有情况说明"；文某自书情况说明一份，载明"本人文某眼睛伤系正常的碰撞，自己撞到的，脚有痛风"；某派出所出具的谈话笔录证明，文某在戒毒所期间未受到打骂、体罚等。

（3）公安机关出具的情况说明。该情况说明载明：2013年2月19日晚，民警抓获文某，因天色已晚在现场未发现文某眼部有伤。后将文某带至某派出所审查，发现眼部有伤。文某当时自称是同月18日自己撞到眼部所致。2月21日，文某因吸毒被送至戒毒所执行行政拘留。入所检查时，戒毒所民警发现文某眼部有伤，遂询问其伤情原因，文某依然称系自己撞到眼部所致，并亲笔写下情况说明。

（4）公安机关出具的另一份情况说明。该情况说明载明：侦查人员就本案审讯过程制作过全程同步录音录像，但因主办人员于2013年4月调离且其电脑已报废，故该录音录像资料灭失。

（5）公诉机关分别于2013年3月4日、3月6日和5月7日对文某所作的三份讯问笔录。其中 3 月 6 日的笔录内容证明文某向公诉机关反映被刑讯逼供的情形，其余两份内容为有罪供述。

在对上述证据当庭质证过程中，被告人文某及其辩护人提出，文某的亲笔说明系因被逼迫所写，且根据上述证据不能排除文某被刑讯逼供的可能。而公诉机关认为，根据文某本人所写情况说明，结合其他证据，可以证明文某的外伤与刑讯逼供无关；按照法律规定，文某所犯罪行尚未达到必须要进行全程录音录像的条件，且目前该录音录像资料已灭失；文某在审查起诉阶段的有罪供述能够证明其运输毒品犯罪事实。

问：

1. 对于本案是否应启动非法证据排除先行调查程序，应由谁承担证明责任？
2. 启动非法证据排除程序后，对被告人供述的取证合法性问题应由谁承担证明责任？
3. 分析本案中被告人运输毒品犯罪事实的证明责任承担和证明责任的内容。

【实训项目三】

● 一、训练内容

刑事证明标准。

● 二、训练目的与要求

根据《刑事诉讼法》及刑事证明理论与实践，正确理解我国"事实清楚，证据确实、充分"的刑事证明标准。

● 三、训练素材

北京市丰台区人民检察院以被告人任某某犯寻衅滋事罪向北京市丰台区人民法院提起公诉。

检察院指控两起事实：① 2013 年 5 月 15 日 1 时许，被告人任某某在丰台区兆丰园三区酒后滋事，任意损坏被害人尹某、刘某、井某、靳某、李某的轿车，经鉴定车辆损失共计价值人民币 1.9 万余元。② 2013 年 5 月 17 日 1 时许，被告人任某某在北京市丰台区吴家村路博华宾馆门前酒后闹事，持碎啤酒瓶将被害人石某某打伤，致被害人石某某右手第五掌骨粉碎性骨折，法医鉴定为轻伤。经鉴定，被告人任某某此次作案时为限制刑事责任能力人。

检察院就指控的第一起事实提供了被告人供述、被害人陈述、涉案财产价格鉴定结论书以及监控录像等证据。通过这些证据，能够证明以下几点：一是任某某承认自己当晚酒后回家的途中顺手用钥匙划了几辆车的车门和前盖部位；二是几名被害人陈述在案发后发现自己的汽车被损坏，具体损坏部位主要有车身多处划痕、反光镜被砸、车标被弄坏等；三是涉案财产价格鉴定书证明各车辆的损失情况，但这些鉴定均非实物鉴定；四是监控录像能够证明案发当时任某某在小区车位处走动，并且逗留较长时间。

被告人任某某辩称：自己对起诉书指控的酒后打伤被害人石某某的犯罪

事实没有异议，但对起诉书指控的损坏车辆的犯罪事实提出异议，称自己当日醉酒后仅持钥匙划了车门和前机器盖部分，并未损坏反光镜和车后备箱。

辩护人认为：第一，就起诉书指控的第一起事实，被告人供述的案件经过与五名被害人的陈述存在明显矛盾，被害人车辆受损部位和受损程度均大大超过被告人所供述的事实，没有直接证据能够证明五名被害人的车辆受损部位均为被告人所为。故起诉书指控的被告人酒后任意损坏他人车辆的犯罪事实没有充分证据证明系被告人所为，不能排除其他人损坏车辆的合理怀疑。第二，就起诉书指控的第二起事实没有异议，但被告人作案时系限制刑事责任能力人，能如实供述自己的罪行，家属愿意帮助被告人赔偿被害人石某某的经济损失，故请求法院对被告人从轻、减轻处罚。

法定代理人意见：在案证据不能证明起诉书所指控车辆损坏情况均系被告人任某某所为。

法院生效裁判认为：被告人任某某酒后持械随意殴打他人，致一人轻伤二级，情节恶劣，检察院指控被告人任某某犯寻衅滋事罪罪名成立，但指控的第一起犯罪事实即被告人任某某酒后任意损毁他人车辆的犯罪事实证据不足，本院不予认定。被告人任某某曾因故意犯罪被判处有期徒刑，其在刑满释放后五年内又故意犯应当被判处有期徒刑以上刑罚之罪，系累犯，故本院对其依法予以从重处罚；被告人任某某作案时系限制刑事责任能力，且到案后能如实供述其寻衅滋事打伤他人的主要犯罪事实，故本院对其依法予以从轻处罚；其积极赔偿被害人的经济损失并取得被害人的谅解，本院对其酌情予以从轻处罚。

问：

1. 本案中检察院对指控的两起犯罪事实的证明中适用何种证明标准？
2. 从刑事证明标准和证明责任的角度分析本案中法院对被告人毁坏他人车辆的犯罪事实为何不予认定。

第六单元

刑事证据的审查判断

知识导图与案例导入

◆ 知识导图

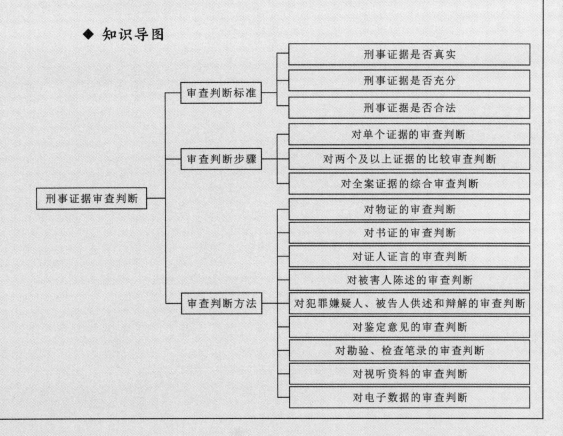

◆ **案例导入**

某起故意杀人案件，经公安机关立案侦查获取了以下材料：

（1）对目击证人张某询问后形成的笔录。

（2）知情人王某、陈某形成的反映赵某与李某事发前有巨大感情纠纷内容的询问笔录。

（3）现场提取的被害人赵某的空公文包一个、带血菜刀一把、菜刀手柄处手印五枚、足迹若干、血泊一处、滴落状血迹若干。

（4）对犯罪嫌疑人李某的住所搜查后获取的带血的衬衣一件、带血的针织手套一双、鞋底沾血的某品牌足球鞋一双。

（5）被害人赵某的尸体及随身衣物。

（6）对现场提取的血液与被害人赵某认定同一的鉴定结论。

（7）对现场提取的指纹与犯罪嫌疑人李某认定同一的鉴定结论。

（8）对获取的某品牌足球鞋与现场足迹认定同一的鉴定结论。

（9）公安机关为验证目击证人张某能否清晰看见犯罪嫌疑人李某样貌及杀人过程所形成的持肯定结论的侦查实验记录一份。

思考：

对上述材料进行审查判断，会经常用到哪些方法？应注意哪些问题？

基础知识与原理

第一节 刑事证据审查判断概述

一、刑事证据审查判断的基本概念

刑事证据的审查判断,是指办案人员对已经收集和获取的证据进行分析、研究、比较、鉴别,以判明它们的真实性及其与案件事实的关系,并确定证据的证明力,从而对案件事实作出正确认定的一种诉讼活动。这个概念包含以下四个方面的内容。

1. 刑事证据审查判断的主体

刑事证据审查判断的主体是案件办案人员,即从事侦查、公诉、审判的人员。

2. 刑事证据审查判断的性质

刑事证据审查判断是一项重要的刑事诉讼活动。

3. 刑事证据审查判断的方法

刑事证据审查判断需要严谨、科学地研究分析和鉴别。

4. 刑事证据审查判断的目的

(1) 辨别证据的真伪。
(2) 明确证据的证明力。
(3) 查清事实真相。
(4) 正确认定案件事实。

二、刑事证据审查判断的方法

司法机关在刑事诉讼中要想发挥刑事证据证明犯罪事实的作用,就必须对刑事证据的真实性、充分性和合法性进行科学合理的审查判断。唯其如此,诸多刑事证据之间才能形成客观、完整、紧密的证据链,并保障司法机关依法运用刑事证据完成刑事诉讼各阶段的工作。

刑事证据的真实性,要求刑事证据必须是从刑事案件的发生、发展过程中取得的,它不以个人的主观意志而转移,是反映客观实际的材料;刑事证据的充分性,要求刑事证据在数量上要达到足以证明案件事实的程度;刑事证据的合法性,要求刑事证据需要由法律规定的主体，依照法定程序，在法律许可的情况下收集，而且其本身还须具备合法的形式和内容。

司法机关在刑事诉讼工作中通过对刑事证据的审查判断，实现刑事证据上述三个基本特征，需要采取相对应的一些方法。

（一）甄别法

甄别法主要体现在刑事证据的收集环节，即收集刑事证据的主体对刑事证据逐一进行审查和鉴别。要辨别刑事证据的真伪，以及刑事证据是否有证明力，要求甄别主体在刑事证据的审查判断中遵循客观事物演变的一般常识和规律。

（二）比较法

亦可称之为对比法或比对法，是指办案人员对刑事案件中发现的两个或两个以上且具备可比性的刑事证据进行比较或对照，从中发现它们之间的共同点及差异点的一种审查判断刑事证据的方法。运用此种方法审查判断刑事证据，体现在整个刑事诉讼环节中，尤其是侦查机关案情分析研判环节。

（三）印证法

印证法是指办案人员将诸多刑事证据各自所能证明的相关事实进行综合验证，以认定这些刑事证据之间是否能相互呼应、协调一致的审查判断方法。这种审查判断刑事证据的方法在分析刑事证据链条的逻辑严密性方面效果较好，尤其体现在侦查机关在侦查终结环节对所有刑事证据进行最后梳理的阶段。

（四）侦查辨认法

侦查辨认法是指侦查机关在对某些事物的结论无法下定论的情形下，组织曾与该事物接触过的有关人员进行指认与确定的一种审查判断刑事证据的方法。在侦查机关对获取的被害人陈述、犯罪嫌疑人供述和证人证言的某些内容的真实性存疑时，可以通过制定严谨科学的辨认方案并依法依规开展辨认，来达到审查判断刑事证据的目的。

（五）技术鉴定法

技术鉴定法是指办案人员为了解决刑事案件中的某些专门性问题，尽快查清案情，由侦查机关聘请或指派具有相关专门知识的人员，对刑事案件中的某些专门性问题进行科学鉴别和判断的一种审查判断刑事证据的方法。实践中，往往表现为侦查机关通过技术鉴定手段来判断犯罪痕迹物证是否为犯罪嫌疑人所留，充分体现了刑事科学技术手段对审查判断刑事证据活动的强力支撑。

（六）侦查实验法

侦查实验法是指办理刑事案件的侦查人员为了确定对刑事案件侦查具有重要意义

的某种事实或现象能否存在，或在某些条件下是否发生、如何发生，尽可能模拟案件发生时的条件，将该事实或现象加以重现的一种审查判断刑事证据的方法。运用这种方法审查判断刑事证据，需要经过严格审批并科学地设计实验方案，规范地进行侦查实验，如此所形成的侦查实验结论才具有作为刑事证据的价值。

（七）质证法

质证法，即办案人员遵照法定程序组织并指挥了解该事实的两个或两个以上的人，对特定的案件事实或者证据事实互相询问、辩驳的一种审查判断刑事证据的方法。一般运用于审理刑事案件阶段法庭组织公诉人、被害人和被告人、辩护人对证人证言进行质证以便法庭判断证人证言的真实性这个阶段。

（八）反证法

亦称逆证法，是指通过否定某一刑事证据的做法来肯定与之恰好相反的证据为真的一种审查判断刑事证据的方法。在刑事诉讼过程中，司法人员为了反驳相反的证据以达到肯定某种证据的真实性的目的，往往使用这种方法。当然，在司法实践中使用这种方法进行刑事证据的审查判断肯定具有一定的局限性，不能独立确认犯罪嫌疑人或被告人有无犯罪，因此需要其他刑事证据一起组成完整的证据链条。

（九）排除法

亦称排伪法，是指把要判断的刑事证据同其他可能提出的许多判断放在一起，通过证明其他判断的错误来确定或推断待判断正确性的一种审查判断刑事证据的方法。在刑事诉讼阶段，侦查机关、审判机关对于某些可以穷尽的判断，在证明其他判断错误的依据为真的条件下，可以采用此种方法来完成刑事证据的审查判断。

三、刑事证据审查判断的标准与步骤

（一）刑事证据审查判断的标准

所谓刑事证据审查判断的标准，其本质是办案人员在审查每一个刑事证据或者对全案作出事实认定时的准则。

1. 刑事证据的真实性

刑事证据的真实性是指刑事证据所反映的抑或其所证明的是刑事案件中的客观事实情况，也就是证据的来源可靠，证据的内容合乎情理。审查判断刑事证据的真实性必须从以下两个方面进行。

（1）刑事证据来源的可靠性。主要是审查影响刑事证据真实性的诸多因素。比如：① 办案人员审查提供证据的人与刑事案件中的犯罪嫌疑人、被害人有无利害关系，提供证据的人是在何种状况下感知的。② 刑事证据的材料是在何种条件下形成的。③ 如果刑事证据是以鉴定文书这种载体呈现的,就要从鉴定中样本、检材的数量和质量是否合乎鉴定要求、鉴定人员是否专业、鉴定所需要的器材是否满足鉴定需求等诸多方面进行考察。④ 组织勘验收集的重要痕迹物证是否邀请了见证人,是否采用了正确的方式方法提取固定。⑤ 侦查辨认环节中,侦查人员是否采用科学合理的辨认方法,是否实施了足以干扰辨认人独立自主实施辨认的行为。⑥ 侦查实验中,侦查人员是否依法进行,是否是在与案件发生时相似或接近的条件下进行的,是否同一实验反复多次进行。

(2) 刑事证据内容的合理性。刑事证据既要起到追究犯罪分子刑事责任,又要保障无辜的人不受法律追究的作用,就必须做到单个刑事证据的内容合乎情理,同时刑事证据和刑事证据之间没有矛盾,指向性一致。例如:侦查人员根据现场提取的血迹作的 DNA 鉴定结论与搜查中提取的犯罪嫌疑人毛发所作的 DNA 鉴定结论有无矛盾;犯罪嫌疑人口供描述的侵害手段与被害人陈述中记载的受侵害方式有无矛盾;侦查实验中验证目击证人在一定距离清楚辨识出犯罪嫌疑人特殊体貌特征的内容与人眼在不进行调节的情况下最多可以在 6 米内看清事物是否相悖;犯罪嫌疑人在多次口供中对作案动机、目的的描述是否前后不符等。

2. 刑事证据的充分性

刑事证据的充分性是指办案人员所收集的刑事证据从数量上来讲要足以证明其所要证明的案件事实。

(1) 刑事证据充分性的特征。① 完整性。办案人员需要证明的每一个案件事实或情节都须证据证明,并且每一个证据所要证明的事实又可以通过别的证据加以佐证,此证与彼证能构成一个完整的证据证明体系。② 一致性。各项证据能相互一致地证明案件情况,合理排除了证据之间、证据与案件事实之间的矛盾。③ 排他性。办案人员所能证明的全部案件事实是依据所有证据所能得出的唯一合理结论。

(2) 刑事证据充分性的具体内容。① 办案人员能够将构成刑事案件的每一个要素与所收集的相关证据对应起来,做到每一个证明对象都有对应的证据证明。② 办案人员所收集的证据能够将其他可能排除在外,证明本案的事实主张很充分。

3. 刑事证据的合法性

刑事证据的合法性是指办案人员所收集的刑事证据必须合乎法律规定的形式和要求。具体来说有以下几点。

(1) 刑事证据的手续、形式要合法。① 刑事证据的收集必须依照一定的法律程序,手续完备合法。② 案件中的有关证据必须以一定的形式来呈现。例如,公安机关对犯罪嫌疑人的住所搜查时发现了可以扣押的财物和文件,应当由侦查人员先原地拍照,并让现场的见证人和被扣押财物、文件的持有人当场清点清楚后开列查封、扣押清单,侦查人员、持有人及见证人三方签字后才能进行财物和文件的扣押。同时,通过笔录、清单、照相、录像、制图等方式来表明扣押过程手续的合法性和扣押所形成的刑事证据形式的合法性。

（2）刑事证据的收集程序要合法。法律上虽然明确规定了收集刑事证据的程序与法律手续要相一致，但是司法实践中仍存在办案人员办案手续齐全，却不一定都符合刑事证据收集程序合法性要求的做法。如侦查人员对某起杀人案件中的目击人进行询问中，虽然从询问笔录格式来看呈现出询问手续齐全的内容（如首部内容有对询问对象的权利义务的告知，正文部分有反映侦查人员提问和目击人回答，尾部有反映目击人检查回答内容无误的签名）的内容，但实际上侦查人员在问话中有诱导目击人按照他们的"剧本"回答的行为，这就违反了刑事证据收集程序合法性的要求。

（3）刑事证据的使用要合法。《刑事诉讼法》明确规定，所有的刑事证据必须经过查证属实，才能作为定罪量刑的依据。在刑事诉讼法庭审理阶段，很多刑事证据都必须经过合法性审查才能作为判决的依据。比如未到庭证人所作的证言、司法鉴定机构作出的鉴定结论、侦查机关制作的勘验笔录应当庭宣读，而且还须听取当事人和辩护人的意见；侦查机关获取的视听资料、物证、书证应向被告人当庭出示，并让被告人辨认等。

（二）刑事证据审查判断的步骤

司法机关办案人员对刑事证据的审查判断，实际上体现出其对涉案证据从模糊到清晰、由表象到实质的认识过程。在审查判断刑事证据过程中，每个步骤都采用正确合理的方法，才能让审查判断的结论反映客观实际的情况。一般来说，对刑事证据的审查判断需要分三步走。

1. 对单个证据的审查判断

刑事证据整体的真实性和合法性取决于每个证据的真实性和合法性。实践中，办案人员对单个证据的审查判断重点要放在审查每项证据的来源、内容及其与案件事实的关联性上，以保障单个证据无以辩驳的真实性及合法性。对单个证据的审查判断的方法见表6-1。

表6-1 对单个证据的审查判断的方法

审查判断方法	适用情景描述
按时间顺序进行审查	适用于犯罪时间顺序比较明确的案件，即按证据所证明的案件事实发生的先后顺序逐个审查
按主次顺序进行审查	主要适用于核心事实与核心证据比较明确的案件，即按照证据所证明的案件事实的主次关系和证据本身的主次关系逐个审查

2. 对两个及以上证据的比较审查判断

在刑事证据的审查判断过程中，至关重要的第二步是对两个或更多证据进行细致的比较和审视。这一步骤的核心在于对比涉及同一案件事实的多份证据，通过详细比较其内容及其所反映的情况，判断它们是否保持一致性，并且能否共同、合理地证实案件中的某一特定事实。在进行证据的比较审查时，我们不应仅仅满足于发现不同证据间的相似性和差异性，更为关键的是深入分析这些相似性和差异性是否逻辑合理、是否遵循客观事实规律。通过这样的比较和审查，我们能够更加准确地评估证据的真实性和可靠性，从而为办案提供有力的依据。比较审查判断证据的方法见表6-2。

表6-2　比较审查判断证据的方法

审查判断方法	适用情景描述
纵向比较审查	对于同一案件事实，当同一人提供多次陈述时，对这些陈述进行详尽的前后对比
横向比较审查	对于同一案件事实，当多人提供陈述时，对这些陈述进行详尽的对比，分析有无矛盾

3. 对全案证据的综合审查判断

在刑事证据的审查判断过程中，第三步是对案件中的所有证据进行综合的审查与分析。这一步骤的关键在于对案件中的全部证据进行整体性的考量，通过深入分析和研究，确保这些证据的内容和所反映的情况能够相互协调、相互印证，并且能够确实、充分地揭示案件的真实情况。从某种程度上来说，之前进行的单个证据审查和比较审查，主要是为了验证证据的真实性和合法性。而到了综合审查这一步，则更加关注证据是否足够充分，是否构建起了完整的证据体系，以及这些证据是否足以全面证明案件的所有事实。通过这样的综合审查，我们可以确保所依据的证据体系既完整又可靠，为办案提供坚实的基础。综合审查判断证据的方法见表6-3。

表6-3　综合审查判断证据的方法

审查判断方法	适用情景描述
相互印证法	相互比较案件的各个证据，看彼此之间是否能得到印证
串联排疑法	将全部证据进行串联分析，看其证明方向是否完全一致，是否构成完整的证据链条，是否排除其他可能，进而判明是否达到"证据充分"的要求
重新订正法	随着证据材料的不断收集，及时调整对证据的看法
重点核实法	针对关键证据，重点审查，反复核实
逻辑推理法	采用逻辑推理的方式，对案件证据进行合理性分析，以得出正确的结论

上述审查方法并非孤立存在，而是可以相互交织、交替运用的。办案人员在收集到某一证据后，首要任务是对其真实性和合法性进行初步的个别审查判断，这是针对单个证据的初步评估。随着证据的逐步收集，办案人员需要将这些证据相互联系起来，进行比较审查，旨在发现证据之间的矛盾和差异，并通过合理的解释来消除这些矛盾，确保指向的案件事实真实合法且方向一致。当证据足以证明某一案件事实时，便可进入全案证据的综合审查判断阶段，通过整体性的分析，判断全案证据是否充分，是否存在欠缺。

若在此过程中发现已有证据不足以完全证明案件事实，则需要补充收集证据。对新收集的证据，同样需要进行个别审查判断，并与其他证明同一事实的证据进行比较审查。随后，再次将全部证据串联起来，进行综合审查判断。这一过程可能需要多次反复进行，直至最终全面、充分地证明案件事实。通过以上审查流程，我们能够确保刑事诉讼活动中案件证据的真实性、充分性和合法性。

第二节　审查判断各种刑事证据的基本方法

一、物证的审查判断

（一）审查判断物证的主要任务

物证，作为刑事证据的一种，通常无法直接揭示犯罪的主要事实，而是需要办案人员经过细致的审查与判断，才能对其进行确认和认证。例如，侦查机关在勘验某杀人案件现场时获取了一把带血的菜刀。菜刀算不算犯罪嫌疑人使用的作案工具，需要侦查机关对菜刀上的血与被害人的血进行鉴定，排除不一致的情形，还须排除犯罪嫌疑人故意伪造或栽赃他人的可能性，这样才能使菜刀和杀人行为建立起关联性。审查判断物证的任务至关重要，若不明确这一任务，便可能导致刑事证据的遗漏，进而在后续的证据运用中出现偏差或失误。审查判断物证的职责见表6-4。

表 6-4　审查判断物证的职责

主要任务	内容
排除伪造	排除犯罪嫌疑人伪造物证的可能。如犯罪嫌疑人将受害人杀死后，故意翻动现场物品，伪造侵财的假象
排除栽赃	排除犯罪嫌疑人栽赃他人的可能性。如犯罪嫌疑人故意将作案工具藏匿于他人住所，将犯罪嫌疑引向他人
排除一般物	排除与案件无关的一般物品。具体来说就是将因偶然因素出现在现场或其他空间的物品排除，避免这些物品对办案人员认识案情造成干扰

（二）审查判断物证的方法

1. 审查判断物证来源的合法性

物证的来源具有多样性和复杂性。在空间维度上，物证可能源自室内环境，也可能来自室外场所；在来源途径上，物证可能直接来自犯罪嫌疑人的随身衣物或居所，也可能由目击证人提供，甚至可能来源于与刑事案件无直接联系的企事业单位及人民群众等。故此,办案人员审查判断物证时,需要深入探究物证是在何时、何地、何种情境下,由何人提供或收集的,以及采用了何种调查或侦查手段。

2. 审查判断物证的外部特征是否与案件事实有关联性

物证的核心特性在于,它是以其固有的外部特征、形状、品质以及状态等作为载体,来揭示案件的事实真相。然而在实践中,物证这一客观属性的显现程度常常受到多种外部因素或环节的影响,这些可能限制或阻碍物证发挥其应有的证明作用。例如,犯罪现场中尸体在野外被自然界的动物啃噬而变得残缺,法医只有通过仔细的尸检,把死者被动物啃噬所形成的伤口特征与犯罪行为形成的伤口特征区别开来,才能帮助侦查机关揭示案发过程。因此,对物证的审查显得尤为重要。这一过程是确保物证充分发挥其证明作用的关键环节,也是维护司法公正的重要保障。

二、书证的审查判断

(一)审查判断书证的主要任务

书证,作为证据的一种形式,主要是通过其所记载的内容和表达的思想来证实待证事实。司法实践中,侦查机关经常发现书证存在被伪造或变造的风险。例如,犯罪嫌疑人为达到诈骗目的,伪造市面上常见的各类公文、证件、合同、信件等文件。同时,还有可能对原本真实的书面材料,如账册、发票等,通过涂改等变造手段进一步为诈骗制造条件。因此,在审查判断书证时,必须根据书证自身的特点,仔细甄别真伪,确保其真实性和可靠性,从而有效地发挥其证明作用。审查判断书证的职责见表6-5。

表6-5 审查判断书证的职责

主要任务	内容
排除伪造的可能	核查是否存在模拟他人笔迹、私自雕刻或盗用印章、使用印刷技术、通过计算机制作、影印或复印等方式制造书面材料的可能性
排除编造的可能	核查是否存在剪辑、涂改、粘贴、增减字、篡改标点符号等手段的可能性
排除胁迫制造的可能	核查是否存在迫使他人违背自己的意愿书写信件、制作各类文件的可能性
排除诱骗制作的可能	核查是否存在采用诱骗手段让他人制作假书信、假凭证以及其他书面材料的可能性
排除一般文书的可能	核查一般文书与案件待证事实之间是否存在无关联的可能性
排除制作错误的可能	核查书面材料在制作过程中是否有书写、打印错误的可能性

（二）审查判断书证的方法

审查判断书证时，通常采取以下几种途径。首先，通过询问当事人和相关知情人士，详细了解书证所记载事实的发生、发展及变化过程，以便对其内容真实性进行验证。其次，向书证的制作人、中介人、见证人及相关知情人士调查，了解书证的制作背景、目的和具体制作过程，以确保书证的合法性和可靠性。此外，还需调查书证的保管情况，包括保管人、保管地点及保管条件等，以确认书证在保管过程中是否发生变动或损坏。最后，通过询问当事人和知情人士，了解书证在诉讼程序中向办案人员提出的情况，以便全面把握书证在案件审理中的作用和地位。

1. 对书证制作环节的审查

审查书证的内容时，首要关注的是书证的制作主体，即确认书证是否确实由国家机关、企事业单位、人民团体或公民个人所制作。这一步骤的关键在于明确书证的来源和制作者，以确保其真实性和权威性。其次，需要仔细审查制作书证的手续是否完备，包括审查其制作程序、签字盖章等环节是否符合相关规定，以验证其合法性和规范性。最后，应关注书证在复制过程中是否存在伪造或变造的可能性，这需要对复制过程进行仔细核查，以确保书证内容的真实性和完整性。

2. 对书证内容的审查

审查书证的内容时，要深入理解书证所记载的内容，探究其表述的具体含义。这一步骤是确保准确理解书证信息的基础。同时，核实书证的内容是否真实反映了有关人员的意图，并判断其记载的内容是否与客观事实相符。这涉及对书证真实性和准确性的评估。最后，还需要分析书证与待证事实之间的关联，确定该书证是否与案件事实存在直接联系。这一步骤有助于明确书证在案件中的证明作用。

3. 对书证有无变造、伪造的审查

审查书证时，要鉴别书证是否通过模仿他人笔迹等手法伪造而成。这一步骤至关重要，因为伪造的书证可能导致办案人员对案情的误判。同时检查书证是否存在篡改内容的情况。通过仔细比对书证的原始记录与现有内容，是可以发现潜在的篡改迹象的。

三、证人证言的审查判断

在我国《刑事诉讼法》规定的刑事证据中，证人证言虽然具有直观形象的优点，但也会因不同证人在感知能力、记忆能力、表达能力等方面的差异，使得证人证言发挥出来的证明力有高有低。所以对证人证言的审查判断显得极为重要。

（一）审查判断证人证言的主要任务

1. 证人证言与案件事实关联度的审查

在审查判断证人证言时，首先要核实其是否与案件事实相符，避免矛盾；其次，要与其他证据相互印证，确保一致性；最后，要确保证人证言与已确认的案件事实相吻合。

2. 证人与案件当事人或案件本身利害关系的审查

与案件存在某种关联的人士，尽管具备作为证人的资格，然而，鉴于他们与案件之间的特殊利害关系，部分人可能选择隐瞒某些关键细节，或者夸大某些事实情节，从而导致其证言的真实性受到质疑。因此，审查此类证人证言时需格外审慎，确保证人证言的真实性和准确性，以维护刑事诉讼活动的公正性。

3. 证人资格和作证能力的审查

审查证人的资格和能力时，应依据《刑事诉讼法》第62条规定，排除不具备作证资格和能力的人员。具体而言，一是考察证人是否存在生理或精神上的缺陷，以及这些缺陷是否影响其理解和表达能力；二是评估证人是否能够完整、准确地描述作证事项，避免虚构或夸张情节。此外，对于年幼的证人，还需特别关注其是否具备辨别是非和正确表达的能力。因此，在审查证人资格时，须严格遵循法律规定，确保证据的合法性和有效性。

4. 证人认识案情的主客观条件的审查

证人对于案件事实的认识，既取决于其个人的感知能力，也受外部条件的影响。在审查证人证言时，首先要关注证人的主观方面，包括其视力、听力、记忆力等感知能力。这些能力直接影响证人对于案件细节的捕捉和回忆。其次，还需要审查证人认识案情的客观条件。例如，证人距离案发现场的远近、现场光线的光亮程度，以及证人与案件事实之间是否存在任何阻碍其感知的因素。通常情况下，距离现场较近、光线条件较好且没有感知障碍的证人，其提供的证言往往更为准确可靠。因此，在综合评估证人的主观感知能力和客观条件后，就可以初步判断证人证言的准确性和可信度。对于主观感知能力强且客观条件有利的证人证言，应给予更高的重视；对于存在明显感知缺陷或客观条件不利的证人证言，则需谨慎对待，避免其误导案件事实的认定。

（二）审查判断证人证言的方法

司法实践中，审查判断证人证言的方法见表6-6。

表 6-6 审查判断证人证言的方法

主要方法	内容
客观实验法	通过科学实验的过程和结果验证证人证言的客观真实性
对质法	在双方证人的相互质询、诘问中，指出对方陈述中的虚假或矛盾点，以揭露案件事实
辩论法	证人在相互辩驳争论中，揭露对方证言中的矛盾点、存疑点和虚假点
询问法	审查证人的资格、证言形成过程中是否受到主客观方面的影响、陈述中有无不合理的地方

四、被害人陈述的审查判断

被害人陈述在刑事诉讼中构成一种独立的诉讼证据，具有不可替代的价值。作为自然人，被害人的身份具有多样性，既可能包括具备完全民事行为能力的成年人，也可能涵盖心智尚未成熟的未成年人。此外，被害人的精神状态亦存在差异，既可能是精神正常的人，具备清晰、准确陈述案件事实的能力，也可能是无行为能力人或限制行为能力人，其陈述能力受到一定限制，需要特别审慎对待。

（一）审查判断被害人陈述的主要任务

审查判断被害人陈述的主要任务，主要由以下几个方面构成。

1. 被害人与犯罪嫌疑人、被告人关系的审查

一般而言，如若被害人与犯罪嫌疑人、被告人关系不睦，其虚假陈述的可能性就大；反之，则其如实陈述的可能性就大。这种判断在司法实践大多数情况下是准确的。

2. 被害人作证能力的审查

被害人的作证能力客观上确实和其生理、精神是否健康相关，也和其是否年幼、是否能明辨是非、能否正确表达有关。因此，要重点审查被害人陈述的内容和其本身在感知、记忆、表达等方面的能力是否匹配。当然，在作出判断结论前，也要注意把普遍性与特殊性结合起来，不能在上述作证能力所匹配的能力指标上采取一刀切的做法，毕竟存在着特殊情况，如某些被害人虽年幼，但其在感知、记忆、表达方面远超同龄人。

3. 被害人陈述的来源与形成过程的审查

审查被害人陈述时，一要确认其是主动提供，还是经追问或他人转述；二要检查收集程序是否合法；三要核实陈述内容是否源于被害人亲历，而非转告或推测。此外，

评估被害人作证时的心理和精神状态，并审查是否受到利诱、胁迫或威吓等影响。把握以上要点，是做好被害人陈述的来源与形成过程审查的关键。

4. 被害人陈述的关联性的审查

其本质就是审查被害人陈述的内容与刑事案件的发生和发展的某一阶段的内容是否存在内在的联系。这对于被害人是否为真正的"受害人"意义重大。

5. 被害人陈述与其他证据有无矛盾的审查

首先，要详细比对被害人陈述中的关键细节，如案发时间与地点、涉案人员、作案手段等，与物证、书证、证人证言等其他证据进行逐一对照。其次，要注意审查被害人陈述与其他证据在内容上是否存在冲突或矛盾之处，在逻辑上是否一致。最后，审查被害人陈述与其他证据的关系时，还要考虑各证据的证明力大小和可靠性程度。

（二）审查判断被害人陈述的方法

从刑事证据的类型来看，被害人陈述也属于言词证据。因此，证人证言的审查判断方法一般来说也应该适用于被害人陈述的审查判断。但要注意的是，司法实践中考虑到对被害人人权的保护，在对其陈述的可靠性进行审查时要谨慎使用对质的方法。

五、犯罪嫌疑人、被告人供述和辩解的审查判断

司法实践中，基于供述和辩解存在主观性和易变性、供述和辩解可能受到外界因素的影响等不利因素的考量，办案人员不能轻易相信犯罪嫌疑人、被告人供述和辩解。

（一）审查判断犯罪嫌疑人、被告人供述和辩解的主要任务

犯罪嫌疑人、被告人供述和辩解，其内容往往复杂多样、真假难辨，存在较高的虚假风险。为确保案件事实的准确认定，必须将这些供述和辩解与其他证据进行严格对照，通过相互印证来鉴别其真实性。审查判断犯罪嫌疑人、被告人供述和辩解的主要职责主要包括以下两个方面。

1. 收集犯罪嫌疑人、被告人供述和辩解的程序、方法的合法性审查

首先，应审查侦查讯问的主体资格是否合法，即是否为法定的侦查人员；其次，侦查讯问中讯问人员的人数是否至少 2 人；再次，侦查人员组织讯问活动时是否单独对犯罪嫌疑人、被告实施；又次，讯问时侦查人员是否出示了证明文件及是否履行了告知犯罪嫌疑人、被告人在讯问中的权利义务的法定职责；最后，侦查人员是否把已录完的讯问笔录交由被讯问人确认，以保证其内容和被讯问人回答的一致性。

2. 犯罪嫌疑人、被告人供述和辩解的合理性审查

其实质上就是审查犯罪嫌疑人、被告人供述和辩解与实际案情的发生和发展过程是否相符,有无根本性的矛盾。

(二)审查判断犯罪嫌疑人、被告人供述和辩解的方法

1. 审查犯罪嫌疑人、被告人供述和辩解的动机、目的

通常而言,当犯罪嫌疑人、被告人自愿承认犯罪事实时,其供述和辩解的可靠性相对较高,因为其出于自愿,故真实可信;反过来,如果其供述和辩解并非出于自愿,而是在某种压力或诱导下作出的,其可靠性可能较低。

2. 审查犯罪嫌疑人、被告人供述和辩解的内容

首先,仔细审查同一次犯罪嫌疑人、被告人供述和辩解对同一事物内容的表述是否前后矛盾,无法自圆其说;其次,仔细审查共同作案的犯罪成员之间对同一事物内容的表述有无矛盾;最后,通过综合比较犯罪嫌疑人、被告人供述和辩解内容与其他证据,审查彼此间有无矛盾,如发现矛盾应列出矛盾的表现形式并分析其产生的原因。

3. 审查犯罪嫌疑人、被告人供述和辩解获取的手段

在审查犯罪嫌疑人、被告人供述和辩解时,需要关注其提供陈述的具体情境,包括了解犯罪嫌疑人、被告人供述和辩解是在哪一次讯问中给出的,以及在何种环境和背景下提供。此外,还应探究是否存在"攻守同盟"或串供的情况,即犯罪嫌疑人、被告人之间是否有预谋地协调或统一口径。同时,还需特别警惕是否存在刑讯逼供、诱供、骗供或指供等非法取证手段,这些手段可能导致犯罪嫌疑人、被告人供述和辩解的失真或不可信。

4. 审查犯罪嫌疑人、被告人的经历

一般来说,犯罪嫌疑人、被告人过往的犯罪经验越丰富,其对抗讯问的心理优势就越大,对抗讯问的伎俩也更娴熟,办案人员获取的犯罪嫌疑人、被告人供述和辩解的虚假程度就会越大;反之,犯罪嫌疑人、被告人系初犯、偶犯的,他们缺少对抗讯问的经验,其所形成的供述和辩解的真实性相对更高。因此,审查犯罪嫌疑人、被告人的过往是很有必要的。

六、鉴定意见的审查判断

在所有的证据类型中,鉴定意见以其专业性和技术性成为案件裁判的一大关键。在司法实践中,鉴定意见往往能够为法官提供专业领域的知识和见解,帮助法官理解案件的复杂性,从而作出更为公正的判决。鉴定意见可能因为种种原因而存在偏差,

这些偏差可能源于鉴定人的主观因素，如个人经验、知识水平，甚至道德风险，也可能源于客观条件，如技术手段的局限性、检材的保存状态等。因此，对鉴定意见进行严格的审查判断，以确保其证据效力就显得尤为重要。对鉴定意见的审查判断，可以着重围绕以下几个方面展开。

（一）真实性审查

合格的鉴定意见是基于真实、可靠的事实和数据得出的。这意味着，鉴定过程中所使用的材料、方法和技术都必须经过验证，确保其科学性和有效性。例如，在法医鉴定中，如果依据的是未经核实的病历或者已经过时的医疗标准，得出的结论就难以令人信服。

（二）合法性审查

鉴定意见必须符合现行法律法规的规定，不能违背法律原则和社会公序良俗。在进行审查时，要检查鉴定机构的资质、鉴定人的资格以及鉴定程序是否合法合规。合法的鉴定意见，应当建立在合法授权的鉴定机构之上，由具备相应资格的鉴定人依据法定程序和技术标准进行。任何一环的瑕疵，如未按规定通知相关当事人参与，或者文书鉴定中的样本材料没有经过质证，都可能影响鉴定意见的法律效力。

（三）科学性和合理性审查

这要求审查者具备一定的跨学科知识，能够对鉴定意见中的专业术语、数据和方法进行理解和分析。例如，在一份关于工程质量的鉴定意见中，审查者需要关注鉴定所采用的技术标准是否为业界所公认，实验方法是否科学合理，数据分析是否严谨。

（四）客观性和中立性审查

这意味着要排除鉴定人可能存在的利益冲突，确保鉴定意见不受任何外部因素的影响。在某些情况下，鉴定人可能会受到来自案件当事人的压力，或者因为与某一方存在利益关联而失去中立性。这时，审查者需要通过调查鉴定人的背景、历史记录等信息，来判断其是否能够保持独立和客观。

（五）结论的一致性和逻辑性评估

对鉴定意见的审查还应包括对其结论的一致性和逻辑性的评估。一份高质量的鉴定意见，其结论应当是基于充分的证据和逻辑推理得出的。如果鉴定意见中存在逻辑矛盾或者与已知事实不符，那么它的可信度就值得怀疑。

七、勘验、检查笔录的审查判断

勘验、检查笔录在司法实践中往往被认为其客观真实性较高，是因为其制作过程遵循法定程序、记录的是客观事实并受到法律的严格监督。这些特点使得勘验、检查笔录成为刑事诉讼中重要的证据形式之一。

（一）审查判断勘验、检查笔录的主要任务

1. 勘验、检查笔录合法性的审查

首先，审查制作笔录的主体是否合乎法律的有关规定；其次，审查笔录所记载的内容是否与勘验、检查活动有关；再次，审查制作笔录时是否依法邀请了有见证资格的见证人；最后，审查笔录上是否有所有参与勘验、检查的侦查人员和履行见证义务的见证人的签字或盖章。

2. 勘验、检查笔录内容客观全面性的审查

旨在确保笔录的完整性、准确性、客观性和合法性。

3. 勘验、检查活动科学性的审查

首先，审查所使用的设备仪器是否具备先进性，是否符合当前的技术标准，这关系到数据的准确性和可靠性；其次，审查所采用的勘验、检查方法是否科学，即这些方法是否基于科学的原理和实验验证，从而客观反映事实真相；最后，关注勘验、检查的结论是否具备科学性，即结论是否基于充分的数据和逻辑推理得出，是否能够作为案件定性和量刑的有效依据。

4. 勘验、检查人员的业务水平和工作态度的审查

审查勘验、检查人员时，首先要确认他们是否拥有相应的专业知识，这是确保工作科学准确的基础；其次，要审查他们的工作态度是否认真负责，这直接关乎勘验、检查工作的质量和效果。

（二）审查判断勘验、检查笔录的方法

勘验、检查笔录作为刑事证据，在内容的记载上各有侧重。一方面，勘验笔录通过文字记录侦查人员发现、固定、提取痕迹、物品、人身、尸体等的行为，可以结合刑事照相、绘图、录像等多种手段更全面地反映勘验的全过程；另一方面，检查笔录通过文字客观反映侦查机关对与犯罪有关的痕迹、物品、人身、尸体等进行检验的过程与结果。审查判断勘验、检查笔录的方法如下。

1. 审查勘验、检查笔录形成的时间

一般来说，侦查人员对与犯罪有关的痕迹、物品、人身、尸体等诸多对象进行勘验、检查越及时，勘验、检查对象被破坏的概率就越小，勘验、检查的条件就越好，相应所记录的内容的真实性就越高。

2. 审查勘验、检查的对象

在审查过程中，主要关注的是勘验、检查的对象是否存在被破坏、伪造等故意行为，这些行为可能会制造假象，误导侦查方向，干扰正常的调查工作。

3. 审查勘验、检查笔录与其他证据的关系

主要是将勘验、检查笔录所记载的内容和调查访问笔录、证人证言、被害人陈述、犯罪嫌疑人供述和辩解等内容进行对比，确认彼此之间在反映案件事实部分是否一致。

八、视听资料的审查判断

视听资料的形成是现代科技的产物，基于其高度的客观性、准确性、生动性、形象性、便于保存和易于复制、使用高效等特点，常常被认为是高质量的刑事证据。但客观上来讲，视听资料在形成过程中容易被设备、技术、环境条件等影响，形成后又易被人通过剪辑手段使得其内容丧失真实性。因此在作为定案依据前，视听资料还需进行严格的审查判断。

（一）审查判断视听资料的主要任务

1. 视听资料制作和调取活动合法性的审查

首先，审查制作和调取视听资料的人员是否为办案人员、律师或法定代理人；其次，审查制作和调取视听资料是否遵循了法定的程序；再次，审查制作和调取视听资料是否获得了相关部门的批准；最后，审查制作和调取视听资料的过程中是否有见证人在场等。

2. 视听资料真实性的审查

既然视听资料客观上受人为因素或自然因素的影响有可能失去真实性，那么对视听资料证据的审查判断就应该着重审查其制作和调取环节有无人为或自然因素的存在。例如，犯罪嫌疑人通过"AI换脸"技术手段替换掉原始视频中相关人的头像，经过篡改后所形成的视频资料的真实性就丧失了。

3. 视听资料与案件关联性的审查

审查的主要方面是看视听资料的内容是否与案件无关。实践中办案人员主要是把视听资料的内容与案发的时间、空间等刑事案件的构成要素进行比较，研究其是否有逻辑上的矛盾，是否符合一般常识。

（二）审查判断视听资料的途径

1. 审查视听资料的来源

视听资料来源多样，其可靠性也因来源不同而有强有弱。如办案人员收集的视听

资料通常具有较强的证明力；当事人提供的资料则可能客观性不足；其他机构通过技术设备获取的视听资料真实性较高，但与案件关联度可能较低；无利害关系的公民或职业者获取的视听资料具有偶然性和片面性，虽经法定程序认可后可能作为证据，但整体证明力较弱。

2. 审查视听资料的制作、收集过程

首先，审查视听资料所依赖的设备状况，设备若具备高质量、高性能及高灵敏度，则其产生的资料证明力较强；其次，关注视听资料形成时的环境条件，如光线、拍摄角度及距离等，条件不佳可能导致声音失真、图像模糊或数据误差；再次，审视视听资料的技术形成过程，避免资料被剪辑、编辑或消磁处理，导致失去证明价值；最后，评估制作人的技术水平及操作方法，其水平及正确性直接关系到视听资料的外在质量及内容真实性。

3. 审查视听资料的内容

如果想当然地认为只要视听资料制作过程中条件良好，其呈现的内容就一定是真实的，这种判断就犯了绝对化的错误。因为，有些犯罪嫌疑人的反侦查经验极其丰富，他们会在作案前进行精心的准备。比如平时穿紧身衣物，犯罪时换上宽松的衣物；平时穿款式中正的鞋，犯罪时穿非主流的鞋；另外犯罪嫌疑人还可能戴假发、假面具或垫假胸片、假屁股等，具有相当的欺骗性。所以，办案人员要仔细分辨视听资料的内容，避免误判。

（三）审查判断视听资料的方法

视听资料作为科学技术进步的产物，其制作与收集得益于科技手段的不断创新。同时，这些技术手段也为证据的审查与判断提供了有力支撑。在审视和评估作为证据的视听资料时，既要遵循常规的逻辑和方法，也要积极采用更为先进、科学的手段，以适应其独特性的需求，确保审查结果的准确性和客观性。

常用的审查视听资料的方法如下。

1. 对比法

虽然通常情况下视听资料本身具有较高的证据价值，但只靠视听资料来定案还是不够客观全面的，毕竟视听资料呈现的内容具有局限性，制作和调取环节若再出现不利因素，会妨碍办案人员客观掌握案情。通过和其他渠道获取的刑事证据进行对比，去伪存真，可以真正形成完善的刑事证据链。

2. 辨别认定法

这种方法既可以发挥受害人、证人及其他知情人的记忆识别能力，又能发挥专业人员的辨识能力，把视听资料所记载的内容和人的主观能动性相结合，为侦查破案提供助力。

3. 技术鉴定法

真的假不了，假的真不了。通过技术手段形成的视听资料无论其是否有弄虚作假的内容，利用更科学、更先进的技术设备来对其所反映的内容真伪进行鉴别是完全可能的。

4. 检验法

一是检查技术设备的质量与性能；二是检查视听资料的技术形成过程，如现代技术能识别视听资料是否有人为后期剪辑的片段。

办案人员在审查视听资料时尤其要注意以下几点：① 如果视听资料系传来证据，审查的重点要放在转录过程中录音、录像的完整性方面；② 如果视听资料系原始证据，审查的重点要放在内容的客观完整性方面；③ 如果视听资料是由办案人员制作或调取的，审查的重点要放在其形成的过程中办案人员是否有采用非法手段方面；④ 如果视听资料是律师或法定代理人制作或调取的，审查的重点要放在是否依法办理了相关的法律手续方面。

九、电子数据的审查判断

电子数据的审查是确保电子数据在诉讼中的真实性和完整性的重要过程。以下是进行电子数据审查时需要注意的关键点。

（一）审查存储介质的状态

审查原始存储介质的扣押和封存状态，确保其在诉讼过程中保持原始性。

（二）审查收集和提取过程

审查电子数据的收集和提取过程，必要时查看相关录像，以确保过程的合法性和正确性。

（三）比对完整性校验值

通过比对电子数据的完整性校验值，如哈希值等，验证数据是否被篡改。

（四）与备份数据比较

将电子数据与备份数据进行比较，检查数据的一致性和完整性。

（五）规范操作流程

遵循最高人民法院、最高人民检察院、公安部等机构联合出台的相关规定，规范电子数据的收集提取和审查判断流程。

（六）保护数据完整性

审查收集、提取过程中采取的电子数据完整性保护方法，确保数据在整个过程中未被破坏或更改。

（七）技术手段辅助

运用专业的技术手段和工具，如数字取证软件，来辅助审查电子数据的真伪和完整性。

（八）专家意见

在必要时，可以寻求电子数据领域的专家意见，以提供更为专业和深入的分析。

（九）法律合规性

确保所有审查步骤都符合相关法律法规的要求，以保证审查结果的法律效力。

（十）记录和报告

详细记录审查过程中的所有操作和发现，并形成正式的审查报告，以供法庭使用。

（十一）保密措施

在审查过程中采取适当的保密措施，防止数据泄露或被未经授权的人员访问。

（十二）持续更新

随着技术的发展，审查方法和技术也应不断更新，以适应新的挑战和需求。

总的来说，电子数据的审查是一个综合性的过程，涉及法律、技术和操作等多个方面。在进行审查时，应综合考虑上述因素，确保电子数据的真实性、完整性和合法性。

自测练习

1. 多选：以下是刑事证据审查判断标准的是（　　　）。
   A. 刑事证据是否真实
   B. 刑事证据是否充分
   C. 刑事证据是否合法
   D. 刑事证据是否完整
   E. 刑事证据是否全面

2. 多选：物证是以其自身（　　）证明案件事实的物品和物质痕迹。
A. 客观存在
B. 物质特性
C. 属性
D. 特征
E. 存在状态

3. 多选：以下属于书证审查的基本方法的是（　　）。
A. 审查书证的制作
B. 审查书证的内容
C. 审查书证的载体
D. 审查书证有无伪造和变造
E. 审查书证的使用范围

4. 多选：关于视听资料作为刑事证据的特点，以下说法中正确的是（　　）。
A. 具有其他证据所不能比拟的准确性
B. 具有其他证据所不能比拟的可靠性
C. 无法伪造
D. 其制作容易受到机器设备、制作技术、客观环境和条件的影响
E. 容易被人们剪辑、编纂而失去真实性

5. 单选：以下不属于对被害人陈述的审查任务的是（　　）。
A. 审查被害人与犯罪嫌疑人、被告人的关系
B. 审查被害人的作证能力
C. 审查被害人陈述的来源与形成过程
D. 审查被害人陈述时有无异常
E. 审查被害人陈述与其他证据有无矛盾

6. 判断：公民甲向公安机关提供了一起入室盗窃案中目击犯罪嫌疑人乙撬门入室过程的询问笔录。因甲系聋哑人，因此对该询问笔录审查判断的结果肯定是不予采信。（　　）

实训

【实训项目一】

● 一、训练内容

物证的审查判断。

● 二、训练目的与要求

依据我国刑事证据审查判断的有关规则，准确掌握对物证、书证的审查判断操作要领。

● 三、训练素材

犯罪嫌疑人刘某某，男性，26岁，系外地来汉务工人员，曾因3年前有

寻衅滋事行为，但不服刑事处罚被治安拘留过，现在武汉市江岸区×××路××小区物业维修部做零工，暂住在江汉区××路3栋2单元2楼201室；被害人赵某，女性，22岁，系武汉大学××学院×××系在校学生，和其母亲租住在江汉区××路3栋2单元302室。

某年7月2日17时许，刘某某在外面吃完晚饭回住所时，在楼栋进门处无意中撞到被害人赵某，两人由此引发口角。随后刘某某从赵某身后掐住她的脖子。这时远处传来有人说话的声音，刘某某情急之下一手掐赵某的脖子致使赵某昏厥，并迅速将赵某往自己的住所拖。在拖拽中，赵某所穿蓝色拖鞋等物品掉在楼梯处，刘某某听到楼下有人说："谁的拖鞋掉了？"听声音是1楼住户"傻强"的媳妇孙某某。刘某某回到其住处后用红色透明胶带粘住赵某的嘴，并用胶带捆绑住赵某的手，然后迅速到楼下将赵某的手机、拖鞋、钱包等物品捡回。因赵某相貌甜美，张某某趁赵某昏厥将其强奸。没想到赵某随后醒过来发现自己被捆绑且被侵犯后发出尖叫，刘某某害怕罪行败露，双手狠掐赵某的颈部，并用铁丝勒赵某的颈部，造成赵某机械性窒息死亡。刘某某事后翻找被害人随身物品，找到503元纸币和一部红米手机（经评估价值1500元）并在之后送给其堂弟王某某。7月3日一大早，刘某某将赵某的尸体装进一个蓝白相间的大号塑料袋内，并用红色胶带及铁丝将塑料袋缠绕。当天晚上11时许，刘某某用白天特意捡到的旧床单被套包裹住装尸体的塑料袋，在最外面一层用紫色塑料袋套好，走安全通道到1楼，将缠绕好的尸体抱在怀中，骑着一辆共享电动自行车出发准备抛尸（据刘某某供述，在其从1楼的安全通道出来时，和该楼住户秦某打了个照面）。7月4日1时许，刘某某将受害人尸体用共享电动自行车固定好后沉入长江。刘某某趁夜赶回住所，又分两次把强奸赵某时用过的席梦思床垫丢弃到一垃圾转运站（后经查找垃圾转运站，未能找到床垫），将赵某的衣服、钱包、钥匙串、手机SIM卡等物分散丢弃在若干垃圾桶中。7月4日上午10时许，潜水爱好者许某在长江潜水时发现了被捆绑在共享电动自行车上的赵某尸体，随即报案。被害人赵某的母亲因女儿一夜未归，多方查找未果后向当地派出所报了失踪。公安机关及时组织赵某母亲对发现的尸体进行辨认，经确认死者确系赵某。公安机关当即以被害人住所为中心对周边地域紧急走访调查，展开勘验。7月5日上午，勘验工作取得突破：侦查人员发现被害人居住的单元楼1楼背面墙边有一卷红色胶带和铁丝，经后期鉴定：红色胶带的颜色、规格与发现的赵某尸体包裹物上黏有的胶带的离断面相吻合。另外，技术人员提取了胶带上的指纹。公安人员通过公安内网将有前科劣迹人员的指纹和胶带上的指纹进行对比，很快将嫌疑指向了张某某，并布控抓获。

问：请写出上述材料中公安机关对涉案物证审查判断的分析思路。

【实训项目二】

● 一、训练内容

对证人证言的审查判断。

● 二、训练目的与要求

依据我国刑事证据审查判断的有关规则，准确掌握对证人证言的审查判断操作要领。

● 三、训练素材

20××年7月5日下午6时许，某市城郊接合部的一偏僻道路发生一起拦路抢劫案件。一名男性从道路旁的庄稼中跳出来，持类似于砍刀样式的器械逼迫跑步健身的本地人张某将身上的金手链和一块"浪琴"手表交出来，随即迅速跳进庄稼地逃窜。张某随后报警，公安机关在调查走访中找到一名本地目击人刘某。该目击人反映，事发时他正在远处的一栋楼房阳台上抽烟，刚好看到犯罪嫌疑人抢劫的经过。刘某提到了以下细节：男性犯罪嫌疑人，身体瘦弱，个子较高，有点佝偻，身手灵活，手上拿的作案工具有金属反光，隐隐约约听到对方用潮州话威胁受害人。

问：公安机关该从哪些方面对刘某的证人证言进行审查判断？

【实训项目三】

● 一、训练内容

对犯罪嫌疑人供述和辩解的审查判断。

● 二、训练目的与要求

依据我国刑事证据审查判断的有关规则，准确掌握对犯罪嫌疑人供述和辩解的审查判断操作要领。

● 三、训练素材

某地检察院收到一份本地公安机关移送起诉的案件卷宗。在检查卷宗内容时，发现犯罪嫌疑人王某的口供一共有10份。其中，6份口供是承认罪行的，4份口供是推翻之前口供的。在承认罪行的口供中，王某讲述了某天在某宾馆和卖淫女贾某因嫖资没谈拢，遂在恼羞成怒下强行和贾某发生关系的经过。而在翻供的几份笔录中，王某讲述的是另一个版本：王某通过某社交软件结识了卖淫女贾某并在现实中成为男女朋友，并出钱租了房子同居。其间王某省吃俭用供贾某大手大脚地消费，很快积蓄殆尽，没办法支撑贾某的花销。贾某透露出另攀高枝的想法。王某指责贾某忘恩负义，对其进行了辱骂。贾某干脆收拾行李后搬了出去并很快结识了李某。贾某看出分手后王某还对其念念不忘，于是和李某密谋从王某身上再榨点油出来。两人商量出一个计策，让贾某以分手后很后悔为借口，回到王某的出租屋进行哭诉。王某在百般安慰后，被贾某假意的投怀送抱所迷惑，和贾某发生了关系。但随即贾某就以房间地面上擦拭过精液的纸和自己脱下来的内裤威胁王某拿2万元钱，否则就报警王某强奸了她。王某坚决不同意敲诈，于是贾某就拿着这些"证据"到派出所诬陷王某强奸了她。

问：请以检察院工作人员的身份谈谈如何对王某的口供进行审查判断。

【实训项目四】

● 一、训练内容

对鉴定意见的审查判断。

● 二、训练目的与要求

根据我国法律及司法解释的相关规定，对法医鉴定意见进行实质审查。

● 三、训练素材

2017年2月13日，方某与李某、吴某发生肢体冲突，双方发生互殴。双方对打过程中，方某找来一根木根，被李某夺走，李某朝方某头部打了一下。

2017年2月13日，J省某县级司法鉴定中心对方某的伤情进行鉴定，方某的颅骨骨折，暂时被评定为轻伤二级；2017年3月2日，该鉴定中心再次进行鉴定，鉴定意见为方某的头部损伤被评定为轻伤一级，肋骨骨折损伤被评定为轻伤二级，同时意见书中注明90日后可进行复检。

J省某市级司法鉴定中心于2017年4月28日接受对方某伤情鉴定的委托。鉴定人根据损伤当时的伤情，仅通过肉眼观察，在同年9月25日作出"方某右眼不能完全闭合"的判断，并作出鉴定意见：方某损伤程度构成重伤二级。2018年2月6日，J省某县人民检察院就李某、吴某故意伤害一案提起公诉。

J省某县人民法院认为关于方某损伤程度构成重伤二级的鉴定意见不符合该专业的规范性要求，且被害人方某经法院书面通知重新鉴定不予配合，致使重新鉴定无法进行。从有利于被告人的原则，该重伤二级鉴定意见不应作为定案的依据。遂于2018年8月28日作出刑事附带民事初审判决，被告人李某犯故意伤害罪，判处有期徒刑一年三个月；被告人吴某犯故意伤害罪，判处有期徒刑一年二个月。宣判后，J省某县人民检察院提出抗诉，被告人李某对刑事部分提出上诉。

J省某市中级人民法院于2018年12月26日作出刑事裁定，撤销原判刑事部分，发回某县人民法院重审。某县人民法院组织对方某伤情的重新鉴定，方某仍不配合。2019年7月25日，J省某县人民法院再次作出刑初刑事判决，与此前的刑事附带民事判决刑事部分判项一致。宣判后，J省某县人民检察院再次提出抗诉。J省某市中级人民法院第二次二审期间，聘请湖北某法医学司法鉴定中心对方某伤情进行司法鉴定。湖北某法医学司法鉴定中心2020年1月13日使用仪器检测获得肌电图和听觉电生理检查报告，报告载明方某右面神经颞支支配肌呈轻度失神经损害，听力损伤为轻微伤，且经检查方某双眼睑可闭合。由于方某显然不存在"危及生命；遗留肢体残废或者轻度容貌毁损"的状况，且通过肌电图检查、听觉电生理检查等符合行业标准的科学手段，可见其并未丧失听觉、视觉或者其他重要器官功能。因此，湖北某法医学司法鉴定中心于同年4月10日作出鉴定意见，被害人方某伤情等级被评定为轻伤一级。

2020年5月25日，某市中级人民法院作出刑事终审裁定，驳回抗诉，维持原判。

问：本案中，J省某市中级人民法院为何采信湖北某法医学司法鉴定中心的鉴定意见，而不是某市级司法鉴定中心的鉴定意见？

【实训项目五】

● 一、训练内容

电子数据。

● 二、训练目的与要求

根据我国法律及司法解释的相关规定，掌握对跨境电信网络诈骗案中电子数据的审查规则。

● 三、训练素材

2019年3月起，苏某魁（在逃）等人在菲律宾马尼拉马卡蒂市电力大厦18楼的宏某国际内从事跨境电信网络诈骗活动，并招募了被告人朱某某、董某、黄某某、杨某某等28人到其下设的各部门担任主管、小组长、组员，利用Blued、微信等互联网通信技术手段，通过推荐虚假"腾讯彩票"平台诱骗中国大陆地区居民充值投注并后台操控的方式，骗取被害人财物。宏某国际下设人事部、行政财务部、推广部、客服部（后台）。其中，人事部负责招募成员，为成员办理签证、购买机票等事宜。人事部包括主管、小组长、组员，小组长负责管理组员、面试招聘对象等；组员负责通过社交软件、招聘网站发布招聘信息等方式招募成员。该部成员领取底薪，并根据招募业绩进行奖惩。行政财务部负责宏某国际的行政和财务。行政财务主管负责该部的日常管理，办理机票签证、日常开支等费用结算、报销等事宜；组员负责接机、安排住宿等事宜。该部成员领取底薪。推广部负责实施诈骗，其下设A、B（后被撤销）、C、D组，各组成员包括主管、多名小组长和组员。主管负责组员的日常管理，包括考勤、协调组员生活、提拔小组长、分发工资、指导大额充值提现等，领取的工资是底薪加补助；小组长负责培训组员，监督、指导组员与客户聊天实施诈骗活动，领取的工资是底薪加小组诈骗业绩提成；组员负责寻找发展客户实施诈骗，领取的工资是底薪加诈骗业绩提成。具体诈骗步骤为：第一步，按诈骗话术范本和培训要求，将自己包装为成功人士，即虚拟身份；第二步，使用诈骗手机采取虚拟定位方式，通过Blued、微信等社交软件结识被害人，以恋爱、挣钱为由，骗取被害人的感情和信任；第三步，向被害人推荐虚假"腾讯彩票"平台，诱骗其进入平台充值投注，平台通过后台操控，让被害人少量赚钱并提现获利，从而引诱被害人继续充值；第四步，以升级会员、充值送分等活动，或以账户被冻结，需要充值刷流水解冻等虚假理由，诱骗被害人不断充值。客服部与推广部配合，负责通过购买的某洽公司企业客服 ID 号与被害人对话，向被害人提供充值所需的银行账户，确认充值数额，在被害人大额提现时以信息错误、账户冻结等虚假理由，拒绝提现。被害人充值的资金全部进入宏某国际控制的银行账户，并被迅速层层转移。

2019 年 5 月 2 日至 2020 年 5 月 20 日，宏某国际采用上述诈骗手段，对青海、河北、浙江、江西、湖北、四川等地居民实施电信网络诈骗活动，骗取赵某良、袁某飞、巢某、卜某松、李某、史某等 1500 余名被害人共计 10458.3052 万元，其中已查明 38 名被害人被骗共计 1165.6262 万元。

针对某洽电子数据分析情况说明的采信及宏某国际诈骗数额的认定问题，法院综合评判认为：经审查，某洽电子数据系公安机关依法调取，有 MD5 电子数据完整性校验值，来源合法，且数据具有完整性；某洽电子数据有 48 万余条对话记录、2.3 万余张图片链接，包含客服与被害人之间的对话、客服发送的收款银行卡号、图片等信息；某洽电子数据由公安机关具有专门知识的人和侦查人员进行分析，出具了某洽电子数据分析情况说明并签名，有专门知识的人徐某当庭对某洽电子数据分析的安全性、科学性予以了说明；分析人员根据某洽电子数据中提取的访客唯一性标识、对话时间、对话来源、对话内容、充值截图及数额、被害人姓名及银行卡号、收款人姓名及银行卡号等关联信息，对某洽电子数据进行逐条、逐项分析、筛查，结合在案的银行流水等相关书证、犯罪嫌疑人供述、被害人陈述等证据综合认定涉案数额，并通过微软套装软件的 Excel 工具进行统计，通过金山软件 WPS 工具和 SQL 数据库进行验证，并多次人工复核，多种统计结果完全一致，最终认定涉案数额；分析结论，一是某洽电子数据与宏某国际犯罪过程中产生的数据相关联，二是该数据包含了 2019 年 5 月 2 日至 2020 年 5 月 20 日期间被害人共计 1500 余人、诈骗数额共计 10458.3052 万元。法院审理认为，某洽电子数据分析情况说明是有专门知识的人和侦查人员对某洽电子数据及银行流水、被害人陈述、被告人供述等在案证据进行综合审查分析并得出结论过程中所作出的说明，纳入审查分析的证据材料来源合法、数据完整，审查分析过程逻辑清晰、证据充分，分析认定的涉案数额经过多种方式验证复核，该说明由参与审查分析的有专门知识的人和侦查人员签名，具有合法性、真实性，且与本案事实相关联，予以采信，可以作为认定宏某国际诈骗犯罪数额的依据。

问：在跨境电信网络诈骗案件中，如何确定电子数据的真实性及完整性？

【实训项目六】

● 一、训练内容

对全案证据的审查判断。

● 二、训练目的与要求

依据我国刑事证据审查判断的有关规则，准确掌握对全案证据的审查判断操作要领。

● 三、训练素材

20××年4月15起至5月23日，最高人民法院对某起刑事案件进行了死刑复核，相关情况如下：

被告人刘某某于20××年6月3日凌晨2时许，采用开锁入室手段进入某市小区（××花园14栋1403室）入室盗窃时，不小心碰落了入户门玄关处放着的玻璃杯，惊醒了受害人王某、王某某（王某某系王某孙子）。刘××遂将两名受害人杀害。公诉机关认为情节极为恶劣，后果和罪行极其严重，论罪当判处死刑。

在某市中级人民法院和某省高级人民法院两级审理中，确认的本案刑事证据如下：

（1）公安机关提供的抓获刘某某的通缉令、逮捕证等材料。

（2）公安机关在刘某某的指认下，获取了刘某某作案时所穿的衣物及作案工具匕首。

（3）司法鉴定机构出具的DNA检验鉴定书，证实获取的刘某某的衣物上的血迹和匕首上的血迹为两名受害人所留。

（4）公安机关出具的尸体检验报告，证实受害人王某是被他人使用锐器反复切割右颈部静脉，致使静脉离断并引起急性休克死亡；受害人王某某是被他人用锐器切割左颈部内静脉造成破裂，切割右颈总动脉造成离断，切割右颈内静脉造成离断，最终引起颈部急性失血性休克死亡。此结论与刘某某供述的用匕首切割被害人颈部的情节相符。

（5）公安机关提供的现场勘验、检查笔录所记载的犯罪现场勘验、检查相关内容与刘某某讯问口供所表述的作案过程以及其杀人后蘸受害人血在地板上写字的情节相吻合。

（6）证人赵某某的证人证言及辨认笔录，证实6月3日0点40分左右，刘某某搭乘其出租车到案发小区附近下车。

（7）证人钱某某、孙某某等人的证言，证实案发前受害人和他们在受害人家里一边抽烟，一边玩"斗地主"，后凌晨1点多散场的有关情况。这和刘某某供述其刚进到受害人家中客厅，闻到比较浓的烟味的情节相吻合。

（8）证人周某某的证言，证实刘某某作案后到他所经营的烧烤摊喝酒撸串的情节，这和刘某某供述中交代的案后活动情节相对应。

（9）证人夏某某（温馨旅社老板）证言，证实6月3日凌晨4时左右，刘某某办理了入住手续，这也和刘某某的供述情节相吻合。

（10）刘某某供述的作案情节及其在杀人现场留下血字的情节均与其他相关证据能互相印证。

最高人民法院在死刑复核时，提出以下问题。首先，被告人刘某某作案时所穿衣物属关键的物证，但办案人员没有按照程序收集、固定，这影响了最高人民法院对案件基本事实的认定。具体表现在：在前面两审中提到公安机关查获了刘某某的衣物，有扣押清单，但缺少衣物随案移送的证明材料；即便不能直接移交实物，也应该将其拍成照片作为佐证，但法院安排的照片质证环节没有反映质证衣物的内容。这最终导致 DNA 鉴定结论的证明力受损严重。其次，勘验、检查笔录中对获取杀人匕首的过程记载不明。刘某某杀人后并未将匕首带走，但公安机关是两日后才将匕首查获。公安机关初次勘验结束后是否采取了封锁现场的措施。如若未及时封锁现场，其间是否有人进出过，笔录未能说明，不合常理。再次，提交的案卷中公安机关直接表述刘某某为犯罪嫌疑人，但未说明嫌疑依据，存在侦破逻辑不明的问题。最后，刘某某的供述中交代其为制造犯罪不在场的证据而购买和案发时间相冲突的车票，但卷宗中缺少其购票渠道的情况说明。

综上所述，最高人民法院认为本案证据方面尚存无法排除的合理怀疑，对案件基本事实的认定有影响，特发回重审。

某省高级人民法院依法对最高人民法院提出的上述证据问题在后期进行了查证补充。首先，对于刘某某作案时所穿衣物的问题，公安机关补充移送了衣物的照片，某省高级人民法院在重审中进行了当庭质证。其次，对于作案工具匕首的问题，公安机关补充了相关证明材料，证实刘某某杀人后将匕首藏匿在现场卫生间浴盆下方的检修口内，该检修口口径较小，通常情况下很难让人想到里面可以藏匿匕首。在发现匕首前，公安机关通过张贴封条和派人值守的方式对 1403 室进行了封锁。以上情况都有补充提交的照片为证。再次，对于怀疑刘某某的依据，公安机关提供的补充勘验、检查记录反映案发现场有财物被翻动的迹象，调查访问笔录也证实刘某某案发前经常实施盗窃行为，于是公安机关将其列为嫌疑对象。另外，通过刘某某搭乘出租车司机、烧烤摊老板及温馨旅社老板的证词证实了刘某某的外貌特征，公安机关进一步将刘某某列为重点嫌疑人，怀疑过程合理。最后，关于刘某某购买和其作案时间相冲突的车票试图制造不在场证据的渠道，公安机关补充了某地铁路局违规售卖过期车票牟利的相关材料。

据此，最高人民法院在第二次复核时认为，经某省高级人民法院补充的上述证据，认定该案事实清楚，证据确实、充分，遂依法核准了刘某某死刑，立即执行。

问：指出最高人民法院在审查判断刘某某杀人案件的全案证据中的主要分析方法。

第七单元

常见刑事案件证据的收集与运用

知识导图与案例导入

◆ 知识导图

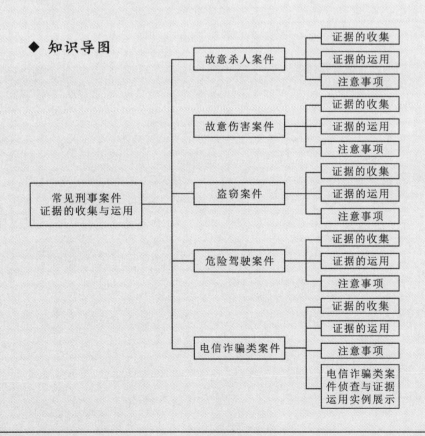

◆ **案例导入**

张某与宋某合租某小区一出租屋。某日，两人因使用共用厨房问题发生矛盾，大吵一架，拳脚相向。宋某因身材更高大健壮，将张某打了一顿，并警告张某以后晚上不允许使用厨房。张某怀恨在心，又不敢多言，遂产生了杀死宋某的念头，于是购买了匕首等待机会。一天晚上，宋某在外应酬多喝了几杯酒，回到出租屋后倒在客厅沙发就熟睡过去。张某拿起事先购买的匕首往宋某的胸部猛刺数刀，致宋某死亡。随后张某将匕首用黑色塑料袋包住，丢弃到附近另外一小区垃圾箱，并用水冲洗了屋内血迹。夜间，张某用电动车将宋某尸体拖至附近公园，打算挖坑掩埋，被路人丁某发现并报警。警察接报警后迅速赶到现场将张某抓获。经鉴定，宋某系生前被他人用锐器戳刺胸部，刺破心脏，致急性心包填塞而死亡。

张某承认了作案过程，指认了作案现场以及作案工具丢弃的现场，情况与现场勘验、检查笔录反映的作案情况吻合。

思考：

本案侦查机关采用了哪些收集证据的方法？收集到了哪些可以用来认定张某故意杀人的证据？应该如何运用收集到的证据认定本案案情？

基础知识与原理

第一节　刑事证据的收集与运用概述

使用正确的方法及时快速地收集证据，对侦破刑事案件起着至关重要的作用。收集证据的方法是多种多样的，同一种类证据也可以通过多种方法收集，如对物证的收集可以通过勘验犯罪现场收集，也可以通过搜查的方法获取。这些方法都是办理刑事案件常用的方法，在使用这些方法收集证据时，还应注意法律的要求与规定。

一、刑事证据的收集

（一）刑事证据收集的基本要求

1. 严格按照法律的规定进行

首先，刑事证据收集的主体合法。根据《刑事诉讼法》的相关规定，有权进行刑事证据收集的主体包括公安机关（含军队保卫部门、监狱侦查部门等）的侦查人员、检察机关和法院的检察人员和审判人员、当事人、辩护律师及代理律师。

其次，刑事证据收集的程序和方法合法。《刑事诉讼法》明确规定，司法人员应当按照法定程序收集与案件有关的各种证据，违反法律程序收集的证据可能会被排除。比如，组织辨认活动前辨认人接触过辨认对象的，再进行混合辨认时，辨认结果被排除，不能用作定案的依据。而对于证据的收集方法，法律也作了具体规定。例如，《刑事诉讼法》第124条第2款规定，询问证人应当个别进行，就是法律关于证据收集方法的一个直接规定。

2. 必须及时主动

刑事案件中的证据并不会永久存在，对于一些不可再生的容易灭失的证据，一旦错过了收集证据的最佳时期，更是会造成无法弥补的后果。因此，对于有现场的刑事案件，公安机关在接到报案后，应克服困难及时赶到现场，越是雨雪天气，越应尽快到现场开展现场勘查工作，及时收集现场证据。对于有知情人的案件，尽早找到了解案情的人，及时询问，固定其言词，也可以避免因时间流逝而出现记忆不清或遗忘的情况。

3. 必须客观全面

司法人员在收集证据时，必须坚持实事求是的科学态度，以实际发生的事实为基础，客观地收集证据，避免先入为主，以主观想象为基础，随意编造加工证据。同时，司法人员在收集证据时，要注意不能只收集用于证明犯罪嫌疑人有罪或罪重的证据，还要收集能够证明犯罪嫌疑人无罪、罪轻或免除刑事责任的证据。只有全面地收集与犯罪相关的证据，才能准确锁定真正的犯罪嫌疑人，才能准确查明犯罪发生的具体情节、构成要件，才能准确认定犯罪性质，才能准确对犯罪嫌疑人处以刑罚，做到不冤枉无辜，不放纵犯罪。

4. 必须深入、细致

为了不被犯罪行为表面现象所迷惑，必须深入到案件发生地及关联现场，深入到当事人及相关知情人中，认真勘查现场，不放过任何一个细小的物证、可疑的物品和现场任何反常的现象；仔细询问相关知情人员，努力挖掘那些容易被人忽略的情节或事实，最终还原案件事实真相。

5. 必须充分运用现代科学技术手段

近年来，现代科学技术正快速走进刑事侦查领域，现代科学技术与刑事侦查技术的结合极大地提高了侦查办案的效率和准确度。

（二）刑事证据收集的常用方法与要求

1. 询问法

询问是依照相关法律法规对知道案件相关情况的人员进行查访和咨询，以收集言词证据的过程，也是案件办理过程中最常用、最基本的收集证据的方法之一。询问的对象一般是案件中的证人和被害人。运用询问法收集证据时，应当遵守下列要求。

（1）询问主体：不得少于两人。

（2）询问地点：可以在现场进行，可以到证人的所在单位或者住处进行，但是必须出示司法机关的证明文件。在必要的时候，也可以通知证人到公安机关、检察机关和法院提供证言。

（3）询问方法：询问证人应当个别进行。

（4）询问时告知义务：询问证人，应当告知其应当如实提供证据、证言以及有意作伪证或者隐匿罪证要负的法律责任。

通过询问的方法收集证据，应制作询问笔录并进行同步录音录像。

2. 讯问法

讯问最直接的目的就是获取犯罪嫌疑人的供述和辩解，查明有无犯罪事实发生、犯罪发生的动机、犯罪行为的手段及过程。讯问犯罪嫌疑人必须遵循法律对于讯问时间、讯问地点、讯问方法、讯问主体等方面的要求。

通过讯问的方法收集证据，应制作讯问笔录并进行同步录音录像。

3. 勘验、检查法

勘验法，主要是通过对与犯罪有关的场所、物品、尸体进行实地观察和检验，来发现和获取各种痕迹、物证的方法。检查法则是通过对被害人、犯罪嫌疑人身体进行检验和查看，确定被害人、犯罪嫌疑人是否有某些特征、伤害程度或者生理状态的方法。无论是勘验还是检查，都必须由侦查人员进行或在侦查人员的主持下进行。

通过勘验、检查的方法收集证据，应当制作勘验、检查笔录，由参加勘验、检查的人和见证人签名或者盖章。

4. 搜查法

搜查法，是指通过对与案件有关的场所或人身进行搜索、检查，来发现、提取证据材料的方法。在采用搜查的方法获取证据时，要注意对他人住所或人身进行搜查，必须向被搜查人出示搜查证，执行搜查的侦查人员不得少于二人。

搜查应当制作笔录，由见证人、被搜查人及侦查人员签名或者盖章。如果被搜查人在逃或者拒绝签名、盖章，应当在笔录上注明。搜查过程中发现、提取的与案件有关的痕迹物品，要按照规范格式制作扣押物品清单。搜查笔录及扣押物品清单可以用来证明相关物证的来源。

5. 鉴定法

鉴定法主要是通过聘请具有专业知识的人员运用科学技术手段对刑事案件中的某些专门性问题进行鉴别和判断，从而对案情起到证明作用的方法。作为刑事证据使用的鉴定意见，应当将结果告知犯罪嫌疑人、被害人。犯罪嫌疑人、被害人提出申请，可以补充鉴定或者重新鉴定。

通过鉴定的方法收集证据，应制作鉴定意见书。

6. 辨认法

辨认法是通过组织具有识别能力的人对案件涉及的有关人身、物品、场所和无名尸体等进行辨别和确认，从而对案情起到证明作用的方法。辨认法收集证据应遵循以下原则。

（1）分别辨认。如果案件中的辨认人不止一人，那么这些辨认人在辨认活动开始前不能见面、互相交谈，更不能同时进入辨认现场，共同开展辨认。

（2）混杂辨认。辨认对象应当混杂在具有相似特征的人或物品中。比如对人的辨认，不能让被辨认人或其照片单独、直接出现在辨认人面前，而是将其混杂在具有类似特征的人群中，对真人的辨认混杂人数不少于7人，对照片的辨认不得低于10张。

（3）独立辨认。辨认要严格遵守相关原则，由辨认人在自主意识下独立进行辨认，侦查人员不得对辨认人进行暗示或诱导，误导辨认人作出错误判断。

此外，还应注意辨认的条件，对人和物品的辨认，要选择在光线好的室内进行，并保持恰当的距离；对音像资料的辨认，要保证使用的设备状态良好，不影响声音的传递、影像的播放。

通过辨认的方法收集证据，应制作辨认笔录并进行同步录音录像。

7. 其他方法

通过询问等方法无法获得原始证据或证据收集不全面，实践中还常使用调取证据的方法等，如向其他单位或个人调取监控、录音录像、账户信息等，收集各类视听资料、电子数据。

二、刑事案件证据的运用

如何运用收集到的证据，完成对刑事案件的证明与认定，是侦查人员、检察人员、审判人员等在司法实践中面临的巨大挑战，是涉及证明主体、证明对象、证明责任、证明标准以及举证、质证、认证等多项理论与实践工作的系统性工程。重点在于刑事案件中，应该运用哪些方面的证据来证明案件中的哪些事实，又需要达到一个什么程度。

运用刑事证据证明案情需要达到一个什么程度，实际上是证明标准的问题。在我国，刑事案件的证明标准总体上是"案件事实清楚，证据确实、充分"。其中，案件事实清楚，即构成犯罪的各种事实情节或者定罪量刑所依据的各种事实情节，都必须是清楚的、真实的；证据确实，即所有证据都必须经过查证属实；证据充分，即案件的证明对象都有相应的证据证明其真实可靠，排除其他一切可能性。综合全案证据，所有证据已形成完整的证据链，能够确认本案的案件事实，排除合理怀疑，得出唯一结论。

根据马克思主义认识论的原理，人们对客观世界的认识不可能达到百分之百的绝对真实性，在司法实践中刑事案件的定案采取的就是排除合理怀疑的标准，而不是要求证据的证明达到案件百分之百的绝对真实。例如，甲住宿在某宾馆，趁相邻房间的乙出门取快递未关房门之机，拿走了乙价值1万元的手机。公安机关破案后，犯罪嫌疑人供述说只是为了创造与乙交际的机会。如果采取"排除合理怀疑"的标准是可以定罪的，甲是否是为了创造与乙交际的机会而拿乙的手机，不影响要证事实本身已达到的证明度，因此无需找到确实的证据来证明这一事实，依然可以定罪。再如，甲在火车上丢失了财物，报案后，乘警询问了甲。甲称，他与乙并不相识，因坐在相邻座位，乙主动与他攀谈，并请其喝饮料，随后他就睡了。睡醒后，衣服兜内的钱就没有了，于是报警。后来乘警在另一车厢找到乙，在乙的衣兜内查出了装有甲身份证和甲所陈述的钱的数额的皮夹。乙称，他看到甲喝了饮料后睡着，担心甲把贵重物品或者现金丢失而主动为其保管。这里的乙所称情形就属于"合理怀疑"，就需要排除，否则就不能定案。

刑事案件的证明标准是案件事实清楚，证据确实、充分。但在一起具体的刑事案件中，事实清楚具体是指哪些事实需要查清楚？根据《刑事诉讼法解释》第 72 条规定，应当运用证据证明的案件事实包括：① 被告人、被害人的身份；② 被指控的犯罪是否存在；③ 被指控的犯罪是否为被告人所实施；④ 被告人有无刑事责任能力，有无罪过，实施犯罪的动机、目的；⑤ 实施犯罪的时间、地点、手段、后果以及案件起因等；⑥ 是否系共同犯罪或者犯罪事实存在关联，以及被告人在犯罪中的地位、作用；⑦ 被告人有无从重、从轻、减轻、免除处罚情节；⑧ 有关涉案财物处理的事实；⑨ 有关附带民事诉讼的事实；⑩ 有关管辖、回避、延期审理等的程序事实；⑪ 与定罪量刑有关的其他事实。

第二节　故意杀人案件证据的收集与运用

一、故意杀人案件的概念

故意杀人案件是指故意非法剥夺他人生命的案件。根据《刑法》第 232 条规定，故意杀人的，处死刑、无期徒刑或者十年以上有期徒刑；情节较轻的，处三年以上十年以下有期徒刑。

二、故意杀人案件证据的收集

故意杀人罪，刑罚处罚较重，除激情杀人、义愤杀人外，作案人杀人目标都很明确，并且为逃避刑事追诉，一般都会提前策划，因此故意杀人案件证据的收集操作要点，要立足于侦查活动，着重从以下几个方面收集证据：一是针对犯罪嫌疑人实施杀人前的预谋行为留下的痕迹收集证据，比如事先准备作案工具、事先了解作案地点等；二是针对现场相关物品与痕迹收集证据，比如现场被害人的尸体、伤痕，打斗痕迹，血迹，足迹，指纹，散落物等；三是针对作案人与被害人之间存在的社会关系等进行相关证据的收集；四是为弄清作案手段、方法而进行的相关证据的收集。需要注意的是，每起故意杀人案件的具体情况不同，作案人作案目的、手法不同，收集证据也应各有侧重。

一般而言，故意杀人案件会使用以下方法收集证据。

（一）通过现场勘查收集证据

任何形式的故意杀人案件均有现场，不论犯罪嫌疑人心理素质多么高、反侦查能力多么强，在犯罪现场总是或多或少地留有犯罪痕迹。所以在现场勘查中认真、细致地收集各种证据是非常关键的。注意发现现场的挣扎、搏斗痕迹，可以判断是否与尸体上的伤痕、现场找到的作案工具相符，通过细致搜寻遗留在隐蔽部位如地板缝隙内的少量血迹，印证作案人是否对现场进行过处理等。

（二）通过讯问犯罪嫌疑人收集证据

实践中，讯问犯罪嫌疑人主要从以下方面进行：① 问清杀人目的与动机，如因仇恨杀人、因奸情杀人、因图钱财杀人、因冲突矛盾突起杀意杀人等；了解实施杀人行为时的主观心态、对后果的认知程度。② 问清杀人的方式与手段，确定是刀杀、电击、溺水、活埋或闷死（伤）、勒、掐、冻死（伤），还是利用交通工具撞死（伤）、毒死（伤）、注射药物致死（伤）等。③ 问清作案的具体经过，时间、地点与事实情节，如什么时间开始实施犯罪行为，具体的击打部位、击打次数，击打过程中被害人的反应等，现场有无其他围观人员，有无中止行为或积极抢救被害人的行为等处罚时可减轻或加重的情节。④ 多人作案的，应问清如何预谋策划、策划或实施过程中各自所处的地位、有无不同意见者，实施犯罪时各自使用的工具、击打的部位、导致的后果及实施行为时的具体表现。⑤ 问清犯案工具的具体情况，是事先准备好的作案工具还是现场就地取材，作案工具的特征，用完后作案工具如何处理。

（三）通过询问知情人收集证据

可以通过询问案发现场的邻居，过路群众，以及犯罪嫌疑人或被害人家属、亲戚朋友等，获取案发前后的情况，获取犯罪嫌疑人与被害人之间有无矛盾及他们的社会关系，获取嫌疑人或被害人案发前的一贯表现及反常表现。总之，通过询问知情人收集证据是此类案件收集证据非常关键的一环。

（四）通过进行相关的鉴定收集证据

故意杀人案件中，现场一般可提取血迹、精斑、身体组织、指纹、足迹等多种反映人身生物特征的检材，进行刑事技术鉴定；也可以通过解剖被害人尸体，确定死者死亡时间、血型、伤口位置（包括受损伤程度及由何凶器形成）、致死原因；或者通过找到尸体碎块及人体组织，作颅像重合鉴定或DNA同一认定等。

（五）调取收集相关监控录像等视听资料

如果案发现场或关联现场有监控，应及时调取。

三、故意杀人案件证据的运用

故意杀人案件，首先需要证明有杀人行为这一事实存在，其次需要运用证据证明作案人的行为构成故意杀人罪在刑法上的构成要件，最后还需要运用证据证明其他影响定罪量刑的事实。实践中经常用来证明这些事实的证据表现形式见表7-1。

表 7-1 故意杀人案件证据锁链及证据清单

待证明事项类别	待证明案件事实	实践中常用证据及其表现形式
确定发生刑事案件	案件线索来源	受案材料、110 接警记录 报案人陈述 被害人户籍资料、身份证等
	锁定犯罪嫌疑人及到案经过	破案经过、抓获经过
证明杀人犯罪事实	犯罪主体——作案人员、是否有共同作案人	犯罪嫌疑人户籍资料、身份证、常住人口基本信息、联系地址、电话 同案犯就作案人员作用、地位、职责分工的供述
	犯罪主观方面——作案起因、动机及预谋情况	犯罪嫌疑人供述和辩解 目击证人的证人证言 与案发有关的手机聊天、通话记录等电子数据 合同、收据、欠条、信件、记账本、日记等书证
	犯罪客观方面——作案时间、地点	现场监控录像 犯罪嫌疑人供述和辩解 目击证人的证人证言 现场勘验、检查笔录，指认笔录 指纹、脚印等痕迹，纽扣、烟头、毛发等现场遗留物品 车票、机票、住宿票、购物小票等
	犯罪客观方面——作案工具的来源、数量、特征、下落	现场监控录像 刀、枪、匕首、毒鼠强、爆炸物等实物或照片 犯罪嫌疑人供述和辩解 目击证人的证人证言 现场勘验、检查笔录，辨认笔录
	犯罪客观方面——作案手段、经过及后果	现场监控录像 犯罪嫌疑人供述和辩解 目击证人的证人证言 搜查、扣押笔录、清单及相关辨认笔录 物证检验报告、尸体检验报告、病历、抢救记录、死亡证明等 死亡原因鉴定意见，司法精神鉴定意见，药物成分鉴定意见，枪支爆炸物鉴定意见，血迹、毒物、DNA 等鉴定意见

续表

待证明 事项类别	待证明 案件事实	实践中常用证据及其表现形式
其他影响量刑情节	罪前罪后表现及其他影响量刑情节	证明累犯等情节的判决书、释放证明等法律文书 证明立功、自首、坦白等情节的材料 案发、侦破、抓获经过，犯罪嫌疑人供述和辩解，证人证言等 证明具有严重情节或造成严重后果的物证、伤残证明、医学诊断等 证明赔偿、和解等情节的赔偿证明、和解协议书等

四、故意杀人案件证据收集与运用应注意的问题

实践中故意杀人案件情况复杂，如安乐死、相约自杀、教唆或帮助他人自杀的情形是否认定为故意杀人罪等需要用大量的证据来证明，其中最难证明的是犯罪动机和目的，需要针对每一起案件的具体情况收集不同的证据，最终形成完整的证据链。

1. 关于安乐死

目前，我国法律并没有规定可以帮助他人实施安乐死，因此帮助实施"安乐死"的行为应按照故意杀人罪定罪处罚，但考虑到行为人的犯罪动机和行为的特殊性，应当从宽处理。在收集证据方面，应注意重点收集被害人委托行为人帮助实施"安乐死"的意思表示方面的证据，主要包括：书证，如遗嘱、日记、书信；证人证言，如被害人家属、亲友及医护人员等的证言；犯罪嫌疑人供述和辩解；被害人陈述；证实被害人病情、认知能力、自杀举动的证人证言、病历、治疗记录等。有时，为了排除行为人与他人串通制造所谓的"安乐死"假象，应运用证据排除委托的虚假性。

2. 关于相约自杀

所谓相约自杀，即二名以上主体出于自愿意志，相互约定，共同完成自杀的行为。如果相约的各方均自杀身亡，自然不存在犯罪的问题；如果双方约定通过各自自杀的行为来完成共同自杀，结果一方自杀成功，另一方自杀未成功，那么未自杀成功的一方也不构成犯罪；如果双方约定由其中一方先杀死对方，然后再自杀，结果自杀未成功的，则对该杀死对方的行为应以故意杀人论处。这一类案件在收集证据方面，重点应放在行为人、被害人存在"相约"自杀的意思方面。具体可以收集：记录自杀意思的日记、文档，交流自杀意思的书信、聊天记录，表达自杀意思的遗嘱，以及其他可以辅助证明自杀意思的行为人亲友的证言、视频、鉴定意见、医疗证明等。

3. 教唆或帮助他人自杀

教唆他人自杀，是指行为人故意采取引诱、怂恿、欺骗等方法，使他人产生自杀

意图。帮助他人自杀，是指在他人已有自杀意图的情况下，帮助他人自杀。无论是教唆他人自杀还是帮助他人自杀的行为，都具有间接正犯性质，应当认定为故意杀人罪。

这类案件收集证据的重点在于如何证明教唆和帮助的行为，主要包括：现场勘查笔录、录像；侦查实验笔录、录像；鉴定意见，如痕迹检验、伤情检验、尸体检验报告等；书证，如日记、书信等；犯罪嫌疑人供述和辩解；被害人陈述；证人证言；证实被害人"自杀"前的认知能力、行为能力的证据，如精神病鉴定意见、伤残鉴定意见、户籍等年龄证明、证人证言等。最终综合认定行为人与被害人两方面的事实要素，从而认定行为人对被害人的自杀行为有教唆和帮助行为。①

第三节　故意伤害案件证据的收集与运用

一、故意伤害案件的概念

故意伤害案件是指行为人实施故意非法损害他人身体健康行为的案件。根据《刑法》第234条规定，故意伤害他人身体的，处三年以下有期徒刑、拘役或者管制。致人重伤的，处三年以上十年以下有期徒刑；致人死亡或者以特别残忍手段致人重伤造成严重残疾的，处十年以上有期徒刑、无期徒刑或者死刑。《刑法》另有规定的，依照规定。

二、故意伤害案件证据的收集

故意伤害案件证据的收集与故意杀人案件基本相似。

三、故意伤害案件证据的运用

实践中经常用来证明故意伤害案件的证据表现形式见表7-2。

表7-2　故意伤害案件证据锁链及证据清单

待证明事项类别	待证明案件事实	实践中常用证据及其表现形式
确定发生刑事案件	案件线索来源	受案材料、110接警记录 报案人陈述、被害人陈述 被害人户籍资料、身份证等
	锁定犯罪嫌疑人及到案经过	破案经过、抓获经过

---

① 参见最高人民检察院公诉厅．公诉案件证据参考标准（最新版）[M]．北京：法律出版社，2014：5．

续表

待证明事项类别	待证明案件事实	实践中常用证据及其表现形式
证明伤害犯罪事实	犯罪主体——作案人员、是否有共同作案人	犯罪嫌疑人户籍资料、身份证、常住人口基本信息、联系地址、电话 同案犯就作案人员作用、地位、职责分工的供述
	犯罪主观方面——作案起因、动机及预谋情况	犯罪嫌疑人供述和辩解 目击证人的证人证言 被害人陈述 与案发有关的手机聊天、通话记录等电子数据 合同、收据、欠条、信件、记账本、日记等书证
	犯罪客观方面——作案时间、地点	现场监控录像 犯罪嫌疑人供述和辩解 目击证人的证人证言 被害人陈述 现场勘验、检查笔录，辨认笔录 指纹、脚印等痕迹，纽扣、烟头等现场遗留物品 车票、机票、住宿票、购物小票等
	犯罪客观方面——作案工具的来源、数量、特征、下落	现场监控录像 刀、枪、棍棒等实物或照片 犯罪嫌疑人供述和辩解 目击证人的证人证言 被害人陈述 现场勘验、检查笔录，辨认笔录
	犯罪客观方面——作案手段、经过及后果	现场监控录像 犯罪嫌疑人供述和辩解 目击证人的证人证言 搜查、扣押笔录、清单及相关辨认笔录 物证检验报告、病历、抢救记录等 司法精神鉴定意见，药物成分鉴定意见，血迹、毒物、DNA等鉴定意见
其他影响量刑情节	罪前罪后表现及其他影响量刑情节	证明累犯等情节的判决书、释放证明等法律文书 证明立功、自首、坦白等情节的材料 案发、侦破、抓获经过，犯罪嫌疑人供述和辩解，证人证言等 证明具有严重情节或者造成严重后果的物证、伤残证明、医学诊断等 证明赔偿、和解等情节的赔偿证明、和解协议书等

四、故意伤害案件证据收集与运用应注意的问题

实践中，故意伤害罪与故意杀人未遂在外在表现上极为相似，区分的关键是查明犯罪嫌疑人主观故意的内容不同。重点应通过收集和运用犯罪嫌疑人供述和辩解、被害人陈述、证人证言、作案工具、伤残鉴定意见等证据，查明行为人与被害人的关系、案件起因和行为手段等，全面分析、判断行为人有无产生杀人的心理基础以及行为时的真实心态，防止简单化、片面化。

《刑法》中规定的非法拘禁罪、刑讯逼供罪、暴力取证罪、虐待被监管人罪、聚众斗殴罪等，实施这些犯罪行为时如果致人伤残或重伤，都可能转化为故意伤害罪。

第四节 盗窃案件证据的收集与运用

一、盗窃案件的概念

盗窃案件是指以非法占有为目的，秘密窃取公私财物数额较大或多次盗窃的案件。盗窃案件的立案标准在我国并非全国统一，而是根据不同地区的经济发展状况和社会治安状况有所差异。根据《刑法》第264条规定，盗窃公私财物，数额较大的，或者多次盗窃、入户盗窃、携带凶器盗窃、扒窃的，处三年以下有期徒刑、拘役或者管制，并处或者单处罚金；数额巨大或者有其他严重情节的，处三年以上十年以下有期徒刑，并处罚金；数额特别巨大或者有其他特别严重情节的，处十年以上有期徒刑或者无期徒刑，并处罚金或者没收财产。

二、盗窃案件证据的收集

通过现场勘查，对现场证据予以固定，尽可能提取有价值的痕迹物证，重点勘查犯罪嫌疑人进出现场的情况，存放财物的柜子、相关部位的痕迹和事实状态。现场勘查中发现的指纹、足印、毛发、血迹等证据，应当由技术人员采用提取痕迹物证登记表予以固定。如果是犯罪嫌疑人丢弃的作案工具或者不慎遗落的个人物品，同样要先在提取物证登记表上登记，然后直接使用扣押清单进行扣押（不用扣押笔录，因为已有勘查笔录体现），若犯罪嫌疑人当时没有到案，有见证人和民警签名即可。

通过及时调取案发现场及附近的监控录像，勾画犯罪嫌疑人作案轨迹。在犯罪嫌疑人住所查获赃物及作案工具的，尽量要使用搜查证、搜查笔录。搜查笔录不适宜使用电子版，因为法律规定是需要现场清点、现场开具扣押清单的。

通过询问被害人，了解盗窃发生的时间，财物存放的位置，财物的种类、数量、价值、典型特征等，案发前后有无可疑情况、有无可疑人员出现。

通过讯问犯罪嫌疑人，获取案件的具体情节，包括：① 是个人作案还是团伙作案，如果是团伙作案，成员有哪些人，平时作案时都是如何进行分工的；② 实施过多少次盗窃，每次盗窃了哪些物品，物品的特征是什么；③ 每次实施盗窃行为的具体过程和细节，包括踩点的情况、盗窃行为实施的具体时间和地点、盗窃手段和方法等；④ 作案工具的购买情况、实施盗窃后将作案工具藏匿在何处；⑤ 实施盗窃行为时，是否清楚地认识到被盗窃对象是什么、价值如何、有什么功能等；⑥ 盗窃所得赃款、赃物如何进行处置，如分赃情况，销赃、窝赃的地点、对象等；⑦ 犯罪嫌疑人有无前科劣迹，社会生活经验、履历方面的证据。讯问过程中，要特别注意犯罪嫌疑人供述的合理性。组织犯罪嫌疑人指认现场（包括作案地点、销赃地点等），尤其对于客观证据薄弱、主要依靠言词证据的案件，指认现场务必做到真实客观，注意对指认过程进行全程录音录像。

通过鉴定现场的痕迹，如指纹、足迹等，确定犯罪嫌疑人有现场证据，通过鉴定赃物的价格证明案件的成立并影响量刑。

三、盗窃案件证据的运用

实践中经常用来证明盗窃案件的证据表现形式见表 7-3。

表 7-3 盗窃案件证据锁链及证据清单

待证明事项类别	待证明案件事实	实践中常用证据及其表现形式
确定发生刑事案件	案件线索来源	受案材料、110 接警记录 报案人陈述、被害人陈述 被害人户籍资料、身份证等
	锁定犯罪嫌疑人及到案经过	破案经过、抓获经过
证明盗窃犯罪事实	犯罪主体——作案人员、是否有共同作案人	犯罪嫌疑人户籍资料、身份证、常住人口基本信息、联系地址、电话 同案犯就作案人员作用、地位、职责分工的供述
	犯罪主观方面——作案起因、动机及预谋情况	犯罪嫌疑人供述和辩解 被害人陈述（是否与行为人认识、有无亲属或纠纷关系）
	犯罪客观方面——作案时间、地点	现场监控录像 犯罪嫌疑人供述和辩解 目击证人的证人证言 被害人陈述 现场勘验、检查笔录，辨认笔录

续表

待证明事项类别	待证明案件事实	实践中常用证据及其表现形式
证明盗窃犯罪事实	犯罪客观方面——作案工具的来源，被盗物品数量、价值、特征、下落	现场监控录像 现场勘验、检查笔录，辨认笔录 撬棍、锡箔纸、万能钥匙、刀片、镊子、吸盘、手套等作案工具实物或照片 被盗物品实物或照片 交通工具或照片 被盗物品发票、价格凭证或价格鉴定意见 犯罪嫌疑人供述和辩解 目击证人的证人证言 被盗物持有人证言 被害人陈述
	犯罪客观方面——作案手段、经过及后果	现场监控录像 现场勘验、检查笔录，辨认笔录 犯罪嫌疑人供述和辩解 目击证人的证人证言 被害人陈述 搜查、扣押笔录、清单及相关辨认笔录 指纹、脚印、撬痕等痕迹或照片 物证检验报告 对各类痕迹的鉴定意见 银行流水、微信支付等资金往来情况 收购、销售赃物电子记录
其他影响量刑情节	罪前罪后表现及其他影响量刑情节	证明累犯等情节的判决书、释放证明等法律文书 证明立功、自首、坦白等情节的材料 案发、侦破、抓获经过，犯罪嫌疑人供述和辩解，证人证言等

四、盗窃案件证据收集与运用应注意的问题

财物价值认定是入户盗窃案的重中之重，珠宝首饰等物品如果没有缴获赃物，一般都无法鉴定价值，到最后定罪量刑时通常会被排除在外，无法起到打击犯罪的目的。所以接报案时就应当格外细致，尽可能收集与涉案财物有关的特征、购买单据、照片乃至网购记录、网站截图等。

对于现金，尤其是大额的现金，犯罪嫌疑人通常都不会承认。如果没有确凿证据，审判是从有利于被告人的原则出发的，一般不会认定。对于被害人的问话要点是问到如何确定有这么多钱的，有何证据证明：刚取的钱——取款记录；别人还的钱——债务人证言和收条，等等。

第五节　危险驾驶案件证据的收集与运用

一、危险驾驶案件的概念

危险驾驶案件是指行为人在醉酒状态，或者以追逐竞驶、严重超载、违法运输危险化学品等方式在道路上驾驶机动车，危及公共安全的案件。

根据《刑法》的规定，危险驾驶是指在道路上驾驶机动车进行以下行为：① 追逐竞驶，情节恶劣的；② 醉酒驾驶机动车的；③ 从事校车业务或者旅客运输、严重超过额定乘员载客，或者严重超过规定时速行驶的；④ 违反危险化学品安全管理规定运输危险化学品，危及公共安全的；⑤ 机动车所有人、管理人对于第三项、第四项行为负有直接责任的，也按照危险驾驶处罚；⑥ 血液酒精含量达到 80 毫克/100 毫升以上的，属于醉酒驾驶机动车，以危险驾驶罪处罚。

二、危险驾驶案件证据的收集

（一）通过讯问犯罪嫌疑人收集证据

讯问的重点包括：
(1) 危险驾驶的时间、起止路线、环境、天气、视线。
(2) 车辆权属情况，车辆型号、种类、标识、牌照、颜色等。
(3) 驾车人员、乘车人员、车载货物等情况。
(4) 驾驶车速、机动车安全状况（机动车是否存在以下问题：机动车安全装置不全，机动车安全机件失灵，机动车无牌证或已报废）。
(5) 驾驶人员的驾驶资质。
(6) 危险驾驶造成的后果（人员伤亡、财产损失）。
醉酒驾驶的，还包括饮酒时间、地点、人员、品种、数量等情况。
追逐竞驶的，还包括有无约定追逐竞驶，有无其他追逐竞驶的人员情况，参与追逐竞驶的车辆情况（型号、特征），具体如何进行追逐竞驶。

（二）通过询问被害人收集证据

重点询问被害人对受害过程的陈述，包括：

(1) 事故发生时间、地点、环境、人员、经过、后果。
(2) 肇事机动车的种类、标识、牌照、颜色等。
(3) 犯罪嫌疑人体貌特征。
(4) 遭受的人身损害、财产损失及损害程度，治疗、恢复情况，对案件的处理意见等。
(5) 犯罪现场是否有围观群众或者其他见证人。
(6) 交通事故发生后，犯罪嫌疑人的行为表现是逃逸、销毁隐匿证据，还是及时报警、积极救助受伤人员。

（三）通过现场勘查、辨认等形成笔录并收集相关物证

1. 交通事故现场勘查笔录

交通事故现场勘查笔录是事故现场勘查中的重要文书，包括交通事故第一现场勘查笔录和其他现场勘查笔录。

2. 辨认笔录

(1) 犯罪嫌疑人辨认笔录（对被害人、事故车辆、事故现场等的辨认）。
(2) 被害人、证人辨认笔录（对犯罪嫌疑人、事故车辆、事故现场等的辨认）。
(3) 被害人近亲属辨认笔录（对死亡被害人的辨认）。

3. 通过勘查现场提取收集物证

(1) 涉案机动车及所载货物等。
(2) 犯罪嫌疑人所穿的衣服、鞋帽等。
(3) 被害人的尸体、肢体、物品等。
(4) 现场遗留的毛发、物品、机动车的脱落物和碎片等物证。
(5) 其他与案件有关的物品。

（四）通过询问其他知情人收集证据

包括犯罪嫌疑人饮酒时间、地点、人员、品种、数量，饮酒后在何时何地如何驾驶机动车等相关情况，追逐竞驶的时间、地点、车速，如何驾驶机动车等情况。

（五）通过鉴定收集证据

(1) 法医鉴定——人身伤亡的法医鉴定及DNA鉴定等。
(2) 对现场指纹、足迹、车胎、路面痕迹、压痕、蹭痕、撞痕等痕迹及对现场遗留物、毛发、衣物、撞击残片等物品的物证技术鉴定。
(3) 犯罪嫌疑人的血液酒精含量检测、呼气酒精含量检测的鉴定意见及其他车辆安全性、受损财产估价等鉴定。

（六）通过调取现场监控、行车记录仪等收集案件相关的视听资料

一般包括记录醉驾或追逐竞驶现场监控视频或行车记录仪视频，涉案车辆途经行驶路线的监控视频或行车记录仪视频。

三、危险驾驶案件证据的运用

危险驾驶案件，首先需要证明醉酒的行为或者其他法律规定的危险行为的存在，其次需要运用证据证明构成危险驾驶罪的要件的事实，最后还需要运用证据证明其他影响定罪量刑的事实。实践中经常用来证明这些事实的证据表现形式见表7-4。

表7-4 危险驾驶案件证据锁链及证据清单

待证明事项类别	待证明案件事实	实践中常用证据及其表现形式
确定发生刑事案件	案件线索来源	受案材料、110接警记录 报案人陈述 被害人户籍资料、身份证等 立案材料
	锁定犯罪嫌疑人及到案经过	犯罪嫌疑人到案情况
证明犯罪事实	犯罪主体——作案人员	犯罪嫌疑人的户籍资料 犯罪嫌疑人的机动车驾驶证 犯罪嫌疑人驾驶的车辆行驶证
	犯罪主观方面——作案起因、动机及预谋情况	犯罪嫌疑人供述和辩解 证明醉酒驾驶的证人证言 血液酒精含量检测、呼气酒精含量检测的鉴定结果 证明追逐竞驶的证人证言
	犯罪客观方面——作案时间、地点	现场监控录像 现场目击证人的证人证言 犯罪嫌疑人供述和辩解 现场勘验、检查笔录 高速公路路段监控录像、公安机关出警记录 指认笔录、辨认笔录

续表

待证明事项类别	待证明案件事实	实践中常用证据及其表现形式
证明犯罪事实	犯罪客观方面——作案手段、经过及后果	事发路段现场监控录像 行车记录仪及影像 犯罪嫌疑人供述和辩解 车辆照片（包括发动机号、车架号） 道路交通事故勘查笔录及相关照片 证实案发时车速状况的司法鉴定意见书，车辆与护栏撞痕、轮胎痕迹等痕迹鉴定的司法鉴定意见书，人员伤情鉴定意见书，死亡鉴定意见书，司法精神病鉴定意见书，交通事故责任认定书 物证检验报告、证实肇事车辆安全装置和安全机件状况的司法检验报告书 证明追逐竞驶的证人证言 证明醉酒驾车的证人证言 血液酒精含量检测、呼气酒精含量检测的鉴定结果 现场遗留的毛发、机动车的脱落物等微量物证 证明犯罪嫌疑人饮酒的酒瓶、进餐点菜单等物证
其他影响量刑情节	罪前罪后表现及其他影响量刑情节	证明立功、自首、坦白等情节的材料 案发、抓获经过，犯罪嫌疑人供述和辩解、证人证言 没有逃离现场、没有交通肇事前科的证明材料等 证明具有严重情节或造成严重后果的物证、伤残证明、医学诊断等，如高速护栏及肇事车辆物损评估意见书、血液酒精含量检验鉴定意见 证明赔偿、和解等情节的材料 赔偿证明（如赔偿高速公路护栏修理费发票、支付车辆维修费凭证）、调解协议书等

四、危险驾驶案件证据收集与运用应注意的问题

司法实践中，以醉酒的方式危险驾驶的案件占全部危险驾驶案件的比例较大。针对醉驾案件证据的收集问题，2023年《最高人民法院 最高人民检察院 公安部 司法部关于办理醉酒危险驾驶刑事案件的意见》明确提出，办理醉驾案件，应当收集以下证据。

（1）证明犯罪嫌疑人情况的证据材料，主要包括人口信息查询记录或者户籍证明等身份证明；驾驶证、驾驶人信息查询记录；犯罪前科记录、曾因饮酒后驾驶机动车

被查获或者行政处罚记录、本次交通违法行政处罚决定书等。

（2）证明醉酒检测鉴定情况的证据材料，主要包括呼气酒精含量检测结果、呼气酒精含量检测仪标定证书、血液样本提取笔录、鉴定委托书或者鉴定机构接收检材登记材料、血液酒精含量鉴定意见、鉴定意见通知书等。

（3）证明机动车情况的证据材料，主要包括机动车行驶证、机动车信息查询记录、机动车照片等。

（4）证明现场执法情况的照片，主要包括现场检查机动车、呼气酒精含量检测、提取与封装血液样本等环节的照片，并应当保存相关环节的录音录像资料。

（5）犯罪嫌疑人供述和辩解。

根据案件具体情况，还应当收集以下证据：

（1）犯罪嫌疑人是否饮酒、驾驶机动车有争议的，应当收集同车人员、现场目击证人或者共同饮酒人员等证人证言，饮酒场所及行驶路段监控记录等。

（2）道路属性有争议的，应当收集相关管理人员、业主等知情人员证言，管理单位或者有关部门出具的证明等。

（3）发生交通事故的，应当收集交通事故认定书、事故路段监控记录、人体损伤程度等鉴定意见、被害人陈述等。

（4）可能构成自首的，应当收集犯罪嫌疑人到案经过等材料。

（5）其他确有必要收集的证据材料。

第六节　电信诈骗类案件证据的收集与运用

一、电信诈骗类案件概述

（一）电信诈骗的概念

电信诈骗是指通过电话、网络平台、短信、微信等方式，编造虚假信息，设置骗局，对受害人实施远程、非接触式诈骗，诱使受害人打款或转账的犯罪行为，通常以冒充他人及仿冒、伪造各种合法外衣和形式的方式达到欺骗的目的，如冒充公检法人员、银行工作人员、微信客服、京东客服、淘宝客服等，伪造和冒充招工、刷单、贷款、退费等形式进行诈骗。

电信诈骗按照诈骗媒介的方式不同，可分为电话诈骗、网络诈骗、短信诈骗及其他电信诈骗。

需要注意的是，电信诈骗也是属于诈骗罪，在《刑法》上并没有单独的所谓电信诈骗罪，因此量刑主要是根据《刑法》第266条规定的诈骗罪进行定罪，依据涉案的金额以及情节的严重程度来进行量刑。

（二）法律依据

电信诈骗类犯罪的定罪的主要依据是《刑法》第 266 条之规定，诈骗公私财物，数额较大的，处三年以下有期徒刑、拘役或者管制，并处或者单处罚金；数额巨大或者有其他严重情节的，处三年以上十年以下有期徒刑，并处罚金；数额特别巨大或者有其他特别严重情节的，处十年以上有期徒刑或者无期徒刑，并处罚金或者没收财产。《刑法》另有规定的，依照规定。

此外，《最高人民法院 最高人民检察院 公安部关于办理电信网络诈骗等刑事案件适用法律若干问题的意见》对电信诈骗定罪量刑进行了如下具体规定。

（1）利用电信网络技术手段实施诈骗，诈骗公私财物价值三千元以上、三万元以上、五十万元以上的，应当分别认定为《刑法》第 266 条规定的"数额较大""数额巨大""数额特别巨大"。

（2）实施电信网络诈骗犯罪，达到相应数额标准，具有下列情形之一的，酌情从重处罚：

① 造成被害人或其近亲属自杀、死亡或者精神失常等严重后果的；
② 冒充司法机关等国家机关工作人员实施诈骗的；
③ 组织、指挥电信网络诈骗犯罪团伙的；
④ 在境外实施电信网络诈骗的；
⑤ 曾因电信网络诈骗犯罪受过刑事处罚或者二年内曾因电信网络诈骗受过行政处罚的；
⑥ 诈骗残疾人、老年人、未成年人、在校学生、丧失劳动能力人的财物，或者诈骗重病患者及其亲属财物的；
⑦ 诈骗救灾、抢险、防汛、优抚、扶贫、移民、救济、医疗等款物的；
⑧ 以赈灾、募捐等社会公益、慈善名义实施诈骗的；
⑨ 利用电话追呼系统等技术手段严重干扰公安机关等部门工作的；
⑩ 利用"钓鱼网站"链接、"木马"程序链接、网络渗透等隐蔽技术手段实施诈骗的。

（3）实施电信网络诈骗犯罪，诈骗数额接近"数额巨大""数额特别巨大"的标准，具有上述第（2）条规定的情形之一的，应当分别认定为《刑法》第 266 条规定的"其他严重情节""其他特别严重情节"。其中规定的"接近"，一般应掌握在相应数额标准的百分之八十以上。

（4）实施电信网络诈骗犯罪，犯罪嫌疑人、被告人实际骗得财物的，以诈骗罪（既遂）定罪处罚。诈骗数额难以查证，但具有下列情形之一的，应当认定为《刑法》第 266 条规定的"其他严重情节"，以诈骗罪（未遂）定罪处罚：

① 发送诈骗信息五千条以上的，或者拨打诈骗电话五百人次以上的；
② 在互联网上发布诈骗信息，页面浏览量累计五千次以上的。

具有上述情形，数量达到相应标准十倍以上的，应当认定为《刑法》第 266 条规定的"其他特别严重情节"，以诈骗罪（未遂）定罪处罚。

二、电信诈骗类案件证据的收集

电信诈骗类案件证据的收集,根据电话诈骗、网络诈骗、短信诈骗及其他电信诈骗种类不同,收集的方法和重点也略有不同。下面重点以网络诈骗为例进行说明。

(一)询问被害人

询问被害人主要围绕以下几个方面进行:一是犯罪嫌疑人如何与其取得联系,通过什么网络平台进行联系,聊天的具体内容与过程,以证明犯罪行为。二是犯罪嫌疑人通过什么产品进行诈骗,金额、数量多少,以证明犯罪手段。三是涉案的银行卡号码、犯罪嫌疑人的电话号码、汇款金额、汇款方式,以证明犯罪手段及金额。四是犯罪嫌疑人作过哪些承诺、是否兑现承诺,以证明犯罪主观方面。

(二)讯问犯罪嫌疑人

讯问犯罪嫌疑人应围绕以下几个方面进行:一是有无同案犯、相互之间的关系,在犯罪活动中的分工,相互之间如何进行联系,以证明主从犯关系。二是如何寻找并联系被害人,具体如何对被害人实施诈骗,诈骗手法、语言及过程,以证明犯罪主观方面。三是行为过程中使用的银行卡、身份证、电话号码及微信号等,骗取金额及去向,以证明犯罪行为及赃款去向。

(三)扣押物证、书证

扣押物证、书证时,应当围绕以下几个方面进行:一是抓获犯罪嫌疑人后,立即对其人身、住所、车辆进行搜查,扣押其手机、手机卡、电脑、银行卡等物品,以证明犯罪行为。二是扣押犯罪嫌疑人携带的车船票、住宿发票、机票、伪造的证件,以证明流窜作案。

(四)调取书证、监控

一是调取犯罪嫌疑人的户籍证明,有无自首、立功表现的证明,归案方式的证明,以证明从重从轻情节。

二是调取犯罪嫌疑人开通银行卡、各类网上账户的相关资料,以证明作案手段。

三是调取犯罪嫌疑人取钱、收取快递、出入酒店等监控,以证明作案地点。

(五)搜查、勘验检查

对犯罪现场搜查、勘验检查,扣押手机、电脑、银行卡、手机卡,以证明犯罪行为。勘验检查时,应当围绕以下几个方面进行:一是对扣押的手机、电脑勘验检查,提取其存储的信息,以证明犯罪行为。二是对犯罪现场勘验检查,提取遗留的生物证据,以证明犯罪嫌疑人。三是对犯罪嫌疑人制造的虚假网页勘验检查,提取犯罪嫌疑人制作的虚假广告等资料，以证明犯罪行为。四是对犯罪嫌疑人浏览的网页进行勘验检查，提取浏览的内容，以证明犯罪主观内容。

（六）收集电子证据

收集电子证据，应当围绕以下几个方面进行：一是调取被害人与犯罪嫌疑人的上网记录、聊天记录、通话记录，以证明犯罪行为和犯罪主观方面。二是调取被害人与犯罪嫌疑人的银行交易记录、汇款记录、消费记录，以证明违法所得。三是调取犯罪嫌疑人的航空记录、高铁记录、进出境记录、住宿记录，以证明流窜作案。

调取、收集电子证据时，应当制作笔录，注明电子证据的原始状态，调取人、保管人应当在笔录上签字。

三、电信诈骗类案件证据的运用

实践中经常用来证明电信诈骗类案件的证据表现形式见表7-5。

表7-5 电信诈骗案件证据链锁及证据清单

待证明事项类别	待证明案件事实	实践中常用证据及其表现形式
确定发生刑事案件	案件线索来源	受案材料、110接警记录 被害人报案、汇款凭证、网上支付凭证、手机支付凭证、银行转账记录 被害人户籍资料、身份证等 立案材料
	线索复查	案件信息流：被害人陈述、QQ或微信等聊天记录、电子邮件、IP地址 案件资金流：被害人陈述、汇款凭证、网上支付凭证、手机支付凭证、银行转账记录
	锁定犯罪嫌疑人、锁定作案窝点及到案经过	抓获经过 工作情况说明
证明犯罪事实	犯罪主体——作案人员	犯罪嫌疑人户籍资料、身份证、常住人口基本信息、联系地址、电话 犯罪嫌疑人就作案人员作用、地位、职责分工的供述 同案犯就作案人员作用、地位、职责分工的供述
	犯罪主观方面——作案动机、目的	犯罪嫌疑人供述和辩解 话术单、培训资料、诈骗"剧本"

续表

待证明 事项类别	待证明 案件事实	实践中常用证据及其表现形式
证明 犯罪事实	犯罪客观方面——作案时间	犯罪嫌疑人供述和辩解、被害人陈述 出入境记录 房屋设备租赁协议 聊天记录、支付凭证、转账记录等
	犯罪客观方面——作案地点	犯罪嫌疑人供述和辩解 现场勘验、检查笔录，辨认笔录
	犯罪客观方面——作案手段、经过及后果	犯罪嫌疑人供述和辩解、被害人陈述、证人证言 现场监控录像 话术单、培训资料、诈骗"剧本" 聊天记录、支付凭证、汇款凭证、转账记录等 现场勘验、检查笔录，辨认笔录 死亡证明、医院证明 电子数据检验报告/电子数据鉴定意见
其他影响 量刑情节	罪前罪后表现及其他 影响量刑情节	证明累犯等情节的判决书、释放证明等法律文书 证明立功、自首、坦白等情节的材料 证明有认罪认罚具结书 证明具有严重情节或造成严重后果的物证、伤残证明、医学诊断等 退赔凭证

四、电信诈骗类案件证据收集与运用应注意的问题

实践中电信诈骗类案件情况复杂，收集运用证据时应注意：

（1）查明被害人基本信息及被骗情况。对于被害人的报案应尽可能详细记录报案人的身份事项、联系方式和居住地，同时注意询问被骗时间、被骗方式、被骗金额、诈骗方的传来痕迹（电话、化名、账号等），并注意收集固定手机网银转账支付记录、银行汇款凭证等电子数据及书证。

（2）锁定作案窝点。一般是通过网络空间再到现实空间锁定作案窝点位置，进而根据窝点地址确定犯罪嫌疑人范围。侦查机关应当通过制作案发及抓获经过或工作情况来详细反映这一过程。

（3）注重对作案现场证据的收集和提取。尽可能提取和复原现场扣押的存储介质中的电子数据，并对提取过程作出说明；用录音录像的方式固定作案地点的人员、电

脑、书证的原始状态位置，锁定人、电脑、材料的对应关系。

（4）对犯罪嫌疑人的首次讯问要尽量完整，既要勾勒犯罪过程的全貌，也要详细讯问各犯罪嫌疑人之间相互关系和作用、地位、分工等细节；既要关注犯罪嫌疑人本人实施的犯罪行为，也要问清其他犯罪嫌疑人参与的犯罪行为。对拒不认罪的"零口供"犯罪嫌疑人，要通过逐一讯问其他犯罪嫌疑人，获取其他犯罪嫌疑人对"零口供"犯罪嫌疑人在犯罪组织中实施的犯罪行为的指证来突破。

五、电信诈骗类案件侦查与证据运用实例展示

（一）案例

20××年7月31日，灌云县杨集镇的贾某在"易贷网"填写了贷款申请。不久，2名自称贷款公司员工的男女与其电话联系，犯罪嫌疑人以检验账户流水为由，骗取贾某开卡存款1万元人民币。随后，犯罪嫌疑人通过手机转账的形式将贾某存入的1万元人民币转走，贾某发现后，报警。

（二）侦破过程

接警后，侦查人员将涉案的银行卡号、手机号及关键词"易贷网"输入多库联侦系统内进行碰撞、反查，先后串并20余起案件。经研判，本案涉案人数4人以上，已掌握银行卡号4组（均以他人名义开户）、手机号8组（均系黑卡注册）。以掌握的4张银行卡为出发点，围绕资金流展开侦查，调取存取记录、消费明细、取款录像后再研判，发现尾号9617的银行卡自20××年7月起在湖南娄底有大额取款。侦查人员赶赴娄底市，前往涉案银行卡的开户行调取犯罪嫌疑人取款时的录像及交易明细，确定取款人为一男一女，男性是王某华。围绕王某华的社会关系、经济动向、通信联系展开多方追查，追查到王某（王某华的叔叔）、许某侠（王某的妻子）。侦查人员对其3人实施抓捕。后通过讯问，深挖到本案主犯王某军并实施抓捕，同时找到另外两名涉案人员唐某、袁某。

（三）证据的收集与运用

1. 询问被害人

询问被害人时，重点围绕以下几个方面进行：

（1）是否为"易贷网"的会员、申请"易贷网"会员的条件等，以证明犯罪方法。

（2）何时接到犯罪嫌疑人的电话及电话号码，犯罪嫌疑人的人数、性别、自报的身份，以证明犯罪嫌疑人的情况。

（3）犯罪嫌疑人以何种理由让被害人存款，存款金额，被害人怎么发现存款被转走、自己被骗了，以证明犯罪行为发生的客观过程。

2. 讯问犯罪嫌疑人

讯问犯罪嫌疑人时，围绕以下几个方面进行：

（1）同案犯人数、相互关系、相互用于联系的手机号码或微信号，诈骗的各个环节如何分工，违法所得如何分配，以证明主犯、从犯。

（2）有无前科、有无自首立功的情节，以证明从重或从轻情节。

（3）为何申请"易贷网"会员资格、是否为了申请贷款、有无发放贷款的资格、为何要浏览其他人员的信息，以证明犯罪主观方面。

（4）如何选择诈骗对象，如何诈骗被害人，涉案的金额、银行卡号，被害人的人数，赃款的去向，以证明犯罪行为具体实施过程和违法所得。

3. 收集电子证据

收集电子证据时，围绕以下几个方面进行：

（1）调取犯罪嫌疑人及被害人的取款记录、银行交易记录、转账记录，以证明违法所得。

（2）调取犯罪嫌疑人的通话记录及其电子数据轨迹记录、短信、航空记录、旅馆住宿记录，以证明犯罪主观方面和流窜作案。

（3）调取犯罪嫌疑人及被害人的上网记录、聊天记录，以证明犯罪行为。

（4）调取犯罪嫌疑人及被害人在"易贷网"上填写的资料、浏览的相关内容，以证明犯罪行为。

4. 调取监控资料、犯罪嫌疑人信息等资料

（1）调取城市卡口、取款机、相关宾馆、交通要道的监控资料，以证明犯罪嫌疑人和嫌疑车辆。

（2）调取取款监控资料，以证明犯罪嫌疑人犯罪行为、犯罪时间、犯罪地点、犯罪手段。

（3）调取犯罪嫌疑人的户籍证明、前科记录、有无立功情节及归案方式的记录，以证明从重或从轻情节。

5. 进行鉴定

鉴定时，围绕以下几个方面进行：

（1）对犯罪嫌疑人申请银行卡的签字进行鉴定，以证明与犯罪嫌疑人的关系。

（2）对赃物的价值鉴定，以证明违法所得。

6. 进行辨认或指认

辨认或指认时，围绕以下几个方面进行：

（1）对犯罪嫌疑人的图像、嫌疑车辆的辨认，以证明犯罪嫌疑人和嫌疑车辆。

（2）对作案窝点的指认，对涉案的银行卡、手机、电脑的指认，以证明犯罪行为地和犯罪工具。

7. 搜查、扣押、查封、冻结

搜查、扣押、查封、冻结时，围绕以下几个方面进行：

（1）对犯罪嫌疑人的人身、车辆、临时住所搜查，扣押赃款赃物、手机、电脑、银行卡、信用卡，以证明犯罪行为和违法所得。

（2）扣押身份证、银行卡、电脑、手机、手机卡，以证明违法所得和犯罪工具。

（3）扣押嫌疑人的住宿发票、车船票、机票、过路费，以证明流窜作案。

（4）冻结犯罪嫌疑人的银行存款，查封犯罪嫌疑人的房产、车辆，以证明违法所得。

最终查清本案的犯罪事实：唐某、袁某为"易贷网"客服，二人在明知王某军购买账号用于诈骗的情况下，仍然向其提供会员账号并从中获利。20××年1月，王某、许某侠、王某华在王某军的引诱下，利用王某军购买的"易贷网"会员账号实施诈骗。其中，王某冒充放贷公司的员工，王某华、许某侠负责协助并从银行取款。[①]

自测练习

1. 多选：以下属于刑事证据常用的收集方法的是（　　）。

A. 询问法
B. 讯问法
C. 勘验检查法
D. 搜查法
E. 鉴定法

2. 多选：在故意杀人案件中，可以证明作案人具有杀人的主观故意的证据是（　　）。

A. 犯罪嫌疑人供述和辩解
B. 与案发有关的手机聊天、通话记录等书证
C. 与案发有关的电子数据
D. 在现场找到犯罪嫌疑人的脚印
E. 在现场发现的犯罪人遗留的衣服

3. 多选：在故意伤害案件中，可以证明作案人实施伤害行为的证据是（　　）。

A. 现场监控录像
B. 被害人陈述
C. 现场目击证人的证人证言

---

① 李富成. 电信诈骗犯罪侦查与诉讼实例指导[M]. 北京：中国检察出版社，2017：10-15.

D. 犯罪嫌疑人供述

E. 关于被害人与犯罪嫌疑人以前曾经发生过激烈争吵的证人证言

4. 多选：在危险驾驶案件中，醉酒的标准是血液酒精含量达到（　　　）。

A. 80毫克/100毫升以上的

B. 60毫克/100毫升以上的

C. 100毫克/100毫升以上的

D. 120毫克/100毫升以上的

5. 多选：以下属于电信诈骗类犯罪常用诈骗手段的是（　　　）。

A. 电话欠费

B. 通知退款

C. 汇钱救急

D. 虚假中奖

E. 彩票特码

实训

【实训项目一】

● 一、训练内容

故意杀人案件证据的收集与运用。

● 二、训练目的与要求

能够正确分析故意杀人案件中的证据链及证据清单。

● 三、训练素材

王某与被害人尹某丈夫黄某存在债务纠纷，因王某未按时清偿债务，自2022年5月起尹某多次向王某索债。2022年5月14日下午，王某将尹某约至其经营的位于龙口市××街道的××宾馆协商债务清偿问题，王某提出延期付款，尹某不同意并提出将王某的汽车开走，二人协商未果。其间，尹某找人将其两个孩子送到××宾馆，并将姜某叫到××宾馆帮其看管。当晚21时许，在××宾馆一楼办公室门口走廊内，王某因尹某持续向其催要债务心生怨恨，遂持刀先后朝尹某颈部、胸部、腹部等多处捅、刺、划，尹某呼救。正在外面看孩子的姜某闻讯赶来制止，尹某趁机挣脱跑向室外。王某摆脱姜某后追赶尹某，尹某在路边摔倒，王某追至欲继续捅刺，被赶到的姜某制服。尹某颈部、胸部、腹部、腿部等多部位被王某刺伤。经龙口市××局刑事侦查大队刑事科学技术室鉴定，被害人尹某胸部、腹部之损伤均构成重伤二级，体表之损伤构成轻伤一级，肋骨之损伤构成轻微伤。

上述事实，有下列证据予以证实：

1. 书证

(1) 龙口市××局受案登记表、立案决定书证实报案及立案情况。

（2）欠条、收据、银行交易明细复印件证实，2021年6月16日，欠条——王某欠黄某机械租赁费20万元；2022年6月27日，收条——载明黄某当日收到王某76126.16元，20万元收齐；2022年5月22日，银行交易明细——曹某（王某母亲）向尹某转款26126.16元；2022年6月27日，银行交易明细——姚某2（王某岳父）向尹某转款26126.16元、50000元。

（3）龙口市××局违法犯罪记录查询情况说明证实，经查询未发现被告人王某有违法犯罪前科。

（4）被告人王某的户籍证明证实其主体身份及具有完全刑事责任能力等情况。

2. 勘验、提取笔录

（1）现场勘验检查工作记录、现场方位示意图证实，××机关在案发现场龙口市××酒店进行现场勘查具体情况。

（2）提取笔录一份（附照片）证实，××机关在案发现场提取作案刀具一把及刀具外观情况。

3. 辨认笔录

辨认笔录一份证实，被告人王某辨认、指认其作案刀具的具体情况。

4. 视听资料

（1）监控视频证实，案发时在××宾馆门口被告人王某追赶被害人尹某及发生撕扯的情况。

（2）接录音证实，案发当日××机关接报案情况。

5. 鉴定意见

（1）龙口市××局刑事侦查大队刑事科学技术室鉴定书证实，尹某伤情构成重伤二级。

（2）烟台市××局刑事科学技术研究所鉴定书证实，经鉴定：① 送检的刀刃部、地毯上的血棉签拭子、大厅地面血棉签拭子、酒店外路基石上的血棉签拭子上的可疑斑迹中检出人血；② 送检的刀刃部、地毯上的血棉签拭子、大厅地面血棉签拭子、酒店外路基石上的血棉签拭子上的可疑斑迹中检出的人血DNA，与尹某的血样、王某的血样似然率为3.78×10^{28}。

（3）龙口市××局吸毒现场检测报告书证实，经现场胶体金法检测，被告人王某的检测样本甲基苯丙胺（冰毒）呈阴性。

6. 证人证言

（1）姚某证实，其对象王某与尹某对象黄某一起合伙做过生意，二人存在债务纠纷。案发后，其家已将王某欠黄某的钱还完了，并同时提供了王某的欠条和黄某的收条。

（2）姜某证实，尹某、黄某系夫妻，黄某系其朋友。2022年5月14日，尹某给其打电话，让其到××宾馆帮忙看管孩子，以及之后在宾馆门口听见尹某呼救，赶过去看到王某捅刺尹某。

7. 被害人陈述

尹某陈述证明：王某与其家合作做生意，后王某欠其家钱，其便一直催他还款。

2022年5月14日下午，王某微信约其到××宾馆见面，在还钱问题上发生冲突，王某对其进行行刺。

8. 被告人供述

王某在××机关供述证明：其与尹某丈夫黄某存在债务纠纷。2022年5月13日，尹某来龙口找其要钱，其未凑齐钱。2022年5月14日，尹某再次找其要账，其怕她影响其父母，便约她下午两点到××宾馆见面。就还款事项，双方一直僵持，但尹某坚持当天要钱，不给钱就扣车。其当时被逼急了很上火气愤，想收拾尹某，报复她出气，就拿刀捅了尹某。①

问：上述证据能否形成完整的证明王某杀人的证据锁链，并列出证据清单。

【实训项目二】

● 一、训练内容

故意伤害案件证据的收集与运用。

● 二、训练目的与要求

能够正确分析故意伤害案件中的证据链及证据清单。

● 三、训练素材

2023年1月21日16时许，被告人吴某某在绥中县××镇××村被害人王某1家中，因与被害人王某1感情纠纷，吴某某与王某1发生厮打。在厮打过程中，吴某某用折叠刀将王某1腹部扎伤，将王某1的父亲王某2左肘部扎伤。经绥中县某局司法鉴定中心鉴定，王某2左肘下方见1厘米缝合创口，其身体损伤程度为轻微伤，王某1左肾周血肿，腹膜后血肿，腹壁穿透创，其身体损伤程度为轻伤二级。

以上事实有下列证据予以证明：

（1）被害人王某1的陈述：我提出分手后，2023年1月21日16时许，吴某某从外面到我家院子里，我赶忙出去关门，门没关上他就进屋来了。他过来打我，用刀扎我小肚子上一下，随后扎我父亲胳膊上一刀，我和我爸把刀抢走了，我就跑了并报警。

（2）被害人王某2的陈述：王某1是我女儿，2023年1月21日16时，吴某某在家中扎伤王某1。

（3）被告人吴某某的供述和辩解：我和王某1是男女朋友关系，处了4年时间。2023年1月21日16时许，我去她家就想告诉她，如果分手了就不要跟我磨叽了。我进入她家，她父亲王某2先用扫地的笤帚打我，那时候我的门牙就已经掉了。王某2打我的时候，王某1也用拳头打我，我想用拳头打王某1，被王某2拦住了，然后我就把刀拿出来扎了王某1，之后王某1跑出去了。王某1的父亲怎么受伤的我不知道，应该是阻拦我和王某1的时候，可能把他误伤了。

---

① 案例来源于中国裁判文书网。

（4）证人白某的证言：我报警是因为我女儿王某1被吴某某用刀给扎了，是2023年1月21日16时许，在绥中县××镇××村我家中发生的事。吴某某和我女儿一直在处对象。因为我女儿王某1不和吴某某处对象了，吴某某就用刀扎王某1。

（5）归案抓捕经过，证明被告人吴某某到案经过。

（6）受案登记表、协议书、结案审批表截图，证明被害人王某1在与被告人吴某某交往期间，被吴某某伤害后报警案件的处理情况。

（7）调取证据清单、调取物品照片（刀），证明本案作案工具情况。

（8）现场检测报告书，证明被告人吴某某毒品尿检呈阴性。

（9）门诊病志、门诊诊断说明，证明被害人王某1、王某2于2023年1月21日到绥中县××医院就医。

（10）户籍证明信息。

（11）违法（犯罪）嫌疑人前科劣迹查询记录，证明被告人吴某某无前科劣迹。

（12）法医学人体损伤程度鉴定意见书，证明被害人王某2身体损伤程度为轻微伤。

（13）法医学人体损伤程度鉴定意见书，证明被害人王某1身体损伤程度为轻伤二级。

（14）医疗费发票、医疗收费明细、护理人员身份证件，证明被害人王某1、王某2受伤后治疗产生的医疗费及护理人员身份信息。①

问：上述证据能否形成完整的证明吴某某故意伤害的证据链，并列出证据清单。

【实训项目三】

● 一、训练内容

危险驾驶案件证据的运用。

● 二、训练目的与要求

能够正确分析危险驾驶案件中的证据链及证据清单。

● 三、训练素材

2023年2月25日18时许，徐某某晚餐饮用了白酒。当日21时许，徐某某驾驶车牌号H×××××的普通正三轮摩托车行驶至益阳市赫山区××镇××村××组的乡村公路时，被执勤民警查获。经益阳市某局物证鉴定所检验，徐某某血液中乙醇含量为102.4毫克/100毫升。

以上事实有下列证据予以证明：

（1）接报案登记表、立案决定书。

（2）常住人口基本信息。

（3）到案经过说明。

---

① 案例来源于中国裁判文书网。

（4）徐某某的供述。

（5）证人罗某、蔡某的证言。

（6）转让协议。

（7）行政处罚决定书。

（8）血样提取登记表。

（9）声像资料提取登记表。

（10）机动车信息查询结果单。

（11）驾驶人违法查询结果单。

（12）交通违法处理告知单。

（13）呼气酒精测试单、人车合一照片、现场检测报告、抽取血样的视频。

问：上述证据能否形成完整的证明徐某某构成危险驾驶罪的证据链，并列出证据清单。

参考文献

[1] 王超. 刑事证据法学 [M]. 3版. 北京：中国人民大学出版社，2022.

[2] 王彬. 刑事证据学 [M]. 郑州：郑州大学出版社，2013.

[3] 陈瑞华. 刑事证据法学 [M]. 4版. 北京：北京大学出版社，2021.

[4] 陈光中. 证据法学 [M]. 5版. 北京：法律出版社，2023.

[5] [美] 乔恩·华尔兹. 刑事证据大全 [M]. 2版. 何家弘，等译. 北京：中国人民大学出版社，2004.

[6] [英] 洛克. 政府论 [M]. 叶启芳，瞿菊农，译. 北京：商务印书馆，1964.

[7] 刘浩阳，李锦，刘晓宇. 电子数据取证 [M]. 北京：清华大学出版社，2015.

[8] 庄乾龙. 刑事电子数据证据的收集与运用 [M]. 北京：中国人民公安大学出版社，2022.

[9] 王满生. 刑事程序法事实证明研究 [M]. 北京：中国社会科学出版社，2019.

[10] 洪浩. 刑事诉讼法学 [M]. 2版. 武汉：武汉大学出版社，2013.

[11] 龙宗智. 诉讼证据论 [M]. 北京：法律出版社，2021.

[12] 龙宗智. 证据法的理念、制度与方法 [M]. 北京：法律出版社，2008.

[13] 樊崇义，兰跃军，潘少华. 刑事证据制度发展与适用 [M]. 北京：中国人民公安大学出版社，2020.

[14] 郎胜. 《中华人民共和国刑事诉讼法》修改与适用 [M]. 北京：新华出版社，2012.

[15] 最高人民检察院公诉厅. 公诉案件证据参考标准（最新版）[M]. 北京：法律出版社，2014.

[16] 李富成. 电信诈骗犯罪侦查与诉讼实例指导 [M]. 北京：中国检察出版社，2017.

[17] 孔红波. 证据运用案例与实务 [M]. 北京：清华大学出版社，2015.

[18] 李勇. 刑事证据审查三步法则 [M]. 2版. 北京：法律出版社，2022.

[19] 刘道前. 刑事司法鉴定的理论与实务 [M]. 北京：中国人民公安大学出版社，2019.

[20] 刘丽云. 常用司法鉴定意见质证要点 [M]. 北京：法律出版社，2021.

［21］韦凤珍.常见刑事犯罪侦查取证工作指引［M］.北京：中国检察出版社，2021.

［22］秦长森.诈骗罪中数额加重犯的类型判断与限制——以电信网络诈骗为切入点［J］.江苏海洋大学学报（人文社会科学版），2022（2）.

［23］何家弘.论监察委犯罪调查的法治化［J］.中国高校社会科学，2020（1）.

附 录

附录1　刑事诉讼法（节录）

附录2　最高人民法院关于适用《中华人民共和国刑事诉讼法》的解释（节录）

附录3　公安机关刑事案卷立卷规范（节录）

附录4　公安机关办理刑事案件电子数据取证规则

附录5　最高人民法院 最高人民检察院 公安部 司法部
　　　《关于办理醉酒危险驾驶刑事案件的意见》

与本书配套的二维码资源使用说明

本书部分课程及与纸质教材配套数字资源以二维码链接的形式呈现。利用手机微信扫码成功后提示微信登录，授权后进入注册页面，填写注册信息。按照提示输入手机号码，点击获取手机验证码，稍等片刻收到4位数的验证码短信，在提示位置输入验证码成功，再设置密码，选择相应专业，点击"立即注册"，注册成功。（若手机已经注册，则在"注册"页面底部选择"已有账号，立即登录"，进入"账号绑定"页面，直接输入手机号和密码登录。）接着提示输入学习码，须刮开教材封底防伪涂层，输入13位学习码（正版图书拥有的一次性使用学习码），输入正确后提示绑定成功，即可查看二维码数字资源。手机第一次登录查看资源成功以后，再次使用二维码资源时，在微信端扫码即可登录进入查看。